“十二五”职业教育国家规划教材
经全国职业教育教材审定委员会审定

商品流通企业会计实务

SHANGPIN LIUTONG QIYE KUAIJI SHIWU

主　编　张　英
副主编　杨　华　冯素平

中国财政经济出版社

图书在版编目（CIP）数据

商品流通企业会计实务／张英主编．—北京：中国财政经济出版社，2015.12
“十二五”职业教育国家规划教材　经全国职业教育教材审定委员会审定
ISBN 978－7－5095－5299－5

Ⅰ．①商…　Ⅱ．①张…　Ⅲ．①商业会计－高等职业教育－教材　Ⅳ．①F715.51

中国版本图书馆CIP数据核字（2015）第072905号

责任编辑：王　芳　田明晖　　　　责任校对：杨瑞琦
封面设计：华乐功　　　　　　　　版式设计：董生萍

中国财政经济出版社出版
URL：http：//www.cfeph.cn
E－mail：jiaoyu @ cfeph.cn

社址：北京市海淀区阜成路甲28号　邮政编码：100142
营销中心电话：010－88190406　编辑部门电话：010－88190670
北京财经印刷厂印刷　各地新华书店经销
787×1092毫米　16开　13.25印张　310 000字
2016年2月第1版　2016年2月北京第1次印刷
定价：25.00元
ISBN 978－7－5095－5299－5/F・4285
（图书出现印装问题，本社负责调换）
本社质量投诉电话：010－88190744
反盗版举报热线：88190492、88190446

前　言

本书是“十二五”职业教育国家规划教材。教育部《国家教育事业发展第十二个五年规划》文件中指出：“要促进职业教育与经济社会发展有机结合，充分发挥劳动力市场对人才培养的引导作用。”

随着市场经济的高速发展，商品流通企业在国民经济体系中的重要地位日益突出，对专业会计人才的需求也日益高涨。作为高职会计专业的重点专业课程之一，《商品流通企业会计实务》对培养学生在商品流通会计核算领域的职业能力方面举足轻重。近年来，我国商品流通领域的流通组织形式不断创新、新型业态和现代流通方式蓬勃发展，对商品流通企业会计核算实务也提出了新的要求。

编者在多年的教学实践中发现：大部分现行教材内容相对落后，涉及的流通企业类型面狭小，不能满足流通行业对新型业务会计核算的新要求。本教材的编写将改变现行教材这一弊端，非常有利于解决商品流通企业日益高涨的就业吸纳能力与现行高职毕业生在此领域职业能力相对不足的突出矛盾。

本教材的编者均为高职院校一线专任教师，教学成绩优异，且均具有多年的会计专业毕业生流通企业实习指导经验，教学过程中注重改革与创新。在总结多年的教学和指导经验的基础之上，我们倾心打造的这部教材基本定位是：工学结合、工作过程导向式教改教材。具体来说主要有以下几个特点：

1. 教学内容改革力度较大。本教材以商品流通企业会计所需的岗位能力和工作过程为基础来重构教材体系，注意配合当前社会经济发展的要求，解决教学急需。对于专业前导课程中讲解详细的基础知识点该舍弃的舍弃；内容上除了一般教材中涉及的批发业、零售业商品流通基础核算实务之外，又对近年以来这些行业中涌现的各式新型业务类型核算方法做了介绍，还对连锁企业、联营企业及进出口贸易等行业的流通业务核算方法进行了详解。教材编写尽量做到内容丰富、案例精彩、讲解详实。

2. 教材编排形式新颖，具有职业教育特色。本教材根据高职高专的教学特点和会计专业培养目标设计编排方案。各项目开篇给出本项目内容概要、任务框架及学习目标，使学生明确本项目学习所要解决的主要问题所在；通过案例导入，引导学生在认识不同商品流通业态和经营方式的基础之上，深刻理解各种具体核算方式；各项目主要内容以任务形式展开，以明确本项目需要学习的内容和完成的工作是什么；各项目后面的拓展阅读栏目则以商业流通领域里的正面实例引导学生去思考如何选择善待职业、获取职业生涯发展的正确道路；各项目还配套编写实践操作练习题，突出培养学生的实践技能应用；教材最后一个项目以高度仿真的会计资料形式真实模拟了两个流通企业一个完整月度的经济业务，使学生“零距离”接触商品流通企业实际情况。教材编写处处体现“项目导向、任务驱动、基于工作过程一体化”的理念。

3. 校企合作，产学研用一体化。教材的编写在小组成员深入行业企业进行实地调研的基础之上，着力在于解决实际社会经济活动中碰到的商品流通领域会计核算新问题、热点问题，以期为高职会计专业毕业生顺利踏入商业核算领域铺平道路。本教材的编写得到山东鲁信税务（会计）师事务所等多家行业企业专家的大力支持和悉心指导，他们对教材的内容设置与安排、教材所涉及问题的解决方案等给予了宝贵的意见，真正做到了“校企合作，产学研用一体化”。

本书共分七个项目。编写成员来自淄博职业学院会计学院的商品流通会计课程组及山东鲁信税务（会计）师事务所等多家行业企业专家。其中淄博职业学院张英担任主编，并负责编写项目一、二、三；淄博职业学院杨华担任副主编并负责编写项目四、五、六；冯素平担任副主编并负责编写项目七；山东鲁信税务（会计）师事务所的毕德会、迟焕梅对编写稿进行了技术校正；最后由张英对全书进行了总纂、修改和定稿。

本书适用于高职会计、经济管理类等相关专业的学生做教材使用，也适用于相关企业的会计从业人员做学习、工作参考之用。

本书在编写过程中得到了中国财政经济出版社的大力支持和帮助，参考了许多商品流通企业会计的教材和论著，还汲取了山东鲁信税务（会计）师事务所等多家行业企业专家提供的宝贵实践经验和专业建议，在此一并表示真诚感谢！

由于编者水平有限，加之经济形式的不断发展和经济改革的不断深入可能会给商品流通企业带来新的变化，书中难免存在疏漏及欠妥之处。恳请读者批评指正，以便今后修改、补充。

编者

2015 年 9 月

目 录

项目一 **概论** ······ 1

任务一 商品流通企业会计的含义与特点 ······ 3

任务二 商品流通企业会计核算的内容 ······ 5

任务三 商品流通企业会计核算的一般方法 ······ 9

练习与实训 ······ 15

项目二 **批发商品流通业务的核算** ······ 18

任务一 批发企业的经营特点与核算方式 ······ 20

任务二 批发企业购进商品的核算 ······ 21

任务三 批发商品销售的核算 ······ 31

任务四 批发商品库存及销售成本的核算 ······ 41

练习与实训 ······ 57

项目三 **零售商品流通业务的核算** ······ 63

任务一 零售企业的经营特点与核算方式 ······ 65

任务二 零售企业购进商品的核算 ······ 68

任务三 零售商品销售及成本的核算 ······ 74

任务四 零售商品库存的核算 ······ 84

任务五 零售企业促销业务的核算 ······ 89

练习与实训 ······ 97

项目四 **连锁企业商品流通业务的核算** ······ 104

任务一 连锁企业的经营特点与核算方式 ······ 106

任务二 连锁企业商品采购业务 ······ 110

任务三 连锁企业商品配送业务 ······ 111

任务四　连锁企业商品调拨与内部调价业务 …………………… 114
任务五　连锁企业门店业务 …………………………………………… 119
练习与实训 ………………………………………………………………… 124

项目五　**联营商品流通业务的核算** ………………………………… 126
任务一　联营方式下商品经营特点 ………………………………… 128
任务二　联营商品流通业务的核算 ………………………………… 130
练习与实训 ………………………………………………………………… 138

项目六　**进出口商品流通业务的核算** …………………………… 140
任务一　进出口业务基础知识和外贸企业的特点 ……………… 141
任务二　出口商品流通业务的核算 ………………………………… 144
任务三　进口商品流通业务的核算 ………………………………… 154
练习与实训 ………………………………………………………………… 159

项目七　**综合实训** …………………………………………………… 163
实训一　批发企业会计核算模拟实训 ……………………………… 163
实训二　零售企业会计核算模拟实训 ……………………………… 184

1 项目一 概 论

项目概要

介绍商品流通企业会计的含义、特点；阐述商品流通企业会计核算的特点及具体内容，以及商品流通企业会计核算的一般方法。

任务框架

案例导入 商品流通企业的地位
任务一 商品流通企业会计的含义与特点
任务二 商品流通企业会计核算的内容
任务三 商品流通企业会计核算的一般方法
项目小结
扩展阅读 各国商品流通业发展简介
练习与实训

理论目标

1. 了解、熟悉商品流通企业会计的含义、特点；
2. 了解商品流转核算的重要性，理解库存商品核算的内容；
3. 理解商品流通企业会计核算的一般方法。

技能目标

1. 掌握并能在实践中运用商品流通企业库存商品确认的各种条件；
2. 运用商品流通企业会计核算的一般方法区别不同类型企业的核算方式。

案例导入

商品流通业促进经济发展

人类社会分工的不断深化，是社会生产力发展、劳动生产率提高的必然结果，又对社会经济结构和人类交往、商品交换体系的深化产生着深刻的影响。社会分工的发展产生了两个效果：一方面提高了劳动生产率，增进了每个部门、每个行业的规模经济和规模效益；另一方面也加深了不同部门、不同行业之间的相互依赖，促进了交易的发展，催生了商品经济的产生和商品流通企业的发展。

商品流通企业的产生源于分工与交易的两难冲突。交易成本越低，分工发展越快，专业化利益相对越大；而分工越细、专业化水平越高，交易次数越多，交易形式也越复杂（如企业形式和政府形式的交易），交易成本越高，又限制了分工的发展。因此交易成本或交易效率的高低决定了分工和交换经济的发展。这一两难冲突是专业化于交易活动、以提高交换效率为目的的流通企业产生的经济根源。流通企业的主要经济功能在于降低交易成本、提高交易效率，从而推动交换经济发展和社会福利提高。流通企业的本质是交易的专业化生产者及提供者。生产企业主要从事生产，谋求生产的专业化利益。流通企业专职于交易，谋求交易的专业化利益，是交易的专业化生产者（或提供者），它的产出直接表现为交换效率。

当前中国经济在快速增长的同时，伴随着内需不足、粗放型方式等不利于可持续发展。我们还应当看到，经济发展中较高的流通成本也是制约经济增长效率提高的一大因素。如果流通成本较高，生产规模的扩大只会导致产品存量的不断增加，很难转化成满足消费者需要的有用商品。这也正是一直以来我国经济发展方式难以根本转变的主要原因。流通作为生产与消费的中间环节，由于过去仅仅局限于流通与生产关系的讨论，并未把流通作为产业放置于国民经济的产业部门来研究，因而无法全面分析流通影响经济增长的作用机理。目前中国流通业增长能力还较弱，是依靠数量扩张，而不是依靠质量提高来体现其增长能力。根据流通中介在生产与消费之间的衔接作用，流通业发展促进经济增长主要有三个途径：第一，流通业作为国民经济的组成部分，不仅能够促进产出增加，而且本身就能带动经济增长；第二，流通业的效率实现功能，即流通业发挥流通中介的作用，通过规模经济与范围经济节省生产者与消费者的交易成本，一方面使得消费者收入增加，另一方面通过降低商品价格所带来的收入效应共同促进居民消费增长，从而达到扩大内需的重要目标；第三，流通业在促进经济增长的过程中，与生产者共同承担商品产销矛盾，从而有利于企业发挥专业化分工的优势，采用新技术扩大生产规模，并提高生产效率，从而推动经济发展方式转变。

（资料引自：http：//baike. baidu. com/）

1. 你了解什么是商品流通企业吗？
2. 你能举出身边商品流通企业的例子吗？

任务一
商品流通企业会计的含义与特点

李丽是高职院校会计学专业的一名学生。参加入学教育之初，学院老师就对同学们讲了“高职院校的学生培养目标应当服从于当地及周边地区经济发展需要”的道理。学院所在当地企业以中、小型为主，而商品流通企业又是这些中、小型企业的主力军，吸收就业潜力巨大。因此，李丽暗下决心：一定要把商品流通企业会计学好，为自己铺就一条更宽广的就业之路。

一、商品流通企业会计的含义

（一）商品流通企业的含义

商品流通企业是以商品的购进、调拨、存储、销售等经济活动为主营业务，以实现商品从流通领域向消费领域转移为目的的经济组织。

（二）商品流通企业的分类

按照商品流通企业在社会再生产中起的作用不同，可分为批发企业和零售企业两个基本类型。同时从事批发、零售商品流转的企业称为批零兼营企业。随着市场经济的发展，商品流通行业又诞生了很多新型的经营模式。

1. 批发企业

批发企业从生产单位或其他企业购进商品，再转卖给零售企业或其他批发企业，或作为生产资料供应给工农业生产部门。其主要特点如下：

（1）经营业务一般是大宗商品买卖，交易次数一般不如零售企业频繁，但每次商品购销额比较大。

（2）为了合理地组织进货并保证销售，商品储存数量比较大，占用的资金也较多。

（3）商品购销对象主要是同城或异地的企业单位。

（4）为了保证有计划地组织商品流转，交易双方一般要签订商品购销合同或协议，并严格按照规定执行。

2. 零售企业

零售企业从批发企业或生产单位购入商品，再销售给城乡居民或集体消费者。其主要特点如下：

（1）企业组织形式多样，网点设置比较分散，规模相对较小，业务人员分工不细。

（2）经营商品范围广泛，品种、规格繁多。

（3）采购商品渠道多种多样。

（4）直接面对消费者，销售次数频繁，数量零星。

（5）商品储备量不要求太多，但要保持花色品种齐全，便于顾客挑选。

（三）商品流通企业会计的含义

会计是对经济活动过程进行反映、监督、控制的一种管理活动，它以货币为主要计量单位，采用专门的技术方法，对会计主体的经济活动进行连续、系统、全面的核算和监督，并提供会计信息。商品流通企业会计是应用于商品流通领域行业的专门会计，运用专门的程序和方法对企业在组织商品购销调存中发生的交易和事项进行会计核算、监督，是商品流通企业经营管理的一个重要组成部分。

二、商品流通企业会计的特点

商品流通企业会计是企业会计的一个分支，与其他企业的专门会计一样，都具有核算和监督的职能，但由于其业务的特殊性，商品流通企业会计又有自己的特殊性。

（一）商品流通企业会计以商品流通过程中的资金运动为核算和管理对象

商品流通企业以商品的购销活动为其主要经济业务，其会计核算主要是围绕商品流通业务进行。商品流通企业通过商品购买、支付货款及费用，使货币资金转化为商品资金；通过商品销售取得收入和盈余，又使商品资金又转化为货币资金，并获得增值。

工业企业的资金运动过程可表述为：货币——原材——产品——货币；商品流通企业的资金运动过程则可表述为：货币——商品——货币。商品流通企业不断循环、周而复始的资金周转过程，如图 1－1 所示：

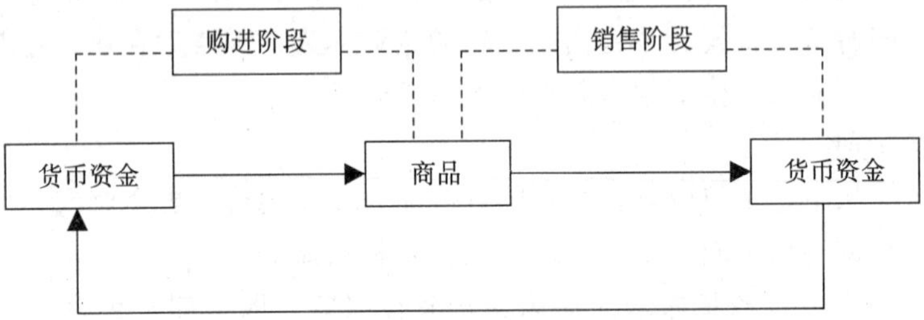

图 1－1　商品流通企业资金周转过程

（二）商品流通企业会计的成本核算范围和方法有特殊性

工业企业成本核算范围包括购进存货的价格及相关税费、运杂费、生产工人工资、制造费用等；商品流通企业成本核算范围一般只包括购买成本，其他各项业务费用分别计入经营费用、管理费用、财务费用等当期损益科目。

思考

商品流通企业的利润来源与工业企业有何不同?

工业企业的盈利体现为员工为社会创造的高于制造成本的那部分价值。从现象上看，商业利润“来源于”购销差价，但是在流通领域中，总的社会价值并没有增加，因此这不能认为是商业利润真正的来源。从实质上看，商业利润的真正来源是产业工人在生产过程中创造的剩余价值的一部分。

任务二 商品流通企业会计核算的内容

一、商品流转核算的重要性

“商品流通”即商品流转的过程，是社会产品通过货币结算，由生产领域转移到消费领域的过程。商品实物实现转移和通过货币结算是其两个基本特征。

库存商品是商品流通企业的经营对象，商品流转活动是商品流通企业的主要经营活动。因此，对商品的核算是商品流通企业会计核算的中心环节。科学地组织商品流转的核算，对于恰当地反映商品流通企业的财务状况、经营成果和现金流量，具有重要的影响。

第一，库存商品的计价会直接或间接关系到企业的财务状况与经营成果的正确反映。

库存商品是商品流通企业存货中最重要的部分，库存商品的核算是商品流通企业会计核算的中心内容。商品数量及价值的计算，直接影响到资产负债表中存货价值的真实性，进而对资产负债表中流动资产总额、所有者权益等项目数额的计算也产生直接的影响。

库存商品还是利润表中销售成本的来源。库存商品的计价直接影响到当期和以后各期的销售成本，进而影响当期和以后各期的财务成果。期末，库存商品计价（估价）如果过低，企业当期收益可能会相应减少；期末库存商品计价（估价）如果过高，企业当期收益可能会相应增加；期初库存商品计价如果过低，当期的收益可能会相应增加；期初库存商品计价如果过高，当期的收益可能会相应减少。因此，库存商品计价的正确与否，对企业利润计算的准确性有着直接的影响。

第二，库存商品是商品流通企业最为重要的资产项目，在企业全部资产中占有很大比重。商品流通企业会计的重要任务之一是通过商品流转核算，协助企业管理，促进企业保持适量的商品储备，加快商品流通的速度，减少商品资金的积压。

第三，库存商品经常处于不断销售耗用、购买或重置中，具有较快的变现能力和明显的流动性。通过商品流转核算，加强对库存商品的管理，企业能有效避免存货被偷窃、浪费等人为损失，或霉烂、变质等自然损失。

二、商品流转核算的中心环节

库存商品是商品流通企业的经营对象，商品流通企业的经营行为主要体现为商品的流转。因此，库存商品的核算是商品流通企业会计核算的中心环节，主要包括以下内容：

（一）库存商品的确认条件

库存商品的确认是指符合资产要素确认标准的商品要纳入资产负债表存货项目。库存商品的确认条件包括：

1. 取得商品的目的是为了出售或加工后再出售

凡不是以出售为目的而取得的资产项目，均不能确认为商品流通企业的库存商品，只能作为其他资产处理。如商品流通企业取得的固定资产、包装物、低值易耗品等，都是为企业自用，而不是以出售为目的，因此不能将其列入库存商品的范围。

2. 此商品包含的经济利益很可能流入企业

库存商品最重要的特征是预期能给企业带来经济利益。因此，对库存商品的确认，关键是判断其是否能给企业带来经济利益，以及所包含的经济利益是否能流入企业。通常，库存商品的所有权是其所包含的经济利益能流入企业的重要标志。例如，根据销售合同已经售出（即取得现金或收取现金的权利）、所有权已经转移的库存商品，因其所含经济利益已不能流入本企业，因而不能再作为企业的库存商品进行核算，即使该存货尚未运离企业。再如，委托代销商品，由于其所有权并未转移至受托方，因而委托代销的商品仍是委托企业库存商品的一部分。总之，商品流通企业在判断存货所含经济利益能否流入企业时，通常应结合考虑该项存货所有权的归属。

3. 商品的成本能够可靠地计量

成本能够可靠地计量是资产确认的一项基本条件。如果库存商品成本不能可靠地计量，则不能确认为一项存货。例如，商品流通企业与其他单位或个人签订的订货合同，还未实际发生时，就不能确定其成本，也就不能确认为企业的存货。

（二）库存商品购进入账时间的确认

商品购进的时间一般以支付货款或收到商品的时间作为依据。由于支付方式不同，商品入库的时间与付款的时间可能一致，也可能不一致，在会计处理上也有所不同。商业企业的商品购进入账时间有以下几种情况：

（1）货款已经支付或开出并承兑了商业汇票，同时商品已经验收入库。在取得供货单位发票账单等结算凭证时，即可作为商品购进入账。

（2）货款已经支付或开出并承兑了商业汇票，同时取得发票账单等结算凭证，但是所采购商品还未到达或尚未验收入库。应通过“在途商品”科目核算，待商品到达、入库后，再根据验收单，由“在途商品”转入“库存商品”科目核算。

（3）货款尚未支付，采购商品已验收入库。在取得发票账单等结算凭证时，即可作为商品购进入账；如果月末尚未收到发票账单等结算凭证也无法确定其实际成本，则应按暂估价值先入账，在下月初冲回。

（4）如果在商品购进业务中，采取预付货款方式，则不能以预付货款的时间作为商品购进的入账时间，因为预付货款不能形成买卖双方的商品交易行为。

（三）库存商品采购成本的确认

商品流通企业取得库存商品应当以其进价成本入账。一般而言，库存商品的成本包括采购成本、加工成本和其他成本。其中，采购成本是指库存商品从采购到入库发生的全部支出，包括购买价款、相关税费、运输费、装卸费、保险费以及其他属于库存商品采购成本的费用。

采购成本各部分具体确定方法如下：

（1）库存商品购买价款，是指商品流通企业购入商品的发票账单上列明的价款，但不包括按规定可以抵扣的增值税税额。

（2）与库存商品相关的税费，是指商品流通企业购买库存商品发生的进口关税、消费税、资源税和不能抵扣的增值税进项税额等需要计入存货采购成本的相关税费。

（3）商品流通企业在采购商品过程中发生的运输费、装卸费、包装费、保险费以及其他可归属于存货采购成本的费用，应当计入存货采购成本。也可以先进行归集，期末根据所购商品的存销比例进行分摊：对于已售商品的进货费用，计入当期损益；对于未售商品的进货费用，计入期末存货成本。企业采购商品的进货费用金额较少的，可以在发生时直接计入当期损益。

小型商品流通企业（小型批发业或零售业）在购买商品过程中发生的费用，包括：运输费、装卸费、包装费、保险费、运输途中的合理损耗和入库前的挑选整理费等，发生时直接计入销售费用，不计入采购成本。

各种情况下采购成本的确定：

（1）国内购进的用于国内销售的商品，采购成本包括从采购到入库发生的全部支出。

（2）国内购进的用于出口的商品，采购成本包括商品的购买价款、及购进出口商品到达交货地车站、码头以前支付的各种费用和手续费。

（3）企业进口的商品，其采购成本包括进口商品的国外进价、应分担的外汇差价和进口环节的各种税费。进口商品的国外进价，一律以到岸价格（CIF）为基础。如对外合同以离岸价格成交，商品离开对方口岸后，应由我方负担的运杂费、保险费、佣金等费用，计入商品的进价；商品到达我国口岸目的港后发生的费用，按国内采购商品费用一样处理。收入的进口佣金冲减进价，不易按商品认定的，冲减销售费用。

（4）企业委托其他单位代理进口的商品，其采购成本为实际支付给代理单位的全部价款。

（5）企业收购免税农副产品，其采购成本为支付的收购价款扣除按规定计算的进项税款后的金额。

（四）库存商品销售收入的确认

商品流通企业销售商品时，若同时符合以下五个条件，即确认收入：

（1）商品销售合同已经签订，企业已将商品所有权上的主要风险和报酬转移给买方。

（2）企业既没有保留通常与所有权相联系的继续管理权，也没有对已售出的商品实施控制。

（3）收入的金额能够可靠地计量。

（4）相关的经济利益能够流入企业。

（5）相关的已发生或将发生的成本能够可靠地计量。

批发企业销售商品情况比较复杂，应通过会计职业判断认真分析每项交易实质，只有同时满足上述五个条件，才能确认收入。任何一个条件没有满足，即使收到货款，也不能确认收入。

（五）库存商品销售价格的确认

对于商品流通企业库存商品销售的入账金额可以按不同的销售对象分为以下几种：

（1）批发价。是指商业批发企业直接供应给单位和个人的批量商品，按批发价作为销售入账价格。

（2）零售价。是指零售企业直接供应给消费者数量零星的商品，按零售价扣除增值税作为销售入账价格。

（3）协商价。是指商业企业采用浮动价、批量作价，按实际开票金额作为销售入账价格。

（4）批零兼营企业应视供应对象数量多少分别采用批发价或零售价。

小知识

商品购销的交接货方式

商品购销的交接货方式通常是根据商品的特点及运输的条件，由交易双方协商决定的。通常采用的商品购销的交接货方式一般有以下几种：

1. 送货制。送货制是指供货单位将商品送到购货单位的仓库或指定的地点。送货的过程中所发生的费用和商品损耗，一般由供货单位负担。

2. 提货制。提货制是指购货单位到供货单位的仓库或指定地点提货。提货过程中所发生的费用和商品损耗，一般由购货单位负担。

3. 发货制。发货制是指供货单位按照合同规定的发货日期、商品品种、规格、数量等条件，将商品委托运输部门运到购货单位所在地的车站、码头。在发货过程中，一般规定商品交接以前所发生的费用和商品损耗由供货单位负担，商品交接以后所发生的费用和商品损耗由购货单位负担。

4. 门市收购制。门市收购制是指企业直接在基层设立门市部收购农副产品、回收废旧材料物资。

任务三 商品流通企业会计核算的一般方法

实际工作中，商品价值表现为进价金额和售价金额两种形式，根据商品流通企业经营方式、经营品种的不同，商品流通企业库存商品的核算方式主要有以下四种：

一、数量进价金额核算法

数量进价金额核算法是以实物数量和进价金额两种计量单位，反映商品进、销、存情况的一种方法。主要内容包括："库存商品"的总分类账和明细分类账统一按进价记账。总分类账反映库存商品进价总值；明细分类账反映各种商品的实物数量和进价金额。"库存商品"明细账按商品的编号、品名、规格、等级分户，按商品收、付、存分栏核算数量和金额，数量要求永续盘存。

数量进价金额核算法的优点是能全面反映各种商品进、销、存的数量和金额，便于从数量和金额两个方面进行控制。但由于每笔进、销、存货业务都要填制凭证，按商品品种逐笔登记明细分类账，核算工作量较大，手续较繁，一般适用于规模较大、经营金额较多而交易笔数不多的大中型批发企业。

二、数量售价金额核算法

数量售价金额核算法是以实物数量和售价金额两种计量单位，反映商品进、销、存情况的一种核算方法。主要内容基本与数量进价金额核算法相同，都是按商品品种设明细账，实行数量和金额双重控制。其不同的有两点："库存商品"总分类账和明细账均按售价记账。设置"商品进销差价"账户，记载售价金额和进价金额之间的差额，定期分摊已销商品进销差价，计算已销商品进价成本和结存商品的结存金额。

由于采用售价记账，商品售价变动，就要盘点库存商品，调整商品金额和差价，核算工作量较大，因此，数量售价金额法一般适用于小型批发企业、零售企业、他的仓库商品和贵重商品的核算。

三、售价金额核算法

这是在实物负责制的基础上，以售价记账，控制库存商品进、销、存情况的一种核算方法。其主要内容包括：

（一）建立实物负责制

根据岗位责任制的要求，按商品经营的品种和地点，划分为若干个柜组，确定实物负责人，对其经营的商品承担全部责任。

（二）售价记账，金额控制

库存商品的进、销、存一律按销售价格入账，只记金额，不记数量，库存商品总分类账反映售价总金额，明细分类账按实物负责人分设，反映各实物负责人所经营的商品的售价金额，在总账控制下，随时反映各实物负责人的经济责任。

（三）设置“商品进销差价”账户

由于“库存商品”账户按售价反映，而商品购进支付的货款是按进价计算的，因此，设置“商品进销差价”账户，以反映商品进价与售价之间的差额，正确计算销售商品的进价成本。

（四）加强物价管理

商品按售价核算后．如遇售价变动，就会直接影响库存商品总额，因此，必须加强物价管理，明码标价。

（五）健全商品盘点制度

“库存商品”明细分类账按售价记账，没有数量控制，只有通过盘点才能确定实际数量，因此，必须加强商品盘点，才能检查库存商品账实是否相等，考核实物负责人的工作质量和经济责任。

采用售价金额核算方法，可以简化核算手续，减少工作量，是零售企业商品核算的主要方法。其不足之处是由于只记金额，不记数量，库存商品账不能提供数量指标以控制商品进、销、存情况，一旦发生差错，难以查明原因。

四、进价金额核算法

这是以进价金额控制库存商品进、销、存的一种核算方法。其主要内容包括：

库存商品总分类账和明细分类账一律以进价入账，只记金额，不记数量。库存商品明细账按商品大类或柜组设置，对需要掌握数量的商品，设置备查簿。平时销货账务处理，只核算销售收入，不核算销售成本。月末采取“以存计销”的方法，通过实地盘点库存商品，倒挤商品销售成本。其计算公式为：

本期商品销售成本 = 期初库存商品 + 本期进货总额 = 期末库存商品进价金额

采用进价金额核算方法，可以简化核算手续，节约人力、物力，但手续不够严密，平时不能掌握库存情况，且对商品损耗或差错事故不能控制，一般适用于鲜活商品的核算。

项目小结

- 商品流通企业会计是应用于商品流通领域行业的专门会计，运用专门的程序和方法对企业在组织商品购销调存中发生的交易和事项进行会计核算、监督，是商品流通企业经营管理的一个重要组成部分。

- 商品流通企业会计有自己的特殊性：①以商品流通过程中的资金运动为核算和管理对象；②成本核算范围和方法有特殊性。
- 库存商品的核算是商品流通企业会计核算的中心环节，主要包括以下内容：①库存商品的确认条件；②库存商品购进入账时间的确认；③库存商品采购成本的确认；④库存商品销售收入的确认；⑤库存商品销售价格的确认。
- 商品流通企业库存商品的核算方式主要有以下四种：①数量进价金额核算法；②数量售价金额核算法；③售价金额核算法；④进价金额核算法。

各国商品流通业发展简介

拓展阅读

一、美国

美国的商品流通业在世界上是比较发达的，其零售商的数目几乎占全球前200名零售商的一半，最大的零售商沃尔玛近些年来一直在全球500强企业中名列前茅。美国的商品流通业经历了漫长的发展过程。

19世纪80年代的美国只有38个洲，人口大概为5 600万，有65%的人生活在农村。由于交通尚不发达，人们相互之间信息闭塞，流通业的发展处在比较低级的阶段。在当时每桶面粉的批发价为3.74美元，而在农村的杂货店却卖到了7美元的现实条件下，批发商是商品供应链上巨额利润的获得者。在这种情况下，邮购业务得到了大力发展。邮购商通过大规模采购，借助铁路和邮政运输，免费为农村送货和邮寄包裹，为农民提供廉价商品和优质服务，这种邮购销售方式赢得了大多数农民的喜爱。在这一时期，商品流通渠道主要还是由制造商主导。

到了20世纪初，由于汽车的普及和公路建设的快速发展，缩短了生产者与消费者之间的距离，消费者有了更大范围的选择。同时实行大规模生产的制造商已经在美国经济中出现，美国的城市开始发展，许多农民放弃了农场而加入到城市的工厂当中，城市化进程加快，消费者的消费水平提高。从1900年到1920年，短短20年时间城市人口就远远超过了农村人口。城市的居民习惯是在城市商店里购物，伴随着经济的发展和人们购物习惯的改变，零售商店得到大力发展。20世纪20年代和30年代，连锁零售店得到迅猛的扩张。20世纪40年代，美国的零售业开始外扩，走上了国际化的发展道路。由于连锁经营业态的出现和发展，这一时期的商品流通渠道中层级减少，制造商对零售商的依赖开始增强。

20世纪60年代，美国的社会又发生了巨大的变化。许多市民不堪城市的嘈杂、空气污染、交通堵塞之忧，纷纷从市区迁居到市郊。

伴随着这一生活习惯的变化，人们的购物方式也在改变。过去，人们逛街往往喜欢去市中心，但随着高速公路网络的发展和完善，以及郊区购物中心的兴起，市中心已不再是消费者的首选。于是郊区的大型购物中心、折扣店、会员店等零售业态得到了充分发展。在这一时期，由于信息技术的发展使得零售业发生了一系列的变革，零售业呈现出不断集中的趋势，新的零售业态不断涌现。

二、日本

日本的商品流通业对日本的经济有着重要的影响，这种影响具体表现在产业结构、国民收入、消费方式、人口及就业状况等方面。伴随着日本经济的发展，日本的商品流通业大概经历了以下几个发展阶段：

第一阶段：第二次世界大战前

这一时期日本的经济情况是重工业比较发达。重工业的产值平均能占到全国工业总产值的57%，工业水平在当时资本主义国家中居第5位。但这一时期的日本商品流通业并不发达，由于生产者和消费者的居住地比较分散，所以在生产者和消费者之间有多层级的批发商，从而形成了日本零售企业规模小、分散、零细、过剩的特点，整个商品流通系统的效率低下。这一阶段具有代表性的零售业态为刚刚出现的百货商店。

第二阶段：第二次世界大战结束至20世纪50年代末

这一时期为日本经济的战后重建阶段。战争对日本经济造成重创，使日本经济面临全面崩溃的危险。但日本政府能够审时度势，依据不同经济发展阶段有针对性地提出该阶段经济发展的重点。比如，战后初期，针对经济的全面衰落，日本政府首先从解决人民的生计问题入手，重点发展农业和轻工业，以缓和粮食和生活必需品的窘迫状态。生计问题解决后，日本政府又开始重点扶持基础工业和运输业的发展，从而使整个工业国民经济得到恢复。正是这种阶段性的经济发展策略和有步骤、有计划、循序渐进的经济发展方式，让日本在战后短短几十年内由一个经济几乎全面崩溃的国家发展成为仅次于美国的世界第二经济大国。

在经济重建期，由于物质生产主要是为了满足人们基本的生活需要，因此在这一阶段人们的需求基本同质，大多是一些生活必需品的需求。百货店这种零售业态也得到进一步的发展，无论是其规模还是其竞争能力都得到加强。但整个商品流通系统基本呈现出比较散乱的局面。

第三阶段：20世纪60年代初至70年代初

这一时期日本经济发展速度相当惊人，新技术大量引进，物质生产极大丰富。就是在这一时期，日本经济上升为资本主义世界仅次于美国的第二经济大国。

由于经济的发展，人们的基本生活必需品已得到极大满足，转而开始追求一些奢侈品的消费，追求精神层面生活水平的提高。比如对黑白电视机的旺盛需求，就反映出那一时期大规模的消费市场已开始出现。针对这种情况，最先做出反应的是制造厂商。为适应大规模消费市场的出现，制造商开发并导入新的生产技术，引入新的生产设备，大批量进行新产品的生产。反过来，为使产品实现更大规模的销售，制造商又通过搞各种营销活动，加强与消费者的沟通，不断开拓产品的销售市场，形成更大规模的消费。

在这一时期，商品流通系统主要由制造企业主导支配。超市、大型家电专卖店等零售业态也开始出现。

第四阶段：20 世纪 70 年代初至今

这一时期日本经济发展已经成熟，高速经济发展时期潜藏的隐患开始出现，再加上世界经济的影响，日本经济开始出现波动，但日本仍然具有世界第二经济大国的实力。

在这一时期，由于经济的发达和消费者收入的提高，人们消费品的选择范围及选择的地理区域扩大，消费者的购买行为渐趋成熟，消费者的需求也呈现出差异化。人们更多的是追求自我选择和有个性的消费，不再盲目跟随潮流。针对这样一种消费特点，专业大量贩卖店的零售业态开始出现，该业态主要是集中于特定商品领域进行销售，为消费者提供丰富的可供多样选择的商品型号。另外，就是便利店的出现，便利店主要是针对特定区域的消费者开设，为其家居生活提供便利。此外，由于消费者需求的多样化、差异化，制造商需要更加贴近市场，及时了解消费者的需求，准确把握消费动态，不断进行产品创新，慢慢呈现出一种生产、销售一体化的趋势。而消费者也逐渐成为流通领域变革的主导者。

三、中国

改革开放后，由于我国经济的发展，我国的商品流通市场成为增长最快的市场，连续十多年保持了 10% 以上的增长速度。截至 2000 年，我国的商品流通市场的销售额在世界已排到第四位，仅次于美、日、德。而且我国商品流通的业态经过数十年的发展，已由传统百货为主的单一业态发展到百货商店、连锁店、折扣店、便利店、大卖场等多种业态，尤其是连锁超市更是取得了突飞猛进的发展。虽然我国的商品流通市场实现了快速发展，但与已经发展了近 200 年的国外商品流通市场相比尚处于低级阶段。

我国的零售企业大多规模小，前几名零售商的零售额占整个零售市场份额的不足 20%，在这一点上是很难与国外的大型零售商相比的。虽然，我国有着巨大的消费市场，但由于缺乏成熟的商品流通市场，所以规模消费并没有真正形成，商品流通系统的主导权依然是掌握在制造商的手中。再有，我国的零售企业普遍存在高负债率和低利润率并存的情况。我国零售企业的负债率一般都在70%以上，而平均净利润率却不到2%，这是因为我国零售业的管理技术和硬件设备相对落后造成的。应当说，我国零售企业的盈利大都是靠供应商的进场费、广告费、促销费、节庆费在支撑。由于零售企业处于商品物流的中枢地位，对供应商有一定的优势，但靠"榨取"供应商来获取利润，长此以往势必会对我国的制造业造成较大的伤害。

2004年12月11日，我国的零售业正式对外开放，国外的零售商已大批量地在我国展开业务。他们一方面利用其规模优势和全球化采购平台降低商品成本；另一方面还利用其成熟市场的盈利支持新兴业务区域的战略性亏损，与我国的零售商展开竞争。面对国外零售商的严峻挑战，根据国际商品流通市场发展的趋势和方向，我国的商品流通商应做好以下几点：

进行以目标客户为导向的业态优化和服务创新。我国的零售商应从我国的实际国情出发，循着国际零售业的发展趋势，发展符合当前消费者需要的业务模式，在此基础上加大服务创新的力度，制造品牌溢价效应。

以专业化经营的态度，专注于建立满足目标客户核心价值的核心竞争力，实现战略与经营的差异化。我国的零售商在从我国实际出发的基础上，要认真学习吸收外国零售商的先进管理技术，围绕自身目标客户的核心价值，专注于一点钻研下去，形成自己的核心竞争优势，从而避免同质化经营和恶性竞争。

建立易操作的标准和准则，使快速复制与扩张成为可能。我国的零售商要在激烈的市场竞争中站稳脚跟，规模经营是必不可少的，因为规模经营可以降低运营成本。而要实现规模经营，连锁复制是有效的方法。这就需要有复制的标准，按照标准复制来提高复制效率，最终达到规模扩张的目的。

提升零售技术水平，降低运营成本，提高运营效率。本文已提到相对于国外零售商来说，我国零售商的管理技术还比较落后，而国际商品流通业的发展特点又说明零售技术是零售商获得竞争优势的必要条件。因此，我国的零售商需要在提高零售技术方面多下功夫，这样才能提高与外国零售商的竞争能力。

面对国外具有先进管理水平和经验的商品零售商，我国要沉着应对。一方面发挥本土化的优势，寻找差异化竞争途径；另一方面要不断学习先进的技术，在竞争中快速成长。

（资料引自：http：//baike. baidu. com/view/233235. htm）

练习与实训

一、单项选择题

1. 商品流通企业会计的基本职能是核算与（　　）。

A. 预测　　B. 控制

C. 监督　　D. 分析

2. 商品流通企业实现的盈利主要来自于（　　）。

A. 商品流通企业　　B. 制造企业让渡

C. 金融服务业让渡　　D. 教育行业让渡

3. 零售商品流转是整个商品流通的（　　）。

A. 起始环节　　B. 中间环节

C. 销售环节　　D. 最终环节

4. 对于异地购进的商品，其交货方式一般采用（　　）。

A. 发货制　　B. 提货制

C. 送货制　　D. 送货或提货制

5. 商品流转环节有批发和（　　）。

A. 制造　　B. 加工

C. 零售　　D. 批发

6. 玉森百货股份有限公司2013年4月25日收到商品一批，该批商品的货款在4月25日同时支付，则该公司该批商品的正确入账时间为(　　)。

A. 4月1日　　B. 4月15日

C. 4月25日　　D. 4月30日

7. 批发商品流转是整个商品流通的（　　）。

A. 起始环节　　B. 中间环节

C. 销售环节　　D. 最终环节

8. 湖南某贸易公司销售一批大豆给厦门建发公司，价值500万元，则其交货方式一般采用（　　）。

A. 发货制　　B. 送货制

C. 提货制　　D. 直接交货制

9. 某商业企业在2013年8月15日收到商品一批，该批商品的货款在8月1日就已支付，则该商业企业该批商品的正确入账时间为（　　）。

A. 8月1日　　B. 8月15日

C. 8月20日　　D. 8月31日

10. 三和商场于2013年10月5日向闽龙公司预购一批家电，同时预付一半货款，2013年10月20日该批家电到达三和商场，2013年11月1日三和商场付清剩余款项，则该公司此批家电的正确入账时间为(　　)。

A. 2013 年 10 月 5 日
B. 2013 年 10 月 20 日
C. 2013 年 11 月 1 日
D. 2013 年 10 月 10 日

11. 小型批发流通企业和经营贵重物品的零售企业通常采用的商品核算方法是（　　）。
A. 进价金额核算法
B. 售价金额核算法
C. 数量进价金额核算法
D. 数量售价金额核算法

12. 大中型批发流通企业通常采用的商品核算方法是（　　）。
A. 进价金额核算法
B. 售价金额核算法
C. 数量进价金额核算法
D. 数量售价金额核算法

13. 零售鲜活商品企业通常采用的商品核算方法是（　　）。
A. 进价金额核算法
B. 售价金额核算法
C. 数量进价金额核算法
D. 数量售价金额核算法

14. 某商业企业购进商品一批，其中商品价款 150 000 元，发生的运输费用 5 500 元，增值税额 25 500 元，则该批商品的采购成本为(　　)。
A. 5 500 元
B. 150 000 元
C. 155 500 元
D. 175 500 元

15. 龙州商贸公司购进商品一批，其中，商品价款 30 万元，运费 1 万元，增值税 5.36 万元，手续费 0.1 万元，则该批商品的采购成本为（　　）。
A. 36.2 万元
B. 30 万元
C. 35.1 万元
D. 31.1 万元

16. 某商业企业从国外进口一批商品，其中，商品离岸价格 200 万元，商品离开对方口岸但还未到达我国口岸目的港所发生的运杂费 3 万元、保险费 7 万元，商品到达我国口岸目的港后发生的运杂费 1 万元，增值税为 10 万元，则该批商品的采购成本为（　　）。
A. 200 万元
B. 210 万元
C. 211 万元
D. 221 万元

17. 某商业企业委托其他单位代理进口一批商品，其中实际支付给对方价款有：商品的国外进价 66 万元，应分担的外汇差价 6 万元，进口环节的各种税费 10 万元，委托费用 5 万元，则该批商品的采购成本为(　　)。
A. 66 万元
B. 72 万元
C. 82 万元
D. 87 万元

二、多项选择题

1. 批发环节是整个商品流转的（　　）。
A. 起始环节
B. 中间环节
C. 销售环节
D. 最终环节

2. 商品批发企业一般具有以下主要特征（　　）。
A. 一般是大宗买卖
B. 组织形式多样
C. 商品存储数量大
D. 商品种类范围广泛

3. 商品零售企业一般具有以下主要特征（　　）。
A. 网点设置比较分散
B. 组织形式多样

C. 商品存储数量大　　D. 商品种类范围广泛

4. 商品流通企业的进货费用，可以采用的处理方式有（　　）。

A. 直接计入销售费用

B. 直接计入商品成本

C. 先进行归集，然后分别计入存货和销售费用

D. 直接计入主营业务成本

5. 以下哪些不属于商品购进的范围（　　）。

A. 样品　　B. 委托加工商品收回

C. 接受捐赠　　D. 从生产企业购进商品

6. 商品购销的交接货方式主要有以下几种（　　）。

A. 交货制　　B. 送货制

C. 提货制　　D. 发货制

7. 商业企业销售商品时要确认为收入，必须同时符合以下条件(　　)。

A. 商品所有权上的主要风险和报酬已经转移

B. 无继续管理权和控制权

C. 与交易相关的经济利益能够流入企业

D. 相关收入和成本能可靠计量

8. 库存商品销售价格的确认可按不同的销售对象分为以下几种(　　)。

A. 批发价　　B. 零售价

C. 协商价　　D. 批发价或零售价

9. 商品流通企业库存商品的核算方法有以下几种（　　）。

A. 数量进价金额核算法　　B. 数量售价金额核算法

C. 售价金额核算法　　D. 进价金额核算法

10. 企业进口的商品其采购成本包括进口商品的以下几种（　　）。

A. 国外进价　　B. 应分担的外汇差价

C. 进口后的运杂费　　D. 进口环节的增值税

2 项目二 批发商品流通业务的核算

项目概要

介绍批发商品流通业务的核算方法；阐述批发企业购进商品、销售商品一般业务及特殊业务的核算方法；说明批发企业库存商品账簿的设置方法及商品销售成本的计算和结转方法。

任务框架

案例导入　批发企业举例
任务一　批发企业的经营特点与核算方式
任务二　批发企业购进商品的核算
任务三　批发商品销售的核算
任务四　批发商品库存及销售成本的核算
项目小结
扩展阅读　决战终端：狭路相逢"智"者胜
练习与实训

理论目标

1. 了解批发企业的经营特点与经营方式，熟悉批发商品流通业务的核算方法；
2. 理解批发企业购进商品、销售商品一般业务及特殊业务的核算方法；
3. 了解批发企业库存商品账簿的设置方法，理解批发企业商品销售成本的计算和结转方法。

技能目标

1. 掌握批发企业商品购进、销售、结转成本各阶段的核算程序；

2. 会进行批发企业商品购进、销售、结转成本各阶段一般业务和特殊业务的具体核算。

案例导入

国内三大服装批发市场简介

——向专业集散中心发展

目前随着服装零售业的发展，批发市场已经由低端的纯批发性质的市场向中高端专业集散中心发展。目前全国主要的服装批发市场主要有杭州四季青、常熟服装城、福建石狮服装城、上海新七浦服装城、广州白马服装市场等，其中以杭州四季青、上海新七浦、广州白马最为出名。

1. 杭州四季青

创立时间：1989 年。

最大贡献：与西湖一起成为杭州名牌，也托起了杭派女装。

简介：营销网络遍布全国各地，渗透东南亚、欧洲、美洲市场。市场以批发为主（占 80% 以上），汇聚了 1 100 余家服装生产企业，900 多个品牌商标的服装，种类已经涵盖了服装成衣的各个类型，且产品细分十分完善。

2. 广州白马

创立时间：1993 年。

最大贡献：掀起服装专业市场新模式竞争的序幕。

简介：广州地区规模最大、配套最完善、交易量最大的中高档服装市场。建筑面积 60 000 平方米，经营的业户有 2 000 多户，是中、高档服装的现货批发、零售中心，也是服装品牌连锁加盟中心。

3. 上海新七浦服装市场

创立时间：2001 年。

最大贡献：七浦路因新七浦这块“金字招牌”而重新焕发生机。

简介：目前七浦路服装批发市场相继建成了白马大厦、超飞捷、天阜童装、七浦路、豪涌等十余个大型服装批发市场。其内共有 1 000 余家服装批发商，其中 90% 以上是某服装品牌的华东总代理商。

市场分析：

三大服装批发市场各自特点：四季青以品类丰富、价格低廉著称；广州白马以齐款式新颖、时尚得到众多散货以及贴牌者的喜爱；而上海的七浦路服装相对高端，而且已有不少自成品牌，服装零售也占据一定份额，所以价格相对偏高。

建议：对于批发商来说，当别人专注做专卖店时，你也可以专注做批发，别人做自主品牌的同时，你同样可以做自己的批发品牌，集中“批发”领域，认准核心市场，有目标性地提升产品的单项系列品牌知名度，打造强势的批发品牌。

1. 你了解什么是批发企业了吗?
2. 你还能举出身边批发企业的例子吗?

任务一 批发企业的经营特点与核算方式

张强高职毕业后，就职于一家日用品批发企业。公司经营范围包括日用百货、工艺礼品、玩具、化妆品、海绵制品、针纺织品、厨房用品、洗浴用具等等，业务量比较大。经过半年多的实际工作和认真学习，张强逐渐掌握了批发企业的商品流转核算方法。

一、批发企业的经营特点

批发企业商品流通业务是指批发企业从生产企业或其他企业购进商品，供应给零售企业或其他批发企业用以转售，或供应给其他企业用以进一步加工的过程。它处于整个商品流通链条的起点或中间环节，是组织城乡之间、地区之间商品流通的桥梁。

批发企业大批地向工农业生产部门采购商品，又成批地供应出去，将社会产品从生产领域转入流通领域和再生产领域，它是工业与农业、地区与地区、生产企业与零售企业之间的纽带。

从事商品批发的企业需要储备一定数量的商品，随时掌握各种商品进、销、存的数量和结存金额；同时，批发企业经营的是大宗的商品购销活动，交易次数相对较少，但每次的成交额却较大，一般每次交易都必须填制各种有关凭证，以反映和控制商品的交易活动。

二、批发企业的核算方式

批发企业商品流通业务的核算方法可分为数量进价金额核算和数量售价金额核算。

数量进价金额核算是除了库存商品的总分类账户和明细分类账户均按进价反映外，明细分类账户还必须同时反映商品实物数量的一种核算方法。采用这种核算方法，可以根据已销商品的数量按进价结转商品销售成本。

这种核算方法的优点是能够按品名、规格来反映和监督每种商品进、销、存的数量和进价金额的变动情况，有利于加强对库存商品的管理和控制。缺点是每笔销售业务都必须填制销售凭证，并按商品的品名、规格登记商品明细账，记账工作量较大。这种方法适用于批发企业和部分专业性零售企业。

为了适应企业的经营特点，有利于其开展商品经营业务，批发企业一般采用数量进价金额核算。

采用数量进价金额核算法时，批发企业会计核算价格的主线是：“三进一销”。

“三进”是指：购入商品时用购进商品的实际价格核算，验收入库时用购进商品的实际价格核算，结转主营业务成本用购进商品的实际价格分类核算。

“一销”是指：销售商品时用销售商品时的价格核算。

任务二
批发企业购进商品的核算

一、批发商品购进的业务程序

批发企业购进商品按照购进地不同可分为同城与异地购进。

同城购进商品是指批发企业从本地的商品生产企业或其他商品批发企业购进商品，商品的交接方式一般采用送货制或提货制，货款结算方式一般采用现金、支票或本票。

异地购进商品是指批发企业从其他地区的生产企业或批发企业购进商品，商品交接方式一般采用发货制，货款结算方式一般可采用银行汇票、商业汇票、汇兑、托收承付、委托收款等。

二、批发商品购进业务的账户设置

（1）“库存商品”科目，属资产类科目，核算批发企业全部自有的库存商品，包括存放在仓库及门市部和寄存在外库的商品、委托其他单位代管代销的商品、陈列展览的商品等。

（2）“在途物资”科目属于资产类科目，用来核算企业购入的已收到结算凭证，但还未到达或未验收入库的商品。

（3）“预付账款”科目，属于资产类科目，用来核算企业预先支付的购货款。预付账款情况不多的，也可以不设置本科目，将预付的款项直接记入“应付账款”科目借方。

（4）“应交税费——应交增值税（进项税额）”，属于负债类科目，用来核算企业购进商品时支付的待抵扣的进项税额。

（5）“应付账款”科目，属于负债类科目，用来核算企业因购入商品而应当支付供货方的购货款、增值税款及代垫运费等款项。

（6）“应付票据”科目，核算小企业因购买材料、商品和接受劳务等日常生产经营活动开出、承兑的商业汇票（银行承兑汇票和商业承兑汇票）。

（7）“销售费用”科目属于损益类科目，用来核算企业购进商品时的运杂费、整理费、挑选费等零星费用，或应由销售商品负担的部分进货费用。

三、批发商品购进业务的核算

批发企业在购进商品时除了要支付货款外还要为流通链条上下一环节的消费者垫支增值税。这部分垫支的增值税，在企业转售商品后缴纳增值税时，予以抵扣。因此，企业在购进商品时，必须取得增值税专用发票（简称专用发票），其格式见表2－1。

表 2－1

山东省增值税专用发票

发 票 联

NO. 5432132

开票日期：2013 年 12 月 01 日

购货单位	名　　称：山东红星商贸有限责任公司 纳税人识别号：370102169354239 地 址 、电 话：山东省济南市 0531－85924221 开户银行及账号：中国银行济南市天桥区支行 0101020304					密码区	略	
货物或应税劳务名称	规格型号	单位	数量	单价	金额	税率	税额	
A 商品		千克	6 000	10	60 000.00	17%	10 200.00	
合计					60 000.00		10 200.00	
价税合计（大写）	人民币柒万零贰佰元整				（小写）￥70 200.00			
销货单位	名　　称：东风股份有限公司 纳税人识别号：370102639548781 地 址 、电 话：山东省潍坊市 0536－4600077 开户行及账号：中国银行潍坊市幸福街支行 0102023256					备注	东风股份有限公司 370705639548781 发票专用章	

第三联 发票联

收款人：王 立　　复核：赵 军　　开票人：高 灵　　销货单位：（章）

（一）同城购进商品和核算

批发企业从当地的生产企业或其他批发企业购进商品，交接方式一般采用“送货制”或“提货制”，一般当天结算完毕。货款的结算方式通常采用转账支票或银行本票。

【例 2－1】12 月 1 日，新新批发公司向当地腾跃自行车厂购进自行车 200 辆，每辆 250 元，计货款 50 000 元，增值税额 8 500 元。商品验收入库后，验收部门填制“收货单”（见表 2－2）一式数联，其中一联交财务。财务部门依据结算凭证和收货单以转账支票支付全部款项，做会计分录如下：

借：库存商品——自行车类　　50 000

　　应交税费——应交增值税（进项税额）　　8 500

　　贷：银行存款　　58 500

表 2－2

收 货 单

发票号码：5432131　　收货单编号：963631

供应单位：腾跃自行车厂　　收货部门：A 商品库

商品类别：　　2013 年 12 月 01 日

编号	名称	规格	单位	数量		实际成本				
				应收	实收	买价		运杂费	其他	合计
						单价	金额			
	自行车		辆	200	200	250.00	50 000.00			50 000.00
合计							50 000.00			50 000.00

②会计记账联

主管：王 芳　　检验员：郑 一　　保管员：张 君　　会计：刘 红

（二）异地购进商品的核算

批发企业从异地的生产企业或其他批发企业购进商品，交接方式一般采用“发货制”。货款的结算方式一般采用银行汇票、商业汇票、托收承付或委托收款等。

批发企业异地购进商品，由于支付货款的时间和商品到达的时间不同，往往会出现三种不同的情况：①取得发票账单等结算凭证，支付货款和收到商品并验收入库同时完成；②已经根据取得的发票账单等结算凭证支付货款或开出、承兑商业汇票，商品后到达或商品虽已到达但尚未验收入库；③商品先到并验收入库，但尚未取得发票账单等结算凭证，未支付货款或开出、承兑商业汇票。

下面分别对这几种情况的核算方法予以举例说明。

（1）取得发票账单等结算凭证，支付货款和收到商品并验收入库同时完成。

【例2－2】新新批发公司购进花生油10箱，每箱进价1 000元，取得增值税专用发票上注明的花生油价款为10 000元，增值税额为1 700元，供货方垫付运费200元（不计抵扣税额，做销售费用列支）。商品验收入库，款项当日以转账支票付讫。该企业应编制如下会计分录：

借：库存商品——花生油	10 000	
应交税费——应交增值税（进项税额）	1 700	
销售费用——运费	200	
贷：银行存款		11 900

（2）已经根据取得的发票账单等结算凭证支付货款或开出、承兑商业汇票，商品后到达或商品虽到达但尚未验收入库。在这种情况下，批发企业对已付货款或已开出、承兑的商业汇票以及在途商品，都必须如实反映，以便进行监督管理。会计部门在收到供货方发货凭证、结算单据等后，经审核无误后应立即进行账务处理。

【例2－3】新新批发公司从青岛海尔公司购进冰箱100台，每台冰箱进价2 000元，海尔公司代垫运杂费6 000元（其中运费5 000元可按7%抵扣进项税额，运杂费全部作销售费用列支）。托收凭证已到，取得增值税专用发票上注明的冰箱进价总额为200 000元，增值税额为34 000元。该企业开出面值为240 000元、期限为1个月的商业承兑汇票结算上述款项。冰箱尚未运达。该企业应编制如下会计分录：

借：在途物资——青岛海尔公司	200 000	
应交税费——应交增值税（进项税额）	34 350	
销售费用	5 650	
贷：应付票据		240 000

当冰箱到达并点验入库后，该企业应编制如下会计分录：

借：库存商品——冰箱	200 000	
贷：在途物资——青岛海尔公司		200 000

（3）商品先到并验收入库，但尚未取得发票账单等结算凭证，未支付货款或开出、承兑商业汇票。批发企业在验收采购的商品时，如果尚未收到结算凭证，不知商品款项数额，无法付款，也无法进行账务处理。由于结算凭证一般在收到商品几天以后就可以收到，因此，在验收商品时，可以暂不进行会计处理，待收到结算凭证时再编制相应会

计分录。但如到月终仍未收到结算凭证，为了真实反映企业实际拥有的资产和负债，同时也为了保持总账与明细账的一致，正确编制资产负债表，应对尚未付款的已入库商品按暂估价入账，借记“库存商品”科目，贷记“应付账款”等科目，下月初再用红字冲回。待下个月收到结算凭证，付款或开出、承兑商业汇票后，再按支付进货款和收到商品同时完成时的情况进行处理。

【例 2-4】超飞家电批发公司从上海腾跃公司购进一批电脑并验收入库，发票等结算单据未到，货款尚未支付，月末按 80 000 元的暂估价入账。该公司应编制如下会计分录：

借：库存商品——电脑　　80 000
　　贷：应付账款——上海腾跃公司　　80 000

下月初用红字冲回，编制如下会计分录：

借：库存商品——电脑　　[80 000]
　　贷：应付账款——上海腾跃公司　　[80 000]

下月 3 日，该公司收到电脑的增值税专用发票，电脑进价 100 000 元，增值税额为 17 000 元，运杂费为 6 000 元（其中运费 5 000 元可按 7% 抵扣进项税额，其余运杂费计入采购成本），上述款项均以银行存款支付。该公司应编制如下会计分录：

借：库存商品——电脑　　105 650
　　应交税费——应交增值税（进项税额）　　17 350
　　贷：银行存款　　123 000

（三）批发企业购进商品特殊业务的核算

1. 预付货款购进商品的核算

预付款项较多的批发企业，可单独设置“预付账款”科目，以反映预付货款增减变动情况。该科目的借方登记批发企业付给供应方的预付货款；贷方登记企业收到所购商品（或劳务结算时）应结转的预付账款；期末如为借方余额，反映批发企业已预付的款项；期末如为贷方余额，反映批发企业尚未补付的款项。其明细账应按供货企业的名称设置。

【例 2-5】北京天河贸易公司为增值税一般纳税企业，从外地东普公司预订电磁炉 100 个，单价为 500 元，货款为 50 000 元，增值税进项税额为 8 500 元。按订货合同规定，应先向供货单位预付货款 20 000 元，交货后再补足余款。该企业账务处理如下：

预付货款时，编制如下会计分录：

借：预付账款——东普公司　　20 000
　　贷：银行存款　　20 000

收到所预订商品时，编制如下会计分录：

借：库存商品——电磁炉　　50 000
　　应交税费——应交增值税（进项税额）　　8 500
　　贷：预付账款——东普公司　　58 500

补付余款时，编制如下会计分录：

借：预付账款——东普公司　　38 500

贷：银行存款 38 500

2. 购进商品发生溢余或短缺的核算

批发企业购进的商品运到后，要认真验收，查明实收商品与应收商品是否相符，如果发现不符．除按实收数入库外，还要反映溢缺商品数额并查明原因处理。

批发企业购进商品发生溢余或短缺，未查明原因前或未经批准予以转账前，溢余或短缺商品的价值先通过“待处理财产损溢”科目核算，待查明原因或经批准予以转账时，再转入相关科目。

（1）购进商品溢余的核算。购进商品溢余，未查明原因或经批准才能转账的，先记入“待处理财产损溢”科目的贷方，然后查找原因并进行处理。如查明溢余商品属于自然升溢，则借记“待处理财产损溢”科目，贷记“销售费用”科目。如果查明溢余商品是供货方多发，且进货企业同意购进，则当收到供货方补来的专用发票并补付货款和进项税额时，按补付的货款，借记“在途物资”科目，按进项税额，借记“应交税费——应交增值税（进项税额）”科目，按支付的款项，贷记“银行存款”科目，同时，借记“待处理财产损溢”科目，贷记“在途物资”科目；若进货企业不同意购进多发商品，则借记“待处理财产损溢”科目，贷记“库存商品”科目，并将溢余商品转作代管商品，记入表外科目“代管商品物资”。

【例 2－6】厦门中创公司从西安 A 公司购进洗涤剂 40 000 千克，发票等结算凭证上载明单价为 3.50 元，总价款 140 000 元，增值税额 23 800 元。全部款项已承付。会计处理如下：

借：在途物资——西安 A 公司 140 000
　　应交税费——应交增值税（进项税额） 23 800
　　贷：银行存款 163 800

商品运到，实收商品 40 100 千克，溢余 100 千克，其价值为 350 元，原因待查。会计部门根据“发货票”（随货联）、“收货单”和“商品溢余报告单”编制如下会计分录：

借：库存商品——洗涤剂 140 350
　　贷：在途物资——西安 A 公司 140 000
　　　　待处理财产损溢——待处理流动资产损溢 350

经查，上述溢余洗涤剂中 40 千克计 140 元属自然升溢，其余部分为供方多发，厦门中创公司同意购进，收到西安 A 公司补来的专用发票，其中洗涤剂款为 210 元，增值税进项税额为 35.70 元，补付货款从银行存款户汇出。则应编制如下会计分录：

借：待处理财产损溢——待处理流动资产损溢 350
　　应交税费——应交增值税（进项税额） 35.70
　　贷：销售费用 140
　　　　银行存款 245.70

（2）购进商品短缺的核算。购进商品发生的短缺，查明原因前，应通过“待处理财产损溢”科目核算，查明原因后，再进行处理。能确定应由供应单位、运输机构、由保险公司或其他过失人负责赔偿的部分，应计入“应付账款”、“其他应收款”等科目；如经查属于自然灾害等非正常原因造成的损失，应是扣除残料价值和过失人、保险公司赔偿后的净损失，经报批后计入“营业外支出——非正常损失”科目；运输途中的合理损耗，按其实际成本记入入库商品成本；如果属于无法收回的其他损失，只能由本单位承担的，报经批准后，计入“销售费用”。批发企业购进商品发生的非正常损失，其增值税（进项税额）应当转出。

【例2-7】上海烟糖公司向哈尔滨烟糖批发公司购进绵白糖8 000千克，每千克3.50元，计货款28 000元，增值税额4 760元，运费600元（按7%抵扣增值税，不计入采购成本），采用托收承付结算方式。

接到银行转来的托收凭证及附来专用发票（发票联）、运费凭证，经审核无误后，予以承付，做分录如下：

借：在途物资——哈尔滨烟糖批发公司 28 000
　　应交税费——应交增值税（进项税额） 4 802
　　销售费用 558
　　贷：银行存款 33 360

商品到达后，储运部门验收时，实收7 956千克，发现短缺44千克，计货款154元，填制“商品购进短缺（溢余）报告单”见表2-3。

表2-3 **商品购进短缺（溢余）报告单**

2013年12月11日　　　　单位：元

供应单位	商品名称及规格	单位	损耗数量	单价	价款	税额	价税合计	损耗原因	处理意见
哈尔滨烟糖批发公司	绵白糖	千克	44	3.50	154	23.80	163.80	待查	待定
合计									

审批：郑一　　检验：张君　　保管：温暖　　制单：刘红

财会部门根据储运部门转来的“收货单”及“商品购进短缺溢余报告单”，复核无误后，结转已入库的商品采购成本，并对短缺商品进行核算，做分录如下：

借：库存商品——食糖类 27 846
　　待处理财产损溢——待处理流动资产损溢 154
　　贷：在途物资——哈尔滨烟糖批发公司 28 000

经联系后，查明短缺的绵白糖中，有40千克是对方少发商品，已收到对方开来的退货红字专用发票，应退货款140元，增值税额23.80元；另外4千克为无法收回的损失，已报经领导批准由本单位承担。做分录如下：

借：应收账款——哈尔滨烟糖批发公司 163.80
　　应交税费——应交增值税（进项税额） 23.80
　　销售费用 14.00
　　贷：待处理财产损溢——待处理流动资产损溢 154.00

3. 进货退出的核算

批发企业购进商品后，在验收入库后可能因质量、规格等与合同不符等原因，发生进货退出业务。批发企业由于进货量大，一般对于原箱整件包装的商品，在验收时只作抽样检查，在入库后复验商品时，往往会发现商品的数量、质量、品种、规格不符。为此，批发企业应及时与供货单位联系，调换或补回商品，或者作进货退出处理。

批发企业发生进货退出业务时，必须取得当地主管税务机关开具的"进货退出证明单"送交供货方，作为供货方开具红字专用发票的合法依据。批发企业在收到供货方开具的红字专用发票及其他有关凭证后，进行进货退出的账务处理。

【例 2－8】 某批发商业企业从杭州电器公司购进电磁炉一批，价款 20 000 元，应支付的增值税额为 3 400 元，商品验收入库，同时收到对方开来的专用发票等有关凭证，审核无误后以银行存款支付款项。该批发商业企业应编制如下会计分录：

借：库存商品——电磁炉　20 000
　　应交税费——应交增值税（进项税额）　3 400
　　贷：银行存款　23 400

半个月后，发现该电磁炉质量不符合合同要求，经协商对方同意退货，退货手续已办妥，但尚未收到款项。根据收到的红字专用发票等凭证编制会计分录如下：

借：应收账款——杭州电器公司　23 400
　　应交税费——应交增值税（进项税额）　[3 400]
　　贷：库存商品——电磁炉　20 000

收到杭州电器公司退回的款项时，编制会计分录如下：

借：银行存款　23 400
　　贷：应收账款——杭州电器公司　23 400

4. 拒付货款和拒收商品的核算

批发企业从异地购进商品，对于银行转来供货单位的托收凭证及其所附的专用发票、运费凭证等，必须认真地与合同进行核对，如发现与购销合同不符、重复托收以及货款或运费多计等情况，应在银行规定的承付期内填制"拒绝承付理由书"，全部或部分拒付货款。

拒付货款基本上有两种情况：一种情况是由于拒收全部商品而拒付全部货款；另一种情况是不全部拒收商品而只拒付部分货款。不管是哪种情况，当购入商品企业按规定拒付全部货款时，应在承付期内向银行提出"拒付理由书"。由于拒付全部货款时，购入商品企业的资金未发生变化，所以在会计上不作账务处理。但商品到达后，必须以代管商品入账，记入表外科目"代管商品物资"辅助账簿中。批发企业拒付部分货款时，也要向银行提出"拒付理由书"，对承付的那部分货款，应按正常承付货款进行核算。

对于供货单位发来的商品及随货同行的发货单，同样要与购销合同进行核对，并要认真检验商品的品种、规格、数量和质量，如有不符，可以拒收商品。在拒收商品时，应由业务部门填制"拒收商品通知单"，尽快通知供货单位，并需填制"代管商品收货单"一式数联，其中两联送交储运部门。储运部门验收后，在其中一联上加盖"收讫"戳记，将其数量做账外记录，并将拒收商品妥善保管，与库存商品分别存放，不能动用。另一联由储运部门转交财会部门，据以记入"代管商品物资"账户的借方。

“代管商品物资”是表外账户，用以核算企业受托代管的各项商品、物资及借入的包装物等。收进时，记人借方；发出时，记入贷方。该账户可只记数量，不记金额。“代管商品物资”账户不与其他账户发生对应关系，只作单式记录。

拒收商品一般有两种情况：一是在承付货款以前，发现不符合合同规定，因而提出拒收商品，并拒付全部货款。对于此种情况，拒收商品时不作账务处理，仅对商品进行代管并记入表外科目“代管商品物资”。二是在承付货款以后，商品验收时发现不符合合同规定，因此拒收商品。而对于货款已经支付并已入账的拒收商品，需对拒收商品作代管商品处理，并记入表外科目“代管商品物资”。对已经支付的货款，在未解决前应从“在途物资”或“库存商品”科目转入“应收账款”科目，对已支付的该批商品的进项税额，也要转入“应收账款”科目。解决后，再冲减“应收账款”科目。

【例2-9】某批发商业企业从联想电脑公司购进导航仪500台，计价款200 000元，应支付的增值税额为34 000元，接到银行转来的委托收款结算凭证和专用发票，审核无误承付货款。该企业应编制如下会计分录：

借：在途物资——联想电脑公司　200 000
　　应交税费——应交增值税（进项税额）　34 000
　　贷：银行存款　234 000

商品运到，发现导航仪质量与合同不符，决定拒收。经协商，对方同意退货，已办妥退货手续并开来退货红字专用发票。

对拒收商品作代管商品处理：

借：代管商品物资——导航仪　200 000

根据有关凭证编制会计分录如下：

借：应收账款——联想电脑公司　234 000
　　应交税费——应交增值税（进项税额）　34 000
　　贷：在途物资——联想电脑公司　200 000

同时，收到对方归还的款项，并退回商品。根据有关凭证编制会计分录如下：

借：银行存款　234 000
　　贷：应收账款——联想电脑公司　234 000

同时：

　　贷：代管商品物资——导航仪　200 000

5. 进货退补价的核算

批发企业购进商品验收入库后，有时由于供货单位的价格计算错误，或发货时按暂定价结算，可能发生退价或补价业务。进货退补价业务只涉及商品的价格，不涉及数量。在发生商品退补价时，应由供货单位填制更正发票交给购货单位，由业务部门审核后，送交财会部门，经复核无误，据以进行退补价款的核算。如果退补价时，购进的商品已全部或部分售出，并已结转销售成本，则应调减或调增“主营业务成本”科目。

【例2-10】上海百货公司向上海洗涤剂厂购进白猫洗衣粉1 000箱，每箱34.30元，已钱货两讫。今收到上海洗涤剂厂开来红字更正发票，列明每箱应为33.40元，应退货款900元及增值税额153元，退价和退税款尚未收到。

冲减商品采购额和增值税额，做分录如下：

借：应收账款——上海洗涤剂厂　　1 053

　　应交税费——应交增值税（进项税额）　　[153]

　　贷：库存商品——洗衣粉类　　900

【例 2-11】上海百货公司日前向上海洗涤剂厂购进五洲洗衣粉 1 200 箱，每箱 30 元，已钱货两讫。今收到海洗涤剂厂更正发票，列明每箱应为 31 元，应补付货款 1 200 元，增值税额 204 元。

增加商品采购额和增值税额，做分录如下：

借：库存商品——洗衣粉类　　1 200

　　应交税费——应交增值税（进项税额）　　204

　　贷：应付账款——上海洗涤剂厂　　1 404

6. 进货享受现金折扣和销售折让的核算

（1）现金折扣的核算。商品流通企业在赊购商品时，赊销方为了促使赊购方尽快清偿账款而给予一定的总价款折扣优惠，就是现金折扣。一般现金折扣的表示方法例如：2/10，1/20，n/30（10 天内付款给予 2% 的折扣，20 天内付款给予 1% 的折扣，20 天以后付款没有现金折扣，最迟的付款期为 30 天）。商品流通企业赊购商品核算发生的现金折扣时，应采用总价法。即首先是以商品的发票价格作为其买价入账，当企业取得现金折扣时，再冲减当期的财务费用。

【例 2-12】上海百货公司向东海皂厂赊购洗衣皂，厂方给予的付款条件为：1/10，n/30。

4 月 1 日，赊购洗衣皂一批，货款为 20 000 元，增值税额为 3 400 元，洗衣皂已验收入库。

根据增值税专用发票，做分录如下：

借：库存商品——皂类　　20 000

　　应交税费　应交增值税（进项税额）　　3 400

　　贷：应付账款——东海皂厂　　23 400

4 月 10 日，签发转账支票 23 200 元，支付洗衣皂货款和增值税额，做分录如下：

借：应付账款——东海皂厂　　23 400

　　财务费用　　[200]

　　贷：银行存款　　23 200

（2）销售折让的核算。商品流通企业在购进商品时，可能会因品种、规格和质量等原因，从销货单位所取得的价格上的减让，即销售折让。在发生销售折让时，购买方应向主管税务机关提出申请，主管税务机关进行审核后，出具“进货退出及索取折让证明单”；销售方凭购买方提供的“进货退出及索取折让证明单”开具红字专用发票。

【例 2-13】上海纺织品公司向上海毛纺厂购进毛涤花呢 1 000 米，每米 36 元，计货款 36 000 元，增值税额 6 120 元。签发转账支票 42 120 元支付货款及增值税额，做分录如下：

借：在途物资——上海毛纺厂　　36 000
　　应交税费一应交增值税（进项税额）　　6 120
　　贷：银行存款　　42 120

验收商品时，发现商品规格与合同要求有出入，与对方联系后，同意给予5%的购货折让。先将商品验收入库，做分录如下：

借：库存商品——呢绒类　　36 000
　　贷：在途物资——上海毛纺厂　　36 000

收到对方开来的销售折让发票，并收到对方退回的折让款1 800元及增值税额306元，存入银行，做分录如下：

借：银行存款　　2 106
　　应交税费　应交增值税（进项税额）　　306
　　贷：库存商品——呢绒类　　1 800

7. 免税农副产品收购业务的核算

农副产品具有种类规格繁多，且产地分散，生产的季节性强等特点。按有关税法规定，一般纳税人向农业生产者购买免税的农副产品或向小规模纳税人购买的农副产品准予按买价（即主管税务机关批准使用的收购凭证上注明的价款）的13%计算进项税额，从当期的销项税额中予以扣除。

批发企业收购免税农副产品一般有直接收购和预购两种。

（1）直接收购的核算。

【例2－14】 新果水果批发公司向某水果种植专业户收购苹果一批，收购价款100 000元。苹果已验收入库，且以现金支付货款。计算准予抵扣的进项税额是13 000元，则会计分录如下：

借：库存商品——苹果　　87 000
　　应交税费——应交增值税（进项税额）　　13 000
　　贷：库存现金　　100 000

（2）预购的核算。

【例2－15】 新果水果批发公司与某水果种植专业户签订合同，以现金预付定金20 000元。则会计分录如下：

借：预付账款——某水果专业户　　20 000
　　贷：库存现金　　20 000

实际收购苹果总价款100 000元，并验收入库。

借：库存商品——苹果　　87 000
　　应交税费——应交增值税（进项税额）　　13 000
　　贷：预付账款——某水果专业户　　100 000

按合同应补付货款80 000元。

借：预付账款——某水果专业户　　80 000
　　贷：库存现金　　80 000

任务三
批发商品销售的核算

一、批发商品销售的业务程序

批发企业商品销售可分为同城商品销售业务和异地商品销售业务两类。

批发企业在同城销售商品时，在商品交接方式上一般采用“提货制”或“送货制”的交接方式。结算货款大多用现金、支票、本票等方式。

批发企业异地销售商品时，一般采用“发货制”。货款结算方式一般可采用银行汇票、商业汇票、汇兑、托收承付、委托收款等。

二、批发商品销售业务的账户设置

（1）“主营业务收入”是损益类科目，用来核算商品流通企业在销售商品、提供劳务及让渡资产使用权等日常活动中产生的收入。可设“内销商品销售收入”、“出口商品销售收入”两个明细科目核算。

（2）“应收账款”是资产类科目，核算商品流通企业因销售商品、提供劳务等日常生产经营活动应收取的款项。应按照对方单位（或个人）进行明细核算。

（3）“应收票据”是资产类科目，核算商品流通企业因销售商品（产成品或材料，下同）、提供劳务等日常生产经营活动而收到的商业汇票（银行承兑汇票和商业承兑汇票）。

（4）“预收账款”是负债类科目，核算商品流通企业按照合同规定预收的购货款项等。预收账款情况不多的，也可以不设置本科目，将预收的款项直接记入“应收账款”科目贷方。

（5）“应交税费——应交增值税（销项税额）”，属于负债类科目，用来核算企业销售商品时代收的待缴纳的销项税额。

三、批发商品销售业务的核算

批发企业的业务部门应根据购货方选购的商品，填制“发货票”（即“发票”）一式数联，交购货方由其向收款处办理货款结算，然后将“发货票”及“提货单”交购货方到指定仓库自行办理提货，或由批发企业业务部门人员负责为购货方送货上门。

每日终了，销售部门根据有关销售凭证填制“销货收款日报表”，并将填制的银行“进账单”连同收到的支票及现金送交银行，然后将“销货收款日报表”及所附的销货凭证、银行“进账单”回单一并交给会计部门。会计部门根据收到的“销货收款日报表”和将销货款送存银行的“进账单”回单做会计处理，确认销售收入。“销货收款日报表”样式见表2-4。

表 2-4 销货收款日报表

销售部门：业务一部 2013 年 12 月 2 日

客户名称	销货品种、规格	数量	金额	现金	支票（号码及金额）	其他	备注
合计							

（一）同城商品销售业务的核算

1. 批发企业如采用提货制或先收货款的送货制方式销售商品，货款收到时，一般已经满足确认销售条件

【例 2-16】 新新批发公司销售商品一批，增值税发票上注明商品不含税价为 50 000元，增值税额为 8 500 元。货款收到已存入银行，发票账单及提货单已交购货方，但该批商品尚未从仓库提走。应编制如下会计分录：

借：银行存款 58 500

　　贷：主营业务收入 50 000

　　　　应交税费——应交增值税（销项税额） 8 500

2. 批发企业如采用验货付款送货制方式销售商品，在发出商品时，不能确认收入。应在收到货款或取得能够收回货款的有效凭证时再确认收入

【例 2-17】 长沙步步高公司采用验货付款送货制方式售给某商场化妆品一批，总价款 60 000 元，增值税额为 10 200 元。发出商品时，其会计处理分录如下：

借：发出商品——某商场——化妆品 42 000

　　贷：库存商品——化妆品 42 000

收到商场的验货凭证及货款时，做分录如下：

借：银行存款 70 200

　　贷：主营业务收入 60 000

　　　　应交税费——应交增值税（销项税额） 10 200

（二）异地商品销售业务的核算

批发企业异地销售商品一般采用发货制，货款结算大多采用托收承付、委托收款结算方式。采用发货制交接方式，一般由供货单位的业务部门填制“专用发票”，留下存根联备查，其余各联交储运部门向仓库提货，并办理商品发运手续。商品发运时，储运部门将发票联、税款抵扣联和记账联连同商品发运证明、垫付运杂费清单，一并送交财会部门。财会部门审核无误后留下记账联，其余凭证据以向开户银行办理托收货款手续。财会部门根据托收凭证回单联和记账联进行账务处理。

【例 2-18】 长江公司采用托收承付方式向山西三维公司销售运动鞋一批，增值税发票上注明该批运动鞋的不含税价为 100 000 元，增值税额为 17 000 元，银行支付代垫运费 3 000 元，运动鞋已经发出，并向银行办理了托收手续。

该公司应编制如下会计分录：

借：应收账款——山西三维公司　　120 000

　　贷：主营业务收入　　17 000

　　　　应交税费——应交增值税（销项税额）　　100 000

　　　　银行存款　　3 000

收到货款及代垫运费时，编制如下会计分录：

借：银行存款　　120 000

　　贷：应收账款——山西三维公司　　120 000

（三）批发企业销售商品特殊业务的核算

1. 预收款销售方式的核算

预收款销售方式下，通常是销售方收到最后一笔款项后才将商品交付购货方，表示所有权上的主要风险和报酬只有在收到最后一笔款项时才转移给购货方；或者销售方一般在发出商品时确认收入，在此之前预收的货款应确认为预收账款。

【例 2-19】青岛某商业批发公司与济南某电器商场签订协议，采用预收款方式销售电器商品。协议约定，该批商品销售价格为 500 000 元，增值税额为 85 000 元，济南某电器商场应在协议签订时预付价税款的 80%，剩余货款于到货后十日内付清。

收到 80% 货款时，青岛某商业批发公司应编制如下会计分录：

借：银行存款　　468 000

　　贷：预收账款——济南某电器商场　　468 000

发出商品且开出增值税专用发票时，做分录如下：

借：预收账款——济南某电器商场　　585 000

　　贷：主营业务收入　　500 000

　　　　应交税费——应交增值税（销项税额）　　85 000

收到剩余货款时，做分录如下：

借：银行存款　　117 000

　　贷：预收账款——济南某电器商场　　117 000

2. 商品销售退回的核算

批发企业销售出去的商品，有时会由于质量、品种不符合要求等原因而发生购货方退货的情况。如果同意退货，则需要购货方提供其主管税务机关开具的“进货退出证明单”，以此作为开具红字专用发票的合法依据。

【例 2-20】上海百货公司销售给某商厦电热杯 600 只，每只 25 元，增值税率为 17%。今购货方发现其中 40 只质量不好，要求退货。经业务部门同意，商品已退回，验收入库。收到对方交来的“进货退出证明单”后，开出红字专用发票一张及转账支票一张，金额 1 170 元，系支付退货款及退还增值税额，做分录如下：

借：主营业务收入——电热杯类　　1 000

　　应交税费——应交增值税（销项税额）　　170

　　贷：银行存款　　1 170

如果退回的商品已经结转了销售成本，那么，同时还应冲减销售成本。

3. 销售商品退补价的核算

批发企业在商品销售后，发现商品的规格和等级错发、货款计算错误或先按暂定价结算后又正式定价等原因，需要向购货单位退还或补收货款。实际销售价格低于已经结算货款的价格是销货退价，销货单位应将多收的差额退还给购货单位。实际销售价格高于已经结算货款的价格是销货补价，销货单位应向购货单位补收少算的差额。销售商品发生退补价时，先由业务部门填制专用发票予以更正，财会部门审核无误后，据以结算退补价款并进行账务处理。

【**例 2－21**】上海交电公司日前销售给沪光商厦 100 台某型号微波炉，单价为 480 元，增值税率 17%。今发现单价开错，该微波炉单价应为 470 元，业务部门已开出红字专用发票，应退对方货款 1 000 元、增值税额 170 元，签发转账支票付讫，做分录如下：

借：主营业务收入——微波炉类	1 000	
应交税费——应交增值税（销项税额）	170	
贷：银行存款		1 170

4. 购货单位拒付货款和拒收商品的核算

由于商品少发而致使购货单位拒付部分货款的，如果补发了商品，在收到购货单位货款、增值税额及垫付运费时，或取得收取货款的证据时按正常业务确定销售收入即可；如果不再补发商品，则应由业务部门填制红字专用发票，作销货退回处理。

对于商品销货款开具错误而致使购货单位拒付部分货款的，多开部分应由业务部门填制红字专用发票，财会部门据以做销售退价处理。

由于商品质量不符要求，或因商品品种、规格发错而导致购货方拒收退回的，应由储运部门验收入库，财会部门根据转来的红字专用发票作销货退回处理，退回商品的运费计入“销售费用”。

对于商品出现短缺的情况，先要由业务部门填制“财产损失报告单”，再根据具体情况进行账务处理。如属于某个单位或某部门责任，应由其赔偿的，计入“其他应收款”，责任不明确的，待领导批准后．再转入“管理费用”。

如果销货单位确认销售收入后，购货单位支付了部分款项，又拒付了部分款项，应将收到的款项计入“银行存款”账户。对于尚未收到的款项，则仍保留在“应收账款”账户内，在与对方协商解决后，再予以转销。

【**例 2－22**】万福百货批发公司销售给广厦百货公司玻璃花瓶 500 箱，每箱 80 元，货款共计 40 000 元，增值税额 6 800 元。代垫运费 400 元，已用现金支付。

向银行办妥托收销货款、增值税额和代垫运费的手续后，做分录如下：

借：应收账款——广厦百货公司	47 200	
贷：主营业务收入——花瓶类		40 000
应交税费——应交增值税（销项税额）		6 800
库存现金		400

8 天后，银行转来收账通知，广厦百货公司支付货款、增值税额及运费 42 480 元，同时收到“拒绝付款理由书”，拒付其中 50 箱花瓶货款、增值税额及该部分商品的运费共计 4 720 元，做分录如下：

借：银行存款 42 480

贷：应收账款——广厦百货公司 42 480

查明原因后，针对不同情况，分别进行账务处理。

（1）如果查明该50箱花瓶是质量不好，经双方协商后决定给予购货方10%的销售折让，业务部门转来红字专用发票，退还其货款400元、增值税额68元。今收到对方汇来的货款、增值税额及该部分商品的运费计4 252元，做分录如下：

借：主营业务收入——花瓶类 400

应交税费——应交增值税（销项税额） 68

银行存款 4 252

贷：应收账款——广厦百货公司 4 720

（2）如果查明该50箱花瓶是质量不好，商品已被退回，业务部门转来红字专用发票，财会部门审核无误后，做分录如下：

借：主营业务收入——花瓶类 4 000

应交税费——应交增值税（销项税额） 680

销售费用——运杂费 40

贷：应收账款——广厦百货公司 4 720

双方商定退回运费45元由万福百货批发公司承担，业务部门转来运费单据，财会部门审核无误后，以现金支付运费，做分录如下：

借：销售费用——运杂费 45

贷：库存现金 45

5. 委托代销商品销售的核算

委托代销是商品销售的一种方式，指受托方按委托方的要求销售委托方的货物，并取得一定报酬的活动。

采取委托代销方式销售商品，一般先由业务部门确定委托代销商品的品种、规格、数量和金额，经领导批准后，由业务部门负责与购货单位订立“委托代销合同”。合同上注明结算方式、货款清偿时间、商品保管的要求及双方承担的责任等。储运部门将商品发运给受托单位，不转移商品所有权。委托方与受托方根据合同规定，定期进行结算。

“委托代销商品”是资产类账户，用以核算企业委托其他单位代销的商品。企业将商品交付受托单位代销时，记入借方；企业收到受托单位已售代销商品清单时，记入贷方；余额在借方，表示企业尚有的委托其他单位代销商品的数额。在收到代销清单前，委托代销商品应当看作是委托方的异地存货。该账户应按受托单位进行明细分类核算。

接受代销商品的企业在收到代销商品并已验收入库时，虽然企业尚未取得商品的所有权，但是企业对代销商品有支配权，可以开展商品销售业务，以有效地利用供货单位的资金开展经营业务。受托单位为了加强对代销商品的管理和核算，在收到商品时，应借记“受托代销商品”账户；贷记“代销商品款”账户。

“受托代销商品”是资产类账户，用以核算企业接受其他单位委托代销的商品。收到代销商品后记入借方；接收的代销商品销售后，结转其销售成本时，计入贷方；余额在借方，表示企业尚未销售出去的受托代销商品的数额。该账户应按委托单位进行明细分类核算。

“代销商品款”是负债类账户，用以核算企业接受代销商品的价款。该部分价款在销售前属于委托代销单位的资产，随着受托代销企业对代销商品的出售，其价值逐渐转移到委托代销单位。企业在收到代销商品时，记入贷方；销售代销商品时，记入借方；余额在贷方，表示尚未销售出去的受托代销商品的货款。该账户应按委托单位进行明细分类核算。

“代销商品款”是相当特殊的负债项目，因为实质上它所明确对应的资产项目“受托代销商品”的所有权并不归企业所有，只是为了存货管理的需要而设置该账户，所以在会计报表的披露上，“代销商品款”不单独作为一个负债项目在资产负债表上列示，而是作为存货中的“受托代销商品”项目的抵减处理。也就是说，应将“受托代销商品”和“代销商品款”余额的差额在报表“存货”项目中列示。

委托代销商品销售后有两种不同的处理方法。一种是受托方和委托方分别作商品购销处理；另一种是受托方根据销售额向委托方结算代销手续费，委托方作商品销售处理。

（1）视同买断方式的核算。是指由委托方和受托方签订协议，委托方按协议价收取代销商品的货款，实际售价可以由受托方自定，实际售价和协议价之间的差额归受托方所有的一种代销方式。由于这种销售本质上仍是代销，委托方将商品交付给受托方时不确认收入，受托方也不作为购进业务处理。受托方将商品售出后，应按实际售价确认为销售收入，并向委托方开具代销清单。委托方收到代销清单时，再确认本企业的销售收入。

【例 2－23】 上海交电公司根据商品委托代销合同，将红星牌收录机 100 只委托人民商厦代销，其购进单价为 500 元，销售单价为 540 元，增值税率为 17%，合同规定每个月末结算一次货款。上海交电公司作为委托方，会计处理如下：

7 月 5 日，发运商品时，做分录如下：

借：发出商品——人民商厦　　50 000

　　贷：库存商品——收录机类　　50 000

7 月 31 日，收到代销清单一张，同时收到人民商厦转账支票一张，金额 31 590 元，支付已售代销的 50 只红星牌收录机货款 27 000 元、增值税额 4 590 元，支票已存入银行。做分录如下：

借：银行存款　　31 590

　　贷：主营业务收入——收录机类　　27 000

　　　　应交税费——应交增值税（销项税额）　　4 590

同时结转已售委托代销商品的销售成本 25 000 元，做分录如下：

借：主营业务成本　　25 000

　　贷：发出商品——人民商厦　　25 000

【例 2－24】 上海交电公司根据商品受托代销合同，接受凯乐无线电厂 200 只星浪牌收录机的代销业务，该机购进单价为 550 元，销售单价为 600 元，增值税税率为 17%，合同规定每个月末结算货款。

3 月 1 日，收到 200 只星浪牌收录机，做分录如下：

借：受托代销商品——凯乐无电线厂　　110 000

　　贷：代销商品款——凯乐无电线厂　　110 000

3 月 15 日，销售星浪牌收录机 50 只，计货款 30 000 元，增值税额为 5 100 元，收到转账支票送存银行。做分录如下：

借：银行存款　　35 100

　　贷：主营业务收入——收录机类　　30 000

　　　　应交税费——应交增值税（销项税额）　　5 100

同时，结转商品销售成本，做分录如下：

借：主营业务成本——收录机类　　27 500

　　贷：受托代销商品——凯乐无线电厂　　27 500

3 月 31 日，开出代销商品清单，据以结转代销商品款，并将进项税额入账，做分录如下：

借：代销商品款——凯乐无线电厂　　27 500

　　应交税费——应交增值税（进项税额）　　4 675

　　贷：应付账款——凯乐无线电厂　　32 175

签发转账支票 32 175 元，支付 50 只收录机货款及增值税额，做分录如下：

借：应付账款——凯乐无线电厂　　32 175

　　贷：银行存款　　32 175

（2）支付代销手续费方式的核算。即受托方根据所代销的商品数量向委托方收取手续费，这对受托方来说实际上是一种劳务收入。这种代销方式，受托方通常应按照委托方规定的价格销售，不得自行改变售价。委托方应在受托方将商品销售后，并向委托方开具代销清单时，确认收入；受托方在商品销售后，按应收取的手续费确认收入。

【例 2－25】上海百货公司将 1 000 只儿童帽委托某商厦代销，该商品购进单价为 17.40 元，销售单价为 20 元，增值税率为 17%，合同规定每月末结算一次，代销手续费为 7%。

5 月 1 日，将儿童帽交付某商厦时，做分录如下：

借：发出商品——某商厦　　17 400

　　贷：库存商品——鞋帽类　　17 400

5 月 31 日，依据对方送来商品代销清单，做销售处理。受托方代售了儿童帽 600 顶，计 12 000 元，增值税额 2 040 元。会计处理如下：

借：应收账款——某商厦　　14 040

　　贷：主营业务收入——鞋帽类　　12 000

　　　　应交税费——应交增值税（销项税额）　　2040

同时，结转已售代销商品的成本，做分录如下：

借：主营业务成本——鞋帽类　　10 440

　　贷：发出商品——某商厦　　10 440

5 月 31 日，某商厦扣除了代销手续费 840 元后，开过来手续费发票，并付来了已售代销的 600 顶帽子货款及增值税额 13 200 元，存入银行，做分录如下：

借：银行存款　　13 200

　　销售费用——代销手续费　　840

贷：应收账款——某商厦 14 040

【例 2-26】上海文具公司根据受托代销合同接受上海书包厂代销 200 打牛仔书包，每打售价 180 元，增值税率 17%，合同规定每月末结算一次。收到代销商品时，做分录如下：

借：受托代销商品——上海书包厂 16 600
　　贷：代销商品款——上海书包厂 16 600

1 月 15 日，销售牛仔书包 100 打，计货款 18 000 元，增值税额 3 060 元，收到支票存入银行，做分录如下：

借：银行存款 21 060
　　贷：应付账款——上海书包厂 18 000
　　　　应交税费——应交增值税（销项税额） 3 060

将已售商品进项税额入账，做分录如下：

借：应交税费——应交增值税（进项税额） 3 060
　　贷：应付账款——上海书包厂 3 060

同时注销受托代销商品，结转代销商品款，做分录如下：

借：代销商品款——上海书包厂 16 600
　　贷：受托代销商品——上海书包厂 16 600

1 月 31 日，开出代销商品清单，销售牛仔书包 100 打。扣除代销手续费 900 元后，签发转账支票 20 160 元，支付上海书包厂已售代销商品货款及增值税额，做分录如下：

借：应付账款——上海书包厂 21 060
　　贷：其他业务收入 900
　　　　银行存款 20 160

6. 商品销售折扣的核算

（1）商业折扣。商业折扣是指企业为促进商品销售而在商品标价上给予的价格扣除。具体来说，它是企业根据市场供需情况，或针对不同的顾客，在商品标价上给予顾客的价格优惠。商业折扣通常用百分数表示，如 5%、10%、15% 等。给予客户商业折扣主要是为了避免经常变更价目表价格，同时也可以为不同购货数量的客户提供不同的价格。应当指出，商业折扣一般在交易发生时就已确定，它仅仅是确定发票价格（即实际销售价格）的一种手段，不需在买卖双方任何一方的账上反映，所以在存在商业折扣的情况下，批发企业应收账款入账金额应按扣除商业折扣以后的发票价格确认。

商业折扣可以是单一的，也可以是一系列的。例如，某种商品在价目单上的价格为 10 000 元，规定按 30% 的商业折扣计价，则其售价为 7 000 元（10 000 ×（1 - 30%））。或者，假定价目单上的价格为 10 000 元，规定按 30% 和 10% 的商业折扣计价，则其售价为 6 300 元，计算方法如下：

价目单上的价格　10 000
减：第一次折扣数　10 000 的 30% 即 3 000
第一次折扣后余额　7 000
减：第二次折扣数　7 000 的 10% 即　700
　　售价　6 300

（2）现金折扣。现金折扣是指债权人为鼓励债务人在规定的期限内付款而向债务人提供的债务扣除。批发企业赊销商品时，通常给予顾客一定的还款期限，同时为了鼓励客户提前付款，还与顾客达成协议，约定顾客在不同期限内付款可以享受不同比例的折扣，即现金折扣。现金折扣一般用符号“折扣/付款期限”表示。例如，买方在10天内付款可按售价给予2%的折扣，用符号“2/10”表示；在20天内付款按售价给予1%的折扣，用符号“1/20”表示；在30天内付款，则不给予折扣，用符号“n/30”表示。现金折扣使得企业的应收账款的实收数额，随着客户付款是否及时而发生变化。

现金折扣的会计处理方法通常有总价法和净价法。目前，在我国会计实务中，现金折扣采用总价法。

总价法，是指应收账款和销售收入按未扣减现金折扣前的金额入账，当顾客在折扣期内支付货款时，销售方将客户享有的现金折扣作为财务费用处理。可见，现金折扣只是顾客在折扣期内支付货款时才予以确认。

【例2－27】2013年12月1日，杭州西湖贸易公司销售给台州长江贸易公司一批商品，总价款为100 000元，由于是批量销售，给购货方10%的商业折扣。增值税率为17%。合同中规定的现金折扣条件是：2/10，1/20，n/30，假定计算现金折扣时不考虑增值税。发出商品时，为买方垫付运杂费500元，通过银行存款支付。该企业按总价法核算，则在销售实现时，会计处理如下：

销售商品的实际售价＝100 000×（1－10%）＝90 000（元）

销售商品的销项税额＝90 000×17%＝15 300（元）

借：应收账款——长江贸易公司	105 800	
贷：主营业务收入		90 000
应交税费——应交增值税（销项税额）		15 300
银行存款		500

若长江贸易公司于12月8日付清货款，则：

借：银行存款	104 000	
财务费用	1 800（90 000×2%）	
贷：应收账款——长江贸易公司		105 800

若长江贸易公司于12月18日付清货款，则：

借：银行存款	104 900	
财务费用	900（90 000×1%）	
贷：应收账款——长江贸易公司		105 800

若长江贸易公司于12月31日付清货款，则：

借：银行存款	105 800	
贷：应收账款——长江贸易公司		105 800

（3）销售折让。销售折让，是指企业因售出的商品质量不合格等原因而在售价上给予的折让。销售折让可能发生在企业确认收入之前，也可能发生在企业确认收入之后。如为前者，说明其相当于商业折扣，因而可以采用与处理商业折扣相同的方法进行处理。关于销售折让发生在企业确认收入后时的处理，存在不同做法。如果已确认销售收入的售出商品发生销售折让，且不属于资产负债表日后事项的，应在发生时冲减当期

"主营业务收入"，如按规定允许扣减增值税额的，还应冲减已确认的"应交税费——应交增值税（销项税额）"。销售折让如发生在确认销售收入后，并且属于资产负债表日后事项的，其会计处理按资产负债表日后事项处理（以前年度损益调整）。

【例2－28】 开明批发商业公司销售一批香皂给天福公司，售价50 000元，增值税额为8 500元，货到后买方发现商品质量不合格，要求在价格上给予5%的折让。经协商开明公司同意了5%的折让并办妥了有关手续。假定此前开明公司已确认该批商品的销售收入。发生销售折让时该企业应编制会计分录如下：

借：主营业务收入　　2 500

　　贷：应收账款——天福公司　　2 925

　　　　应交税费——应交增值税（销项税额）　　425

7. 直运商品销售的核算

直运商品销售是指批发企业购进商品后，不经过本企业仓库储备，直接从供货单位发运给购货单位的一种销售方式。

直运商品销售涉及批发企业、供货单位和购货单位三方，并且三方不在同一地点。因此，批发企业一般派有采购员驻在供货单位，当供货单位根据购销合同发运商品时，由派驻采购员填制专用发票一式数联，其中发货联随货同行，作为购货单位的收货凭证，其余各联寄回批发企业。供货单位在商品发运后，即可向批发企业收取货款，批发企业支付货款后，反映为商品购进。批发企业为了尽快收回结算资金，在征得银行同意后，采购员可以在供货单位所在地委托银行向购货单位办理托收，由购货单位开户银行将货款直接划拨给批发企业。

采购员在办妥托收后，将托收凭证回单联寄回批发企业。批发企业凭采购员寄回的专用发票（发票联）及托收凭证回单联作商品销售处理。在这种情况下，批发企业的购销业务几乎同时发生。

采用直运商品销售，商品不通过批发企业仓库的储存环节，这样就可以不通过"库存商品"账户，直接在"物资采购"账户进行核算。由于直运商品购进和销售的专用发票上已经列明商品的购进金额和销售金额，因此商品销售成本可以按照实际进价成本，分销售批次随时进行结转。

【例2－29】 上海五金公司向杭州刀剪厂订购剪刀10 000把，每把1.88元，直运给福州五金公司，供应价每把2元，购进、销售的增值税率均为17%，杭州刀剪厂代垫由杭州到福州的运费200元，购销合同规定运费由福州五金公司负担。

根据银行转来杭州刀剪厂的托收凭证，内附专用发票，开列剪刀货款18 800元，增值税额3 196元，运费凭证200元，经审核无误，当即承付，做分录如下：

借：在途物资——杭州刀剪厂　　18 800

　　应交税费——应交增值税（进项税额）　　3 196

　　应收账款——代垫运费　　200

　　贷：银行存款　　22 196

直运销售剪刀10 000把，每把2元，货款20 000元，增值税额3 400元，连同代垫运费200元，一并向福州五金公司托收，根据专用发票（记账联）及托收凭证（回单联），做分录如下：

借：应收账款——福州五金公司 23 600

　　贷：主营业务收入——刀类 20 000

　　　　应交税费——应交增值税（销项税额） 3 400

　　　　应收账款——代垫运费 200

同时结转商品销售成本，做分录如下：

借：主营业务成本——刀类 18 800

　　贷：在途材料——杭州刀剪厂 18 800

在以上直运商品销售核算中，商品的运费是全部由购货单位负担的。若合同规定运费由购销双方各负担一部分，那么，批发企业在支付供货单位垫付的运费时，对应由购货单位负担的部分，仍通过“应收账款”账户核算，对应由批发企业负担的部分，则列入“销售费用”账户。

批发企业采用直运商品销售，可以将商品及时供应给工农业生产部门和城乡消费市场，防止迂回运输，加速商品流通，降低商品损耗，节约销售费用，增加企业利润，加快流动资产的周转速度。

任务四 批发商品库存及销售成本的核算

一、批发商品库存核算的账簿设置

（一）库存商品总账

“库存商品”属资产类科目，核算批发企业全部自有的库存商品，包括存放在仓库及门市部和寄存在外库的商品、委托其他单位代管代销的商品、陈列展览的商品等。其借方登记批发企业库存商品的增加，贷方登记库存商品的减少；其余额为库存商品的实存数额。该科目应按商品种类、名称、规格和存放地点分户设置明细账。

（二）库存商品类目账

批发企业财会部门为了加强对库存商品的管理和控制，正确计算库存商品的期末结存额与商品销售成本，采取数量进价金额核算，对库存商品实行总账、类目账、明细账三级控制。

库存商品类目账又称大类账，是指按商品类别分户设置，登记其收入、发出与结存情况的账簿。一般采用数量金额三栏式账页，它是处于总账与明细账之间的二级账户。由于批发企业商品品种规格繁多，通过类目账可以加强和完善对商品明细账的数量和金额的双重控制；有利于账账之间的核对，如有不符时，可缩小查找的范围；通过类目账集中计算商品销售成本，可以简化计算工作，减轻工作量；还有利于掌握各类商品进、销、存的动态和毛利，为企业领导经营决策提供依据。

库存商品类目账的登记方法，因企业计算和结转商品销售成本的方法不同而有所区别。逐日结转商品销售成本的企业，应根据每日收入与发出商品的数量和金额登记库存商品类目账；定期结转商品销售成本的企业，应根据每日收入与非销售发出商品的数量和金额登记库存商品类目账，对于每日销售的商品平时只登记数量，待月末计算出商品销售成本后，再将金额一次记入库存商品类目账。

（三）库存商品明细账

库存商品明细账分户，要本着能够满足业务经营需要，及时、准确地计算商品销售成本，简化核算工作等原则进行。库存商品明细账的分户方法一般有以下三种：

（1）按商品的品名、编号、规格和等级分户。采用这种分户方法，只要是同一品名、编号、规格和等级的商品，不论其进价批次是否相同，都在同一分户账页上连续登记。

（2）按商品的品名、编号、规格和等级，结合同一进货单价分户。采用这种分户方法，是将品名、编号、规格和等级，以及进货单价相同的商品，在同一账页上连续登记。

（3）按商品的品名、编号、规格和等级，结合进货批次分户。采用这种分户方法，是将品名、编号、规格和等级，以及进货批次相同的商品，在同一账页上连续登记。这种方法适用于整批购进、整批销售，或整批购进、分批销售以及分批保管的商品。

在批发商业企业中，业务、保管和会计部门都掌握库存商品的明细资料。

库存商品明细账是指按商品的品名、规格、等级分户设置，登记其收入、发出和结存情况的账簿。一般采用数量金额三栏式账页，以反映和控制每一种商品的数量和金额。

商品保管账是储运部门按不同货号、品名、规格和等级分户，记载保管商品收、发、存数量的明细账。只登记数量，不登记金额，商品保管账反映的是保管库存。

保管库存以商品验收入库作为商品收入，不论货款是否结算，以商品出库作为商品发出。储运部门通过保管库存，掌握仓库中商品收、发、存的数量，明确物资保管责任。

商品调拨账是业务部门按不同发号、品名、规格和等级分户，登记可供调拨销售商品收、发、存数量的明细账，也只登记数量，不登记金额。商品调拨账反映的是可调库存。可调库存又称业务库存，以商品验收入库作为商品收入，不论商品是否出库，货款是否结算，以开出专用发票作为商品发出。业务部门通过可调库存，掌握随时可以调拨销售的库存商品数量。

异地商品销售业务在采用发货制的情况下，从业务部门开单到提货发运办委托收手续，一般不可能在当天完成。可调库存以开出专用发票作为商品发出，而会计库存以办妥托收手续商品销售成立时才作为商品发出。由于双方入账时间不一致，因此将处在开出专用发票到办妥托收手续前的商品称为待运商品。可调库存加上待运商品，应等于会计库存。

财会、储运和业务三个部门都从自身的需要对库存商品进行了明细分类核算。在实际工作中，为了简化记账手续，库存商品明细账的设置一般有以下三种方法：

（1）三账分设：指业务、保管、会计部门各设一套库存商品明细账，即业务部门设调拨账，仓库设保管账，会计部门设库存商品明细账。

（2）两账合一：指业务和会计部门合并设置一套库存商品明细账，既记录数量又记录金额，提供业务和会计部门所需要的库存商品明细资料；仓库设保管账，只记录数量。

（3）三账合一：指业务、仓库和会计部门合设一套库存商品明细账，记录数量、金额时还提供业务、仓库和会计部门所需的库存商品明细资料。

库存商品明细账一般采用“数量金额”式账页，其格式见表2－5。

表2－5　　库存商品明细表

名称：　　单位：　　编号：　　规格：　　等级：

年		凭证号	摘要	收入				发出				结存			存放地点及数量	
月	日			数量		单价	金额	数量		单价	金额	数量	单价	金额		
				购进	其他			购进	其他						甲库	乙库

表2－5中收入数量中的“其他”，是指商品加工完成收回和商品溢余等数量；发出数量中的“其他”，是指商品加工发出、商品损耗和短缺等数量。

在采用数量进价金额核算法的批发企业中，库存商品明细账中收入商品的数量、单价和金额，应该根据仓库业务部门的收货单或验收单等凭证，按收入商品的批别分行登记。发出商品的数量，应根据业务部门的发货单登记；发出商品的单价（即发出商品的单位成本），由于各次购进商品的进价往往不同，需要采用适当的方法计算、登记；发出商品的金额，应该根据发出商品的单价乘以发出商品的数量计算登记。结存商品的数量和金额，在采用永续盘存制的情况下，应该根据期初结存、本期收入、本期发出的数量和金额来计算登记；在采用实地盘存制的情况下，则应根据实际盘存的结果进行计算登记。

（四）库存商品盘点溢缺的核算

商品盘点是一项细致复杂的工作，必须有领导、有组织、有计划地进行。在盘点前，应根据盘点的范围，确定参加盘点的人员与组织分工，财会部门与储运部门应将有关商品收发业务的凭证全部登记入账，并结出余额，以便与盘点出来的实存数量进行核对。盘点时，要根据商品的特点，采用不同的盘点方法和操作规程，避免发生重复盘、遗漏盘和错盘的现象。盘点以后，由保管人员负责填制“商品盘存表”，先根据账面资料填写商品名称、规格、单价及账存数量，再填列实存数量。“商品盘存表”上账存数与实存数如不相符，应填制“商品盘点短缺溢余报告单”一式数联，其中一联转交财会部门，财会部门据以将商品短缺或溢余的金额分别转入“待处理财产损溢”账户，以做到账实相符。等查明原因后，再区别情况，转入有关账户。

【例2-30】上海烟糖公司根据盘点的结果，填制“商品盘点短缺溢余报告单”见表2-6：

表2-6 商品盘点短缺溢余报告单

2013年3月31日 金额：元

品名	计量单位	单价	贮存数量	实存数量	短缺		溢余		原因
					数量	金额	数量	金额	
白砂糖	千克	3.00	25 750	25 740	10	30			待查
绵白糖	千克	3.50	17 843	17 793	50	175			
冰糖	千克	5.00	9 455	9 560			105	525	
合计						205		525	

经财会部门审核无误后，据以调整库存商品结存余额，做分录如下：

借：待处理财产损溢——待处理流动资产损溢 205
　　贷：库存商品——食糖类 205

借：库存商品——食糖类 525
　　贷：待处理财产损溢——待处理流动资产损溢 525

现查明白砂糖短缺10千克是自然损耗，经领导批准，予以转账，做分录如下：

借：销售费用——商品损耗 30
　　贷：待处理财产损溢——待处理流动资产损溢 30

现查明绵白糖短缺50千克是商品收发过程中的差错，经领导批准作营业损失处理，做分录如下：

借：销售费用——其他 175
　　贷：待处理财产损溢——待处理流动资产损溢 175

现查明冰糖溢余105千克，其中100千克是销货时少发商品，当即补发对方冰糖100千克，其余5千克系自然升溢，做分录如下：

借：待处理财产损溢——待处理流动资产损溢 525
　　贷：库存商品——食糖类 500
　　　　销售费用——商品损耗 25

二、批发商品销售成本的核算

批发企业应设置“主营业务成本”账户核算已销商品的成本。一般按照已销售商品的进价计算结转成本，但由于各批商品进价往往不同，因此应先采用一定的方法确定已销商品的进价，然后根据确定的进价和销售数量计算商品的销售成本。批发企业的商品销售成本计算方法主要有个别计价法、加权平均法、移动加权平均法、先进先出法、毛利率计算法。

（一）个别计价法

个别计价法也称分批实际进价法，就是以该批销售商品的实际进货单价乘以销售数量求得商品销售成本的方法。采用这种方法，要求对每批购进的商品分别堆放，并为各批商品分别标明批次及进价；在发出、销售商品时，应在发货单中填写其进货批次和进价，据以计算发出、销售商品的进价成本，登记库存商品明细账。

商品销售成本的计算公式如下：

商品销售成本 = 某批销售商品数量 × 该批商品原进货单价

【例 2-31】 某批发商业企业采用个别计价法确定商品销售成本，经过辨认，9 月份 M 商品期初库存及购进情况、销售（发出）情况及进货批次分别见表 2-7 和 2-8：

表 2-7

期初库存及购进时间	数量 × 单价
月初结存	1 200 件 × 40 元
9 月 5 日购进	600 件 × 36 元
9 月 15 日购进	1 400 件 × 42 元
9 月 25 日购进	1 000 件 × 38 元
9 月 30 日购进	200 件 × 34 元

表 2-8

销售（发出）时间及数量	进货批次
9 月 8 日销售 1 000 件	期初库存 400 件及 9 月 5 日购进 600 件
9 月 12 日发出加工 80 件	期初库存 80 件
9 月 18 日销售 520 件	9 月 15 日购进 520 件
9 月 22 日销售 800 件	9 月 15 日购进 800 件
9 月 27 日销售 940 件	9 月 25 日购进 220 件及期初库存 720 件

该企业采用个别计价法确定发出库存商品的成本和期末结存成本的过程，见表 2-9：

表 2－9

库存商品明细账

（个别计价法）

商品类别：3　　编号：3218　　品名：M　　规格：N　　计量单位：件

2013 年		凭证		摘要	收入				发出				结存		
月	日	字	号		购进数量	其他数量	单价（元）	金额（元）	销售数量	其他数量	单价（元）	金额（元）	数量	单价（元）	金额（元）
9	1			月初结存									1 200	40	48 000
9	5			购进	600		36	21 600					1 200 600	40 36	69 600
9	8			销售					400 600		40 36	37 600	800	40	32 000
9	12			发出加工						80	40	3 200	720	40	28 800
9	15			购进	1 400		42	58 800					720 1 400	40 42	87 600
9	18			销售					520		42	21 840	720 880	40 42	65 760
9	22			销售					800		42	33 600	720 80	40 42	32 160
9	25			购进	1 000		38	38 000					720 80 1 000	40 42 38	70 160
9	27			销售					720 220		40 38	37 160	80 780	42 38	33 000
9	30			购进	200		34	6 800					80 780 200	42 38 34	39 800
9	30			本月销售合计					3 160			130 200			
9	30			本月其他发出合计						80		3 200			
9	30			本月合计	3 200			125 200	3 100	80		133 400	80 780 200	42 38 34	39 800

个别计价法是一种合理而准确的存货计价方法。但这种方法的前提是需要对发出存货和结存存货的批次进行具体认定，以辨别其所属的收入批次，所以计算工作量较大。

个别计价法适用于不能替代使用的存货，以及为特定项目专门购入或制造的存货，如珠宝、名画等贵重物品。

（二）加权平均法

加权平均法是按每一库存商品明细账一定时期的期初结存金额加上本期收入金额（如有本期其他发出应予减除），除以期初结存数量加上本期收入数量（如有本期其他发出应予减除），计算出每种商品的加权平均单价，再乘以该商品的销售数量，计算商品销售成本的方法。这种加权平均的单价每月末计算一次，因而亦称全月一次加权平均进价法或综合加权平均进价法。加权平均单价的计算公式为：

加权平均单价 =（期初结存商品金额 + 本期收入商品金额 - 本期非销售发出商品金额）÷（期初结存商品数量 + 本期收入商品数量 - 本期非销售发出商品数量）

本期商品销售成本 = 本期销售商品数量 × 加权平均单价

在计算公式中，本期非销售发出商品数量和金额，是指除销售以外其他的商品发出，包括先验货后付款发出商品、分期收款发出商品、发出加工商品、盘亏商品等。这些非销售发出的商品，在发生时，即在库存商品账中予以转销，所以在期末计算加权平均单价时要剔除这些因素。

【例 2－32】资料同【例 2 －31】。采用加权平均法计算本月销售商品的成本，登记其库存商品明细账，见表 2－10。

表 2－10　　**库存商品明细账**

（加权平均法）

商品类别：3　　编号：3218　　品名：M　　规格：N　　计量单位：件

2013 年		凭证		摘要	收入				发出				结存		
月	日	字	号		购进数量	其他数量	单价（元）	金额（元）	销售数量	其他数量	单价（元）	金额（元）	数量	单价（元）	金额（元）
9	1			月初结存									1 200	40	48 000
9	5			购进	600		36	21 600					1 800		
9	8			销售					1 000				800		
9	12			发出加工						80	40	3 200	720		
9	15			购进	1 400		42	58 800					2 120		
9	18			销售					520				1 600		
9	22			销售					800				800		
9	25			购进	1 000		38	38 000					1 800		
9	27			销售					940				860		

续表

2013年		凭证		摘要	收入				发出				结存		
月	日	字	号		购进数量	其他数量	单价（元）	金额（元）	销售数量	其他数量	单价（元）	金额（元）	数量	单价（元）	金额（元）
9	30			购进	200		34	6 800					1 060		
9	30			本月销售合计					3 260		39.35	128 281			
9	30			本月其他发出合计						80	40	3 200			
9	30			本月合计	3 200			125 200	3 260	80		131 481	1 060	39.36	41 719

库存商品明细账中，由于每月发出、销售商品的加权平均单价在月末计算，因而月内发出、销售和结存的商品只记数量，不记金额。在月末算出加权平均单价以后，才计算、登记一次全月发出、销售商品的合计金额以及月末结存商品的金额。计算如下：

本月销售商品全月一次加权平均单价 =（48 000 + 600 × 36 + 1 400 × 42 + 1 000 × 38 + 200 × 34 − 80 × 40）÷（1 200 + 600 + 1 400 + 1 000 + 200 − 80）=（48 000 + 21 600 + 58 800 + 38 000 + 6 800 − 3 200）÷ 4 320 = 170 000 ÷ 4 320 = 39.35（元）

本月销售商品成本 =（1 000 + 520 + 800 + 940）× 39.35 = 3 260 × 39.35 = 128 281（元）

月末结存商品成本 = 48 000 +（21 600 + 58 800 + 38 000 + 6 800）− 3 200 − 128 281 = 48 000 + 125 200 − 3 200 − 128 281 = 41 719（元）

月末结存商品加权平均单价 = 41 719 ÷ [1 200 +（600 + 1 400 + 1 000 + 200）− 80 −（1 000 + 520 + 800 + 940）] = 41 719 ÷ 1 060 = 39.36（元）

采用加权平均法，只在月末计算月份内发出存货和结存存货的成本，这样可以大大简化存货核算工作，但因平时不能确定发出存货成本和存货金额，会影响耗用存货成本的计算，也不便于取得存货储备占用情况的信息，并使该存货核算工作过于集中。另外，当市场存货价格上涨时，加权平均成本低于现行成本，反之当价格下降时，则会超过现行成本。

（三）移动加权平均法

移动加权平均法，是在每次购入商品时，将原库存金额与本次购进的金额相加，除以原库存数量与本次购进数量之和，计算出移动加权平均单价，在下次进货以前出售商品，均按此单价计算销售成本。计算存货平均单位成本的公式如下：

移动加权平均单价 =（原有存货实际成本 + 本次进货实际成本）÷（原有存货数量 + 本次进货数量）

本次发出存货的成本 = 本次发出存货的数量 × 本次发出存货前存货的移动加权单价

【例 2 – 33】 资料同【例 2 – 31】。采用移动加权平均法计算本月销售商品的成本，登记其库存商品明细账。见表 2 – 11。

表 2 – 11　　**库存商品明细账**

（移动加权平均法）

商品类别：3　　编号：3218　　品名：M　　规格：N　　计量单位：件

2013 年		凭证		摘要	收入				发出				结存		
月	日	字	号		购进数量	其他数量	单价（元）	金额（元）	销售数量	其他数量	单价（元）	金额（元）	数量	单价（元）	金额（元）
9	1			月初结存									1 200	40	48 000
9	5			购进	600		36	21 600					1 800	38.67	
9	8			销售					1 000		38.67	38 670	800	38.66	30 930
9	12			发出加工						80	38.67	3 093.60	720	38.66	27 836.40
9	15			购进	1 400		42	58 800					2 120	40.87	86 636.40
9	18			销售					520		40.87	21 252.40	1 600	40.87	65 384
9	22			销售					800				800	40.87	32 688
9	25			购进	1 000		38	38 000					1 800	39.27	70 688
9	27			销售					940		39.27	36 913.80	860	39.27	33 774.20
9	30			购进	200		34	6 800					1 060	38.28	40 574.20
9	30			本月销售合计					3 260			129 532.2			
9	30			本月其他发出合计						80		3 093.60			
9	30			本月合计	3 200			125 200	3 260	80		132 625.8	1 060	38.28	40 574.20

9 月 5 日移动平均单价 =（48 000 + 21 600）÷（1 200 + 600）= 38.67（元）

9 月 8 日商品销售成本 = 1 000 × 38.67 = 38 670（元）

采用移动加权平均法，计算出来的商品销售成本比加权平均法更为均衡和准确，但计算起来的工作量大，一般适用于经营品种不多，或者前后购进商品的单价相差幅度较大并逐日结转商品销售成本的企业。电算化条件下，移动加权平均法也适用于经营品种较繁杂的需要逐日结转商品销售成本的企业。

（四）先进先出法

先进先出法是指根据先购进先销售的原则，以先购进商品的价格，作为先销售商品的成本的一种计算方法。这种方法根据需要，可以用顺算成本的方法逐日结转成本，也可以用逆算成本的方法定期结转成本。

采用顺算成本方法计算商品销售成本的具体做法是：先按最早购进商品的进价计算销售成本，第一批次购进商品的成本结转完毕，再按第二批购进商品的进价计算销售成本，依此类推。如果销售的商品属于前后两批购进的，单价又不相同时，就要分别用两个单价计算成本。

采用逆算成本方法计算商品销售成本的具体做法是：根据先进先出原则的推理，也就是后进后出的原则，在先计算期末结存商品金额时，若期末结存商品数量小于或等于最后一批购进商品的数量，即按该批商品的单价计算期末结存商品金额；若期末结存商品数量大于最后一批购进商品的数量，即从该批商品开始向前推算，直到与期末结存商品数量相等时为止，然后，将这一系列金额相加，其总和即为期末结存商品金额。计算出期末结存商品金额后，再采用逆算成本的方法，计算本期商品销售成本。

【例 2－34】资料同【例 2－31】。采用先进先出顺算成本法计算本月销售商品的成本，登记其库存商品明细账（见表 2－12）。

表 2－12 **库存商品明细账**

（先进先出法）

商品类别：3　　编号：3218　　品名：M　　规格：N　　计量单位：件

2013 年		凭证		摘要	收入				发出				结存		
月	日	字	号		购进数量	其他数量	单价（元）	金额（元）	销售数量	其他数量	单价（元）	金额（元）	数量	单价（元）	金额（元）
9	1			月初结存									1 200	40	48 000
9	5			购进	600		36	21 600					1 200 600	40 36	69 600
9	8			销售					1 000		40	40 000	200 600	40 36	29 600
9	12			发出加工						80	40	3 200	120 600	40 36	26 400
9	15			购进	1 400		42	58 800					120 600 1 400	40 36 42	85 200
9	18			销售					120 400		40 36	19 200	200 1 400	36 42	66 000
9	22			销售					200 600		36 42	32 400	800	42	33 600

续表

2013年		凭证		摘要	收入				发出				结存		
月	日	字	号		购进数量	其他数量	单价（元）	金额（元）	销售数量	其他数量	单价（元）	金额（元）	数量	单价（元）	金额（元）
9	25			购进	1 000		38	38 000					800 1 000	42 38	71 600
9	27			销售					800 140		42 38	38 920	860	38	32 680
9	30			购进	200		34	6 800					860 200	38 34	39 480
9	30			本月销售合计					3 260			130 520			
9	30			本月其他发出合计						80		3 200			
9	30			本月合计	3 200			125 200	3 260	80		133 720	860 200	38 34	39 480

采用先进先出法计算商品销售成本，由于期末结存商品金额是根据近期进价成本计价的，因此，它的价值接近于市场价格，但顺算成本法每次销售都要根据先购进的单价计算，工作量较大，一般适用于收、发货次数不多的商品；逆算成本法只在月末计算本月份结存存货的成本和发出存货成本，这样可以大太简化存货核算工作，但平时不能确定发出存货成本和存货结存金额，也不便于取得存货储备占用情况的信息。

（五）毛利率推算法

毛利率推算法是指根据本期某类商品销售收入乘以上期实际毛利率，或本期计划毛利率，推算出某类商品销售毛利，进而推算出商品销售成本的一种方法。其计算公式如下：

本期商品销售毛利＝本期商品销售收入×上期实际毛利率

本期商品销售成本＝本期商品销售收入－本期商品销售毛利

上列计算公式可以化简如下：

本期商品销售成本＝本期商品销售收入×（1－上期实际毛利率）

【例3－35】某批发商业企业每季度前两个月份用上季实际毛利率计算商品销售成本，第三个月份用加权平均法计算调整。

经查，上季度实际毛利率为20%。本季度10月份商品销售额为55 000元，11月份商品销售额为67 500元，12月份商品销售额为122 500元。现将本年第四季度各月商品销售成本计算与结转的过程列示如下：

10月份服装类商品销售成本＝55 000×（1－20%）＝44 000（元）

编制如下会计分录，在类目账上结转10月份商品销售成本：

借：主营业务成本　　　　44 000

　　贷：库存商品——服装类　　　　44 000

11 月份服装类商品销售成本 = 67 500 ×（1 - 20%）= 54 000（元）

编制如下会计分录，在类目账上结转 11 月份商品销售成本：

借：主营业务成本　　54 000

　　贷：库存商品——服装类　　54 000

12 月份用加权平均法计算第四季度服装类商品销售成本，其计算过程如下：

①计算每种商品的加权平均单价：

男式上衣加权平均单价 =（21 250 + 42 000 + 63 750 + 91 000）÷（250 + 500 + 750 + 1 000）
= 87.20（元）

女式上衣加权平均单价 =（22 500 + 11 250 + 34 500 + 12 850 - 257）÷（500 + 250 + 750 + 250 - 5）
= 46.33（元）

②计算每种商品及大类库存商品的季末结存余额：

男式上衣季末结存金额 = 1 000 × 87.20 = 87 200（元）

女式上衣季末结存金额 = 245 × 46.33 = 11 350.85（元）

服装类季末结存金额 = 87 200 + 11 350.85 = 98 550.85（元）

③根据类目账资料倒挤出本季度服装类商品销售成本：

本季度服装类商品销售成本 = 43 750 +（53 250 + 98 250 + 103 850）- 257 - 98 550.85
= 200 292.15（元）

④计算 12 月份服装类应结转的商品销售成本：

12 月份服装类商品销售成本 = 200 292.15 - 44 000 - 54 000 = 102 292.15（元）

编制如下会计分录，在类目账上结转 12 月份服装类商品销售成本：

借：主营业务成本　　102 292.15

　　贷：库存商品——服装类　　102 292.15

2013 年 10 ~ 12 月份，该批发企业服装类目账和明细账有关登记资料，见表 2 - 13，表 2 - 14，表 2 - 15。

表 2 - 13　　库存商品类目账

类别：服装类

2013 年		凭证		摘要	借方	贷方	借或贷	结存
月	日	字	号					
10	1			上期结转			借	53 750
10	8			购进	53 250		借	97 000
10	31			结转销售成本		44 000	借	53 000
11	10			购进	98 250		借	151 250
11	30			结转销售成本		54 000	借	97 250
12	15			购进	103 850		借	201 100
12	31			盘亏		257	借	200 843
12	31			结转销售成本		102 292.15	借	98 550.85

表 2－14　　　　　　库存商品明细账

类别：男式上衣　　　　　　单位：件　　　　　　规格：41

2013 年		凭证		摘要	收入			发出			结存		
月	日	字	号		数量	单价（元）	金额（元）	数量	单价（元）	金额（元）	数量	单价（元）	金额（元）
10	1			上期结转							250	85	21 250
				购进	500	84	42 000				750		
10	31			销售				250			500		
				购进	750	85	63 750				1 250		
11	30			销售				500			750		
				购进	1 000	91	91 000				1 750		
12	31			销售				750			1 000	87.20	87 200

表 2－15　　　　　　库存商品明细账

类别：女式上衣　　　　　　单位：件　　　　　　规格：36

2013 年		凭证		摘要	收入			发出			结存		
月	日	字	号		数量	单价（元）	金额（元）	数量	单价（元）	金额（元）	数量	单价（元）	金额（元）
10	1			上期结转							500	45	22 250
				购进	250	45	11 250				750		
10	31			销售				500			250		
				购进	750	46	34 500				1 000		
11	30			销售				250			750		
				购进	250	51.4	12 850				1 000		
12	31			销售				750			250		
				销售				5	51.4	257	245	46.33	11 350.85

采用毛利率推算法，不是按库存商品品名、规格逐一计算商品销售成本，而是按商品类别进行计算，大大简化了企业的计算工作。由于同一类别内商品的毛利率不尽相同，因此，计算出来的商品销售成本不够准确，一般适用于经营商品品种较多、按月计算商品销售成本有困难的企业。

由于同类商品中的各种商品的毛利率不完全相同，而且上季度实际毛利率（或本季度计划毛利率）与本月实际毛利率不相同，因而计算结果不够准确。因此，这种方法只能用来计算每一季度前两个月已销商品的进价成本。在每一季度末，必须采用前述比较准确的方法计算，以便调整季度的商品销售成本，提高每季度商品销售成本计算的正确性。

三、批发商品销售成本的结转

无论采用哪一种计算方法，批发企业都要根据计算的结果，编制结转商品销售成本的会计分录，借记“主营业务成本”账户，贷记“库存商品”账户。

（一）商品销售成本的结转时间

商品销售成本的结转时间，有逐日结转和定期结转两种。逐日结转是逐日计算出商品销售成本后，逐日从“库存商品”账户上转销，故又称“随销随转”。这种方法能随时反应库存商品的结存金额，但工作量较大。定期结转是在期末即月末集中计算出商品销售成本后，从“库存商品”账户上一次转销，故又称“月末一次结转”。这种方法工作量较小，但无法随时反应库存商品的结存金额。除经营品种简单、商品整批进出并能分清批次的企业和制度明确规定的业务采用按日结转外，一般企业都采用按期结转。定期结转有按月进行和按季进行两种，一般为按月结转。

（二）商品销售成本的计算程序

按照商品销售成本计算的程序分，销售成本的结转有顺算成本和逆算成本两种。顺算成本是先计算出各种商品的销售成本后，再计算出各种商品的结存金额。这种方法一般采用逐日结转，所以工作量较大。逆算成本又称倒挤成本，是先计算各种商品的库存金额，然后据以计算商品销售成本。这种方法一般采用定期结转，所以工作量较小。

（三）商品销售成本的结转方法

商品销售成本的结转方法，有分散结转和集中结转两种。分散结转是按每一库存商品明细科目逐户计算出已销商品的成本，逐户转销，然后汇总后求得商品销售成本总额，并编制记账凭证汇总表，据以在库存商品总分类账（或类目账）上结转。这种方法有利于加强对各种商品的经营业绩进行分析考核，但工作量较大。

集中结转是指期末（一般为月末）在每一库存商品明细账上只结出期末结存金额，再按类目加总后作为类目账的期末结存金额，然后在类目账上计算并结转商品销售成本。这种方法可以简化计算和记账手续，但只能按商品类别来考核分析经营业绩。

项目小结

- 批发企业商品流通业务的核算方法可分为数量进价金额核算和数量售价金额核算，一般采用数量进价金额核算方式。
- 批发企业购进商品按照购进地不同可分为同城与异地购进。同城购进一般当天结算完毕；异地购进商品，由于支付货款的时间和商品到达的时间不同，往往会出现三种不同的情况：①取得发票账单等结算凭证，支付货款和收到商品并验收入库同时完成；②已经根据取得的发票账单等结算凭证支付货款或开出、承兑商业汇票，商品后到达或商品虽已到达但尚未验收入库；③商品先到并验收入库，但尚未取得发票账单等结算凭证，未支付货款或开出、承兑商业汇票。
- 批发企业购进商品特殊业务的核算包括：①预付货款购进商品的核算；②购进商品发生溢余或短缺的核算；③进货退出的核算；④拒付

货款和拒收商品的核算；⑤进货退补价的核算；⑥进货享受现金折扣和销售折让的核算；⑦免税农副产品收购业务的核算。

- 批发企业商品销售可分为同城商品销售业务和异地商品销售业务两类。
- 批发企业销售商品特殊业务的核算包括：①预收款销售方式的核算；②商品销售退回的核算；③销售商品退补价的核算；④购货单位拒付货款和拒收商品的核算；⑤委托代销商品销售的核算；⑥商品销售折扣的核算；⑦直运商品销售的核算。
- 批发企业一般对库存商品实行总账、类目账、明细账三级控制。库存商品明细账的设置一般有以下三种方法：三账分设、两账合一、三账合一。
- 批发企业的商品销售成本计算方法主要有个别计价法、加权平均法、移动加权平均法、先进先出法、毛利率计算法。
- 商品销售成本的结转按时间分，有逐日结转和定期结转两种；按计算顺序分，有顺算成本和逆算成木两种；按结转方法分，有分散结转和集中结转两种。

决战终端：狭路相逢"智"者胜

拓展阅读

杨平所在县城镇人口 10 万人左右，另有 8 个乡镇，总人口约 80 万。县内有大型超市 2 家，小超市 10 多家，另有批发零售店 30 多家。杨平是个老经销商了，目前，杨平的店铺代理了 A、B 两个品牌，A 是用来赚钱的，B 是用来做形象的。主要经营的产品是洗发水、沐浴露、洗面奶、膏霜、洗洁精。同时，还做了几个牌子产品的县级分销商，这样产品品类就比较丰富。

可是，自去年底以来，杨平遇到了这样的问题：竟连续两个月销量下滑，在商场和超市里自己所代理的产品被"挤"到不起眼的地方。虽然自己与当地关系好，又经多次与商场高层交涉，却没有结果。更重要的是，下面乡镇的老客户拿货的频率和数量都在减少，多次催问，只是回答说"生意难做"。这引起了杨平的警觉。

表面上，风平浪静的，商场没有促销活动，批发零售店也没有横幅广告。可是，给杨平的感觉是平静的水面在潜伏着一个巨大的旋涡——一场没有硝烟的战争即将打起！

杨平用了一天时间电话访问乡镇的客户，一天时间对商场、批发零售店作了调查。结果使他大吃一惊：竟有 8 个全新品牌进入该县，共有近 100 多个新产品！

杨平掂量着自己的优势：一是 A 产品利润优势，比较而言，市场上其他的产品没有这么大的空间。这个利润空间可以转化成推动力；

二是老牌优势，自己所代理的两个品牌，相对而言，已具有一定知名度和影响力；三是客情资源优势，与各商场、超市高层人员都熟。杨平在经过一番详尽考查后，决定先发制人，发起一场对应的终端战。唱低调，走高调，以己之长，克敌之短，以己之短，避其所长，由内而外发力，全方位打一场正面"贴身裸战"！

第一招——化利润。全面让利，并预留空间，以防"价格战"。降低B品牌及所分销品牌的利润，保持平进平出，利用A品牌所分销品牌的效应，拉动B品牌销售。A品牌利润产品的价格暂时按兵不动。

第二招——化终端。消化敌方的终端人力、配置，对终端相关人员进行釜底抽薪。商场高层的老板无法通融。对商场主管、理货员、促销小姐略施恩惠。或红包，或高提成承诺。从源头上减弱竞争品牌的终端竞争力，确保产品的货架上的最优化陈列，提升了销售业绩。

第三招——化渠道。消化敌方的渠道，进行渠道拦截，为我所用，以激活销量。为了巩固及吸引新的批发客户，除了自己亲自打电话向客户联络感情外，还特地在县城入口，立了一块自己批发店名的户外广告标示牌。县城的三轮摩托车多，针对这一点，杨平找了10辆摩的，以低廉的报酬在其背后喷上广告及电话。此招除了能起到招商作用外，还起到了树立自己的店铺形象，引导消费者消费的作用。

第四招——化品种。争做正在热销的产品分销商，进价出货，他为我用。增加分销产品的品种，为多方位满足购货方需求，尽最大量的分销正在走红的产品，进价出货，扩大市场份额。将自己经营的产品作捆绑式销售。

第五招——化促销。别出心裁，花样促销。为刺激消费，拉高销售额，杨平出台了一系列别有情趣的促销活动。如与电影院合作推出"买产品送电影"，与商场、美容美发店合作推出"买产品免费洗头"，与福利彩票合作"送彩"行动。等等。主要策略是：敌方小促销，我方大促销，敌方大促销，我必对台性促销。敌方不促销，我常小促销。表现的形式不追求大品牌的大场面，只追求高效率。由此，借敌方之力，消化掉敌方的促销效果。

如此策略一执行，半个月时间，局势逆转，三个月的时间，成效显著。

案例点评：杨平为什么能赢？

一、审时度势、开拓创新的胆略。杨平以商人特有的敏锐，洞察玄机，并深入其中，分析、思考问题并得到解决方案。从而为下一步的工作打下了基础。抓住了时机。若不然就会像"青蛙效应"一样，被慢慢煮死都不知道。

二、老到的经验，多面策略的对策。杨平在面对强劲敌人面前，没有被敌人的阵势吓倒，以老到的经验，从容不迫，制订了种种对策，化解了巨大的终端压力、渠道压力。

三、巧妙找准切入点。杨平在商场高层那里遇到了钉子，但并不气馁，巧用公关行销，选择从中间切入、从底部切入的方式，笼络一线营业人员，为产品的最优化陈列赢得了机会。并且在对手们热衷于比“内功”式的促销时，杨平却开创了新的促销方式。

四、多方面的社会关系，超人的统筹、组织、整合能力。策划是个过程，杨平全程到底，将各方资源进行整合，化劣势为优势，变被动为主动，可说是个高手。

现在的市场战争，其实就是人与人之间的战争。俗话说得好“没有卖不出去的产品，只有不会卖的人”，所以，只要你把成功的推销了和执行了自己的思想，也就等于成功地推销了产品。

（资料引自：http：//www. emkt. com. cn/article/164/16424. html）

练习与实训

一、单项选择题

1. 大中型批发流通企业通常采用的商品核算方法是（　　）。

A. 进价金额核算法　　B. 售价金额核算法

C. 数量进价金额核算法　　D. 售价控制进价核算法

2. 龙厦商贸公司为加快资金的回笼，采用现金折扣方式为 3/10、2/20、n/30，5 月 15 日收到货款 100 万元（货物是 5 月 1 日出售给泉台贸易公司的），则龙厦公司实际支付现金折扣为（　　）。

A. 1 万元　　B. 2 万元

C. 3 万元　　D. 4 万元

3. 企业在购进商品时，如遇月末商品先到，货款结算凭证尚未到达，则（　　）。

A. 按实际价入账　　B. 按暂估价入账

C. 不入账　　D. 退回

4. 某企业经营商品少，进货渠道多，进货单价前后相差大，该企业应采用的成本计算方法是（　　）。

A. 移动加权平均法　　B. 先进先出法

C. 毛利率计算法　　D. 个别计价法

5. 在海鲜产品的核算方面，一般采用以下哪种核算方式（　　）。

A. 售价金额核算法　　B. 数量售价金额核算法

C. 数量进价金额核算法　　D. 进价金额核算法

6. 某收购站向一葡萄专业户收购免税农产品，收购价款20万元，则该批产品的采购成本为（　　）。

A. 20万元　　B. 23.4万元

C. 22.6万元　　D. 17.4万元

7. 企业支付预购定金是通过以下哪个科目借记核算的（　　）。

A. 应收账款　　B. 预付账款

C. 银行存款　　D. 预收账款

8. 购入商品在验收入库时发现实收数多于应收数，且查明原因是自然溢余的，则贷方科目记（　　）。

A. 物资采购　　B. 库存商品

C. 待处理财产损溢　　D. 销售费用

9. 购进商品短缺，如果查明属于运输单位的失职，应列作（　　）。

A. 销售费用　　B. 其他应收款

C. 营业外支出　　D 其他应付款

10. 购进商品短缺，如果查明属于自然灾害造成的，应列作（　　）。

A. 销售费用　　B. 其他应收款

C. 营业外支出　　D. 其他应付款

11. 以下哪种商品销售成本的核算方法计算出的单位成本较均衡（　　）。

A. 加权平均法　　B. 移动加权平均法

C. 先进先出法　　D. 个别计价法

12. 以下哪种核算方法适用于珠宝流通企业（　　）。

A. 加权平均法　　B. 移动加权平均法

C. 先进先出法　　D. 个别计价法

13. 购进商品时发生进货补价，假设该批商品已全部出售并已结转成本，则应调增(　　)。

A. 在途物资　　B. 库存商品

C. 应交税费　　D. 主营业务成本

14. 南海百货批发公司日前售给春风百货商店搪瓷烧锅800只，每只11.56元，今发现单价开错，每只应为11.66元，当即开出更正发票予以更正，该笔业务属于（　　）。

A. 购进商品退价　　B. 购进商品补价

C. 销售商品退价　　D. 销售商品补价

15. 直运商品销售的突出特点是商品由供货单位直接运达购货单位，在账务处理上不使用（　　）账户。

A. “商品采购”　　B. “库存商品”

C. “销售费用”　　D. “主营业务成本”

16. 期末结存商品金额偏低（　　）。

A. 商品销售成本就会偏高，毛利额就偏低

B. 商品销售成本就会偏高，毛利额也偏高

C. 商品销售成本就会偏低，毛利额就偏高

D. 商品销售成本就会偏低，毛利额也偏低

17. 购进商品发生短缺，查明原因后，是定额内损耗，应（　　）。

A. 列作“销售费用”　　B. 列入采购成本

C. 列作“营业外支出”　　D. 列作“其他应收款”

18. 批发企业商品盘点发生短缺时，经查明属于自然损耗的，经批准可以入（　　）。

A. 管理费用　　B. 待处理财产损溢

C. 营业外支出　　D. 销售费用

二、多项选择题

1. 批发企业的业务流程主要包括以下几个环节（　　）。

A. 商品购进　　B. 商品加工

C. 商品储存　　D. 商品销售

2. 购进商品发生溢余或短缺的原因有（　　）。

A. 商品本身性能　　B. 自然条件变化

C. 供货单位出错　　D. 运输单位失职

3. “待处理财产损溢——待处理流动资产损溢”账户的借方登记（　　）。

A. 商品短缺实际发生数　　B. 商品短缺转销数

C. 商品溢余转销数　　D. 商品溢余实际发生数

4. 购进商品短缺的核算中，以下几种情况还应冲减进项税额，不得抵扣（　　）。

A. 商品的自然损耗　　B. 运输单位的失职

C. 自然灾害造成　　D. 自然条件变化

5. 购进商品时发生进货补价，假设该批商品尚未出售，则应调增（　　）。

A. 在途物资　　B. 库存商品

C. 应交税费　　D. 银行存款

6. 以下哪些科目期末无余额（　　）。

A. 主营业务收入　　B. 银行存款

C. 在途物资　　D. 销售费用

7. 批发企业库存商品明细账户的设置方法有（　　）。

A. 进销存日报表代账　　B. 三账分设

C. 两账合一　　D. 三账合一

8. “三账分设”是指以下哪些部门各设一套库存商品明细账（　　）。

A. 人力资源部门　　B. 业务部门

C. 会计部门　　D. 仓库部门

9. “两账合一”是指以下哪些部门合并设置一套库存商品明细账（　　）。

A. 人力资源部门　　B. 业务部门

C. 会计部门　　D. 仓库部门

10. 农副产品的特点有以下几种（　　）。

A. 种类繁多　　B. 季节性强

C. 产地集中　　D. 品种规格复杂

11. 批发商品购进业务核算应设置科目有以下几个（　　）。

A. 在途物资　　B. 库存商品

C. 销售费用　　D. 商品进销差价

12. 对批发商品销售的核算，应设置的账户有（　　）。

A. 主营业务收入

B. 主营业务成本

C. 应交税费——应交增值税（进项税额）

D. 应交税费——应交增值税（销项税额）

13.《企业会计准则》规定，在发生（　　）时，冲减当期销售收入。

A. 商业折扣　　B. 现金折扣

C. 销售折让　　D. 销售退回

三、会计分录题

（一）采购业务练习

鹏翔贸易批发公司 2013 年 10 月发生下列业务（增值税率为 17%，不考虑运费的进项税额，且做销售费用列支）：

（1）1 日，采购部交来上海某化妆品公司开来的专用发票，计货款 20 万元，增值税额 3.4 万元，供货方垫付运费 0.5 万元。经与采购订单核对无误，当即签发转账支票付讫，商品未到达。

（2）4 日，采购部交来美的公司开来的专用发票，开列台扇 2 000 台，每台 150 元，计货款 30 万元，增值税额 5.1 万元。经与采购订单核对无误，当即以商业承兑汇票支付，商品验收入库。

（3）5 日，仓库部门转来收货单，向上海某化妆品公司购进的化妆品，已全部验收入库。

（4）12 日，向浙江某专业户陈某购买免税农产品，收购价款 10 万元，以现金支付，同时验收入库。

（5）12 日，与某农产品专业户张某签订合同，预付购定金 3 万元，在收购农产品时扣回。

（6）14 日，收购农产品专业户张某的免税农产品芒果 1 万斤，每斤 8 元，共计 8 万元，按合同规定，用银行补付不足款。

（7）16 日，14 日购买的张某农产品专业户的免税芒果到库，商品验收入库时，实收 1.05 万斤，溢余 500 斤原因待查。

（8）17 日，经查，溢余的免税农产品 500 斤，有 400 斤为供货单位多发货，经协商作为购进，依据供货方补来专用发票，用银行存款补付货款；另外 100 斤为计量误差，经批准列做销售费用处理。

（9）18 日，向浙江某制衣公司购进运动服装 1 000 套，每套 500 元，货款已支付，商品已全部验收入库。

（10）19 日，接到浙江某制衣公司销货更正凭证及汇付的退价款，因该厂价格计算失误，每套服装多收了 50 元，共计多收 5 万元，进项税额 0.85 万元。其中该 1 000 套运动服已出售 500 套，并已结转成本。

（二）销售业务练习

鹏翔批发公司2013年11月发生下列销售业务（增值税率为17%）：

（1）2日，销售给本地台祥商贸公司冰箱100台，每台3 000元，计货款30万元，增值税额5.1万元，当即收到转账支票，存入银行，同时结转销售成本25万元。

（2）5日，销售给某商场白酒200箱，每箱1 000元，计货款20万元，增值税额3.4万元，当即收到商业承兑汇票一张，同时结转销售成本10万元。

（3）5日，销售给台江零售企业香烟500箱，每箱2 000元，计货款100万元，增值税额17万元，货款已收到，同时结转销售成本80万元。

（4）7日，签发转账支票，支付代垫运费1万元，其中台州某百货公司5 000元，福州某百货公司5 000元。

（5）8日，销售给台州某百货公司化妆品计货款30万元，增值税额5.1万元；销售给福州某百货公司台扇1 500台，每台200元，计货款30万元，增值税额5.1万元，当即连同代垫运费一并向银行办妥托收手续，其中化妆品成本20万元，台扇每台成本150元。

（6）11日，银行转来购货单位货款的收账通知，其中台州某百货公司35.6万元，福州某百货公司35.6万元。

（7）13日，与福州某商场签订仙女牌自行车销售合同500辆，每辆预收货款300元，计15万元，款到后3天内付货，货款结算多退少补。

（8）16日，按照合同规定发货给福州某商场，仙女牌自行车每辆售价350元，计货款17.5万元，增值税额2.975万元，其中仙女牌自行车进货价每辆250元。同时收到该商场的补交货款5.475万元。

（9）20日，销售给福州某商业企业儿童玩具车1 000辆，供应单价为300元，商品进货成本为200元，增值税率为17%，合同约定货款分两个月付清。同日，发出儿童玩具车1 000辆，代垫运费3 000元。

（10）21日，按合同规定，第一个月收回一半的货款15万元，增值税额2.55万元，并收回代垫运费3 000元。

（11）24日，销售给福州批发商刘某吸尘器1 000台，单价300元，货款共计30万元，增值税额5.1万元，该产品进货价为每台200元，合同约定付款条件为2/3，1/5，n/10。

（12）26日，收到银行转来的收账通知，福州刘某批发商已支付24日所购吸尘器货款。

（13）26日，销售给泉州某零售企业儿童玩具车2 000辆，每辆300元，计货款60万元，增值税额10.2万元，进货成本为50万元。货款尚未收到。

（14）发现26日销售给泉州某零售企业儿童玩具车2 000辆，其单价开错，儿童玩具车每台单价应为290元，则企业开出红字专用发票和销货更正单，退回多收的货款。

（15）27日，销售给上海某吸尘器零售商吸尘器2 000只，单价250元，共计货款50万元，增值税额8.5万元，进货成本每台200元，货款尚未收到。

（16）28日，收到银行转来的收账通知单和部分拒绝承付理由书，上海某吸尘器零售商承付货款52.65万元，拒付货款5.85万元。经查明，购货单位拒付的货款5.85万元，一是原发票单上价格计算错误，多开2.5万元，税额多记0.425万元；另外2.925万元是少发商品100只吸尘器所致，并补发商品。购货单位在收到商品后补来货款。

（三）综合训练

蓝天股份有限公司是一家批发企业，是一般纳税人，增值税率为17%，不考虑运费的进项税额，且运费计入采购成本），2013 年 12 月发生如下业务：

（1）2 日，从青岛海尔电器公司购入空调机 1 000 台，单价 3 000 元，价款 300 万元，增值税 51 万元，运费发票 0.8 万元。货款及费用银行存款支付，收到增值税专用发票，商品已验收入库。

（2）3 日，预收华联商场货款 200 万元存入银行。

（3）6 日，批发给福州市某商场空调机 500 台，单价 4 000 元，共计价款 200 万元，增值税 34 万元，商品已发出，款项已收到并存入银行。

（4）11 日，向海南省某专业户购入一批鲜活海产品（螃蟹）含税价 50 万元（农副产品准予抵扣税率 13%）。商品已入库，款项以银行存款支付。

（5）20 日，从广州美的电器公司购入冰箱 500 台，单价 2 400 元，价款 120 万元，空调机 1 000 台，单价 2 400 元，价款 240 万元，增值税 61.2 万元，支付运费 8 万元，价税费共计 430 万元，用银行存款支付，收到增值税专用发票，商品验收入库。

（6）21 日，从深圳海防通信有限公司购入汽车导航仪 2 000 部，单价 500 元，价款 100 万元，增值税 17 万元，供货方垫付运费 3 万元，价税费共计 120 万元，收到增值税专用发票，商品验收入库，但款项尚未支付，运费按 7% 抵扣进项税额。

（7）22 日，向龙台金星贸易购入冰箱 1 000 台，单价 2 000 元，导航仪 1 000 部，单价 400 元，价款 240 万元，增值税 40.8 万元，运费 4.2 万元，收到增值税专用发票，商品验收入库，但款项尚未支付。

（8）25 日向南京某贸易公司购入电子产品一批价款 100 万元，增值税 17 万元，货款尚未支付，电子产品到达本公司，但发票凭证尚未收到。

（9）31 日，在 25 日购入的电子产品仍未收到结算凭证，公司按暂估价 120 万元入库。

（10）31 日，批发给鹰潭市某商场空调机 800 台，单价 4 000 元，共计价款 320 万元，增值税 54.4 万元，商品已发出，款项已收到并存入银行。

（11）31 日，按月末一次加权平均法结转本月销售商品的成本（空调机月初库存 500 台，金额 160 万元）。

（12）31 日，结转进项税额与销项税额差额到未缴增值税。

（13）31 日，公司某项存货库存商品成本 1 500 万元，当日市场价为 1 490 万元，计提商品减值准备金。

（14）31 日，计提本月工资 20 万元，其中：商品经营人员 15 万元、行政管理人员 5 万元。

（15）31 日，计提本月利息 2 万元。

（16）31 日，按本月应上交的增值税额的 7% 计提城建税、3% 计提教育费附加。

（17）31 日，结转本月收入到本年利润。

（18）31 日，结转本月成本、税费到本年利润。

（19）31 日，计算出本月利润总额并按 25% 计提本月所得税，同时结转所得税到本年利润。

（20）31 日，结转本年利润的余额。

3 项目三 零售商品流通业务的核算

项目概要

介绍零售商品流通业务的核算方法；阐述零售企业购进商品、销售商品一般业务及特殊业务的核算方法、销售收入和销售成本的结转及调整方法；说明零售企业库存商品账簿的设置方法及库存商品特殊业务的核算方法；最后对零售企业常见促销业务的会计核算方法做了介绍。

任务框架

案例导入　零售企业举例
任务一　零售企业的经营特点与核算方式
任务二　零售企业购进商品的核算
任务三　零售商品销售及成本的核算
任务四　零售商品库存的核算
任务五　零售企业促销业务的核算
项目小结
扩展阅读　优秀销售人员最宝贵的特质体现
练习与实训

理论目标

1. 了解零售企业的经营特点与经营方式，熟悉零售类商品流通业务的核算方法；

2. 理解零售企业购进商品、销售商品一般业务及特殊业务的核算方法；

3. 了解零售企业库存商品账簿的设置方法，理解零售企业商品销售收入和成本的调整方法。

技能目标

1. 掌握零售企业商品购进、销售、结转成本各阶段的核算程序；

2. 会进行零售企业商品购进、销售、结转成本各阶段一般业务和特殊业务的具体核算。

案例导入

友好集团

友好集团
YOUHAO GROUP

新疆友好（集团）股份有限公司前身是乌鲁木齐友好商场，始建于1958年，属新疆老字号国有商业零售企业。1987年经乌鲁木齐市人民政府批准在原址上改扩建，1989年投入营业；1993年以定向募集方式改制为股份有限公司。1996年股票在上海证券交易所挂牌上市，由此转为公众上市公司，注册资本为人民币311 491 352.00元。1998年实施资产战略性重组，与乌鲁木齐市天山百货大楼强强联合，组建了新疆友好（集团）股份有限公司。

新疆友好（集团）股份有限公司作为中国百强商业企业集团之一，是中国商业股份制企业经济联合会成员。集团股本总额31 149.14万股，拥有友好商场、天山百货大楼、美美百货、友好大酒店、汇友房地产、华骏房地产开发有限公司等分公司，控股：友好广告有限责任公司、库尔勒天百商贸有限责任公司、新世纪贸易有限责任公司、新疆聚百得超市有限公司、乌鲁木齐万嘉热力有限公司、友好关信电器连锁有限责任公司、友好旅行社有限公司、友好利通物流有限责任公司等。协议托管：天百名店；出资参股：中粮可口可乐饮料（新疆）有限公司、乌鲁木齐市商业银行股份有限公司、乌鲁木齐广播电视网络传输有限公司、新疆城建股份有限公司、五奥环（北京）电子有限公司、乌鲁木齐科源创业投资有限公司、新疆高能科技有限公司、新疆友好百盛商业发展有限公司、西海岸保险公估有限公司等数十家企业。公司旗下拥有友好商场，天山百货大楼等分公司。友好商场成立于1989年，是当时西北地区最大的商场。天山百货大楼始建于1957年，经营面积3万多平方米，综合经济实力评比连年名列新疆商业流通领域首位，2010年入选中国零售业企业百强名单。友好集团的销售业绩逐年递增。2006年主业实现销售12.5亿元、2007年主业实现销售16亿元，较上年递增28%；2008年主业实现销售达21亿元，较上年递增31.25%；2009年主业实现销售达28亿元，较上年递增33.33%；2010年主业实现销售超过36.8亿元，较上年递增31.5%；2011年主业突破50亿元，2012年全年实现销售97.8亿元（含友好百盛），其中主业实现销售68.02亿元，销售位居西北第一。仅2012年就新增商业面积20万平方米，解决就业1万多人。六年来，友好集团累计解决社会就业2万多人，上缴税收20亿元，向社会各项事业捐款近千万元，社会效益反响强烈。2012年开业的“长春路友好时尚购物中心”是友好集团的年度力作：营业面积超过5万平方米的城市综合体项目。2012年，友好集团在乌市天山区开设友好中环百货以及友好金盛百货两个大型卖场，以完善乌鲁木齐的全区配置。2013年，友好集团在阿克苏开设当年新疆南疆地区最大的百货卖场“阿克苏天百国际购物中心”在当地引起轰动。

在新疆，友好集团已经实现五城八店的格局，基本完成了友好集团各门店的战略布局，包括美美友好百货奢侈品购物中心、天山百货大楼精品品牌店、友好商场大众品牌店、南疆库尔勒天百购物中心、阿克苏天百国际购物中心、北疆独山子金盛时尚店、伊犁天百国际购物中心、奎屯友好时尚购物中心等，友好集团超市公司已拥有26家标准化超市，包括大卖场、标超、社区便利店等多种形式。在2012年开张的友好超市中山路店还实现了集团第一个“24小时”服务社区便利店，同时友好集团家电公司也以专营店的形式实现商业布点。后期预计在阿勒泰、克拉玛依、哈密、喀什、库车等地区陆续开店并在吐鲁番等地开设大型超市，最终形成覆盖全疆的地区商业巨头。

（资料引自：http：//baike. baidu. com/）

1. 你了解了什么是零售企业了吗？
2. 你还能举出身边零售企业的例子吗？

任务一
零售企业的经营特点与核算方式

王艳艳是一家日用品零售商场的会计。商场规模较大，经营品种繁多，业务繁忙。经过几年的工作锻炼，王艳艳对零售业的了解更加深刻了。目前，我国的零售业态花样百出，百货商店、超级市场、专卖店、售货摊等都是常见的零售业形式。互联网、邮政、电话、售货机、前店后厂等方式销售形式也越来越多。由于零售业的经营的品种成千上万，目前普遍采用商业信息化管理系统；会计核算上普遍采用电算化管理方式。零售业面临激烈的市场竞争，各种各样的促销手段不断涌现。除了传统的核算方法，会计人员必须紧跟时代步伐，及时学习各种新业务形式的会计处理方法。

一、零售企业的经营特点

零售企业处于商品流通链条的终点，它从批发企业或生产企业购进商品，销售给个人消费，或销售给企事业单位用于生产和非生产消费，是直接为人民生活服务的商品流通环节。

零售企业商品流通与批发企业商品流通在业务经营和管理上不尽相同，它具有自己的特点。主要有：零售企业经营的商品品种繁多；交易次数频繁而数量零星，销售的对象主要是广大消费者；销售时一般是“一手交钱，一手交货”，并不一定都要填制销货凭证；售货部门对其所经销的商品负有物资保管责任。

二、零售企业的核算方式

一般零售企业在进行会计核算时，不具备按照商品的品名、规格、等级设置库存商品明细账的条件来控制每种商品的数量和金额。

零售企业商品流通业务核算的方法主要有售价金额核算、进价金额核算和数量售价金额核算。依其业务性质一般零售商品都采用售价金额核算法；贵重零售商品采用数量售价金额核算法；鲜活商品采用进价金额核算法。

由于商业会计信息管理系统的普及，商品进销存管理更加完善，因此零售商品的计价除了传统的零售价法之外，也越来越多采用进价核算。

采用“售价金额核算法”时，零售企业会计核算的主线是：“一进三销”。

“一进”是指购入商品时用购进的实际价格核算。

“三销”是指商品验收入库时用销售价核算；销售商品时用销售价核算，结转主营业务成本也用销售价核算。

三、售价金额核算法的内容

售价金额核算法也称“售价记账、实务负责制”，是零售企业库存商品的一种核算方法，也是零售企业一项重要的经营管理制度，主要内容包括以下几方面：

（一）建立实物负责制

根据岗位责任制的要求，零售企业按照经营商品品种和存放地点的不同，划分若干营业柜、组，确定实物负责人，要求各实物负责人对其所经营商品的数量、质量承担全部经济责任，使商品的进、销、存各环节都有专人负责。

售价金额核算法的优点是把大量按各种不同品种开设的库存商品明细账归并为按实物负责人来分户的少量的明细账，从而简化了核算工作。

（二）库存商品按含税售价记账

会计部门对商品的进、销、存都按照零售价记账。在总账中只记库存商品的售价总金额，库存商品明细账按实物负责人设置，按商品售价金额分别记载各实物负责人经管的商品。为了加强商品管理，在仓库的全部商品，门市部、营业柜组存放的贵重商品、大件商品，以及业务上经常需要掌握数量的商品，实物负责人必须设置商品数量账，每天登记收付存数量。

（三）设置“商品进销差价”科目

采用售价金额核算的零售企业，库存商品的增加、减少和结存都是按售价在库存商品账上反映的，它与实际购进商品时所支付的金额并不一致，通常是售价高于进价。会计核算不仅要以售价控制商品，还要以进价反映库存商品的实际价值。因此，有必要设置“商品进销差价”科目，以核算库存商品售价与进价的差额。平时，商品销售以售价结转营业成本，减少实物负责人（小组）的商品金额；每月末根据“商品进销差价”数字，按照商品总额或大类产品购销比例，计算已销商品应摊的差价，并进行结转。

（四）加强商品实地盘点制度

对库存商品每月必须进行一次全面盘点。实物负责人发生调动或者商品调价，应及时进行盘点。盘点结果发生差异时，应及时查明原因，进行处理，保证账实相符。这是一项重要管理措施，也是在实行“售价金额核算法”下的一项重要的内容。通过盘点和账实核对来考核实物负责人对财产保管的情况，月终盘点后确定实际库存，并据以处理损耗或溢余。

（五）按时编制“商品进销存日报表”，加强报账对账工作

零售企业进、销、调、存全面的业务活动是通过“商品进销存日报表”来进行反映的，这对会计核算的报账、对账、记账工作及资金运用和经营管理，具有很重要的作用。因此，实物负责人必须每天编制“商品进销存日报表”，详细填列商品购进、销售及库存情况，并连同应附的有关原始凭证，报送会计部门。会计部门审核无误后，编制记账凭证人账，以反映实物负责人所经管商品的金额。“商品进销存日报表”也可分别装订，作为库存商品明细账。

（六）健全各业务环节的手续制度，加强价格管理

对购进、调入的商品要认验收，不仅要验收数量、质量，而且要核实价格、金额是否相符。销售时要正确执行规定的价格。为了便于群众购买和监督，每种商品都应当有价格标签。实物负责人对商品购进、调拨、销售、调价、升溢、损耗、损失、盘点交接等必须建立必要的手续，填制完备的凭证，按照合理的程序传递凭证，及时调整账面金额。

小知识

零售业的三次革命

零售商业第一次革命的标志是现代意义的百货店的诞生。百货店的革新性主要体现在：实行顾客自由进出商店的原则；实行明码标价，提高了交易的透明度；经营的商品门类齐全，品种繁多，且讲究商品陈列；实行柜台销售；实行退货制度；实行“薄利多销”原则；在组织管理上实行商品部制度。

连锁商店的产生，是继百货店出现之后，零售商业的又一次革命。连锁店之所以风靡世界，是因为有其独特的优势：网点分散、连锁经营，突破了单个店铺的商圈限制；分店具有高度的统一性，容易扩大影响，提高知名度；实行采购与销售相分离的体制，易降低进货成本，节约流通费用；总店统一负责制定发展规划和经营战略，有利于合理配置资源，形成整体优势，获得规模经济效益；分店专门从事销售，并进行标准化作业，有利于控制服务质量，提高销售效率和服务水平。

零售商业的第三次革命是超级市场的产生。超级市场之所以能快速发展，对生产和流通产生深远的影响，是因为有其特点与优势：实行开架售货，顾客自我服务，增强了顾客购物的自主性；经营商品种类繁多，存货充足，便于顾客选购，能满足顾客一次性购齐的需要；采用条形码、POS机等计算机信息管理系统，可及时准确地掌握消费动向，调整商品结构，合理控制库存；卖场空间开阔，通道顺畅，店铺装修简洁明了，商品陈列醒目，店内广告与促销极富特色；实行在出口处集中收银的方式，从而加快了顾客的购物过程，节约了顾客的购物时间和成本；所经营的商品特别是食品的加工程度较高，不仅方便了顾客的购买，还方便了顾客的消费，适应了现代社会快节奏的工作和生活方式。

任务二 零售企业购进商品的核算

一、零售商品购进的业务程序

零售企业为了满足各层次消费者对商品多样化的需要，应做好商品预测和市场分析工作，有计划地从批发企业和生产企业购进商品。对于商品购进的交接方式，同城购进一般采用“提货制”或“送货制”方式，异地购进一般采用“发货制”方式。本地购进商品多采用“支票”结算方式结算货款；异地进货大多采用“委托收款”、“托收承付”“汇票”或“汇兑”等结算方式结算货款。无论采取哪种货款结算和接收商品方式，当收到商品时，都必须认真验收商品的数量和质量。实物负责人应当根据供货单位的发货票，逐一检查商品的品名、数量、单价、金额以及质量，验收商品后，应当填制收货凭证。收货凭证一般称为“收货单”或“商品验收单”，除填列商品的品名、规格和购进价外，还要填列商品的零售价和进销差价，以便记账。商品验收单的一般格式，见表3－1。

表 3－1　　　　　　　　　　　　　收　货　单

收货部门：针织柜　　　　　　2013 年 12 月 5 日　　　　　　供货单位：青岛针织品公司

商品名称	商品编号	购进价格				零售价格				进销差价
		单位	数量	单价	金额	单位	数量	单价	金额	
女式针织衫	3303	10 件	20	450	9 000	件	200	60	12 000	3 000
男式针织衫	3304	10 件	15	550	8 250	件	150	74	11 100	2 850
儿童针织衫	3305	10 件	10	400	4 000	件	100	50	5 000	1 000
合计					21 250				28 100	6 850

会计主管：　　　　复核：　　　　验收：×××　　　　制单：××

二、零售商品购进业务的账户设置

（一）“物资采购”科目

它是资产类账户，用来核算零售企业购入商品的采购成本。企业购入商品支付的货款，及发生应计入成本的各项费用时，记入借方；商品验收入库时，记入贷方；期末余额在借方，表示企业已经收到发票账单、但材料尚未到达或尚未验收入库的在途材料的采购成本。该账户应按供货单位名称进行明细分类核算。通过“物资采购”账户，可以掌握企业购进商品总额。

（二）“库存商品”科目

它是资产类账户，零售企业购进的商品经实物负责人验收后，按售价计入库存成本。这里的售价，是指包含按规定应向购买者收取的增值税税额的含税零售价。该账户的明细账应按实物负责人分户，只记金额，不记实物数量。

（三）“商品进销差价”科目

它是“库存商品”科日的调整科日，核算库存商品售价（含税）与进价（不含税）之间的差额。该科目的贷方登记购进商品的售价大于进价的差额和其他原因增加的进销差价；借方登记购进商品的售价小于进价的差额、核销已销商品应分摊的进销差价和其他原因使库存商品售价大于进价的差额减少的数额；其余额一般在贷方，反映期末库存商品应保留的进销差价。该科目应按商品类别或实物负责人设置明细账。由于所采用的售价是含税的零售价格，因此，该科目所记录的商品售价与进价之间的差额就包括两部分：一是不含税的售价与不含税的进价之间的差额；二是应向购买者收取的增值税额（销项税额）。

三、零售商品购进业务的核算

零售企业在购进商品时除了要支付货款外还要为流通链条上下一环节的消费者垫支增值税。这部分垫支的增值税，在企业转售商品后交纳增值税时，予以抵扣。因此，企业在购进商品时，必须取得增值税专用发票（简称专用发票）。

（一）零售企业购进商品一般业务的核算

（1）单到货到业务的核算，是指验收商品和支付进货款在同一天完成的核算。

【例 3-1】星星百货商店向青岛针织品公司购进针织衫一批，根据青岛针织品公司的专用发票填制收货单如表 3-1 所示。

财会部门收到专用发票（发票联），列明货款 21 250 元，增值税额 3 612.50 元，当即签发转账支票付讫，做分录如下：

借：物资采购——青岛针织品公司　　21 250
　　应交税费——应交增值税（进项税额）　　3 612.50
　　贷：银行存款　　24 862.50

财会部门收到针织柜转来的收货单，列明售价金额 28 100 元，商品已全部验收入库，结转商品采购成本，做分录如下：

借：库存商品——针织柜　　28 100
　　贷：物资采购——青岛针织品公司　　21 250
　　　　商品进销差价——针织柜　　6 850

（2）单到货未到业务的核算，是指企业先支付进货款后收到商品的核算。

【例 3-2】西单商场家电组从安徽美凌公司购入冰箱一批，进价为 200 000 元，应支付的增值税额为 34 000 元，供货方代垫的运费为 3 000 元，计算运费准予扣除的进项税额为 210 元，其余部分计入销售费用。接到银行转来的有关凭证，审核无误支付款项。该企业应编制如下会计分录：

借：物资采购——安徽美凌公司　　200 000
　　应交税费——应交增值税（进项税额）　　34 210
　　销售费用　　2 790
　　贷：银行存款　　237 000

商品到达，验收入库，该批商品的含税售价为 250 000 元。编制如下会计分录：

借：库存商品——家电组　　250 000
　　贷：商品进销差价——家电组　　50 000
　　　　在途物资——安徽美凌公司　　200 000

（3）货到单未到业务的核算，是指企业先收到商品后支付进货款的核算。有时商品已验收入库，但因发票账单未收到，应付账款数额不明，这种情况下平时可不进行账务处理，待发票账单收到时，再按单到货到情况做处理。但如到月末发票账单等仍未收到，为了在资产负债表全面反映企业已经拥有的该批商品及其负债，可先按合同或其他规定价格估价入账，按售价借记“库存商品”科目，按暂估的进货原价贷记“应付账款”科目，按售价与暂估进价的差额贷记“商品进销差价”科目。下月初再用红字冲回，以便下月发票账单等结算凭证收到时再通过“物资采购”科目核算。

【例 3-3】重庆百货股份有限公司从成都日用品公司购进日用品一批，商品已验收入库，月末发票账单仍未收到。该批商品估计进价为 58 000 元，零售价为 72 000 元。该企业应编制如下会计分录：

借：库存商品——日用品组　　[72 000]
　　贷：商品进销差价　　[14 000]
　　　　应付账款——成都日用品公司　　[58 000]

下月初，用红字冲回：

借：库存商品——日用品组　　72 000（红字）

　　贷：商品进销差价　　14 000（红字）

　　　　应付账款——成都日用品公司　　58 000（红字）

次月接到结算凭证并付款（实际进价 60 000 元，应支付的增值税额为 10 200 元）：

借：物资采购——成都日用品公司　　60 000

　　应交税费——应交增值税（进项税额）　　10 200

　　贷：银行存款　　70 200

验收入库：

借：库存商品——日用品组　　72 000

　　贷：在途物资——成都日用品公司　　60 000

　　　　商品进销差价　　12 000

（二）零售企业购进商品特殊业务的核算

1. 购进商品发生溢余或短缺的核算

零售企业购进的商品运到后，要认真验收，查明实收商品与应收商品是否相符，如果发现不符，除按实收数入库外，还要反映溢缺商品数额并查明原因处理。

零售企业购进商品发生溢余或短缺，应通过“待处理财产损溢”科目处理。

（1）购进商品溢余的核算。零售企业购进商品验货时发现商品溢余，应按溢余商品售价借记“库存商品”科目，按进价贷记“待处理财产损溢”科目，按溢余商品进价与售价的差额贷记“商品进销差价”科目。

【例 3－4】三和商场从某制糖厂购入散装白糖 500 千克，每千克 20 元，共计10 000 元，应支付的增值税额为 1 700 元，商场以银行存款支付。白糖次日运到，经食品组验收，发现溢余 55 千克，原因待查，该批商品的含税售价为每千克 30 元。

该商场付款时，应编制如下会计分录：

借：物资采购——某制糖厂　　10 000

　　应交税费——应交增值税（进项税额）　　1 700

　　贷：银行存款　　11 700

白糖运到并按实际验收数入库时，

借：库存商品——食品组　　16 650

　　贷：商品进销差价——食品组　　5 550

　　　　待处理财产损溢——待处理流动资产损溢　　1 100

　　　　物资采购——某制糖厂　　10 000

经查，溢余白糖中 50 千克是制糖厂多发，三和商场同意作购进处理，食品厂补送来专用发票，白糖进价为 1 000 元，增值税为 170 元，会计部门开出支票付清货款；其余 5 千克是计量公差，属自然升溢。该企业应编制如下会计分录：

供方多发作购进部分：

借：物资采购——某制糖厂　　1 000

应交税费——应交增值税（进项税额） 170
贷：银行存款 1 170
借：待处理财产损溢——待处理流动资产损溢 1 000
贷：物资采购——某制糖厂 1 000
自然升溢部分，冲减销售费用，
借：待处理财产损溢——待处理流动资产损溢 100
贷：销售费用——商品损耗 100

（2）商品购进短缺的核算。零售企业购进商品发生短缺，先应按实收商品部分的售价金额借记“库存商品”科目，按实收商品售价与进价的差价，贷记“商品进销差价”科目，按原进价，贷记“在途物资”科目；短缺部分按进价借记“待处理财产损溢”科目，贷记“在途物资”科目。对于短缺商品应认真查明原因，按规定进行处理。

【例3－5】资料承【例3－4】商品到货验收时发现缺少20千克，原因待查。

该企业应根据“商品溢余（短缺）报告单”编制如下会计分录：

借：库存商品——食品组 14 400
待处理财产损溢——待处理流动资产损溢 400
贷：商品进销差价——食品组 4 800
物资采购——某制糖厂 10 000

经查，短缺商品属于意外事故造成，应负担的增值税额为68元。根据有关凭证编制如下会计分录：

借：营业外支出——非正常损失 468
贷：待处理财产损溢——待处理流动资产损溢 400
应交税费——应交增值税（进项税额转出） 68

2. 进货退出的核算

零售企业购进商品，一般是整件整箱地验收入库，事后发现商品的品种、规格与专用发票所列不符，或质量不符要求等情况，应及时与供货单位联系，经其同意后，由供货单位开具退货的红字专用发票，办理退货手续，然后将商品退还供货单位，作进货退出处理。

【例3－6】清源百货商店发现日前购进的毛巾有100条质量不符要求，经与供货单位联系，对方同意退货。该毛巾每条进价5.50元，售价7.40元。

商品退出后，根据针织柜转来的红字收货单，做分录如下：

借：物资采购——××公司 550
商品进销差价——针织柜 190.00
贷：库存商品——针织柜 740.00

收到对方开来退货的红字专用发票，应退货款550元，增值税93.50元，款项均未收到，做分录如下：

借：应收账款——××公司 613.50
应交税费——应交增值税（进项税额） 93.50
贷：物资采购——××公司 550

3. 购入商品退补价的核算

零售企业购进商品后，有时会收到供货单位开来的更正发票，更正其开错的商品货款。更正商品货款有两种情况：一种是只更正购进价格；另一种是既更正购进价格，又更正零售价格，以下分别讲述这两种情况的核算方法。

（1）只更正购进价格的核算。当供货单位开来更正发票时，由于只更正购进价格，没有影响到商品的零售价格，因此核算时应调整“商品进销差价”账户，不能调整“库存商品”账户。若是供货单位退还货款，应根据其红字专用发票冲减商品采购额和进项税额，借记“应收账款”账户，贷记“物资采购”账户和“应交税费”账户；同时还要增加商品的进销差价，借记“物资采购”账户，贷记“商品进销差价”账户。若是供货单位补收货款，则应根据专用发票增加商品采购额和进项税额，借记“物资采购”账户和“应交税费”账户，贷记“应付账款”账户；同时还要减少商品的进销差价，借记“商品进销差价”账户，贷记“物资采购”账户。

【例3－7】光明商厦日前从上海“五金公司购进钢丝钳1 000把，每把购进单价9.60元，零售单价12.50元，商品已由五金柜验收入库，现收到供货单位更正专用发票，钢丝钳每把批发单价应为9.40元，应退货款200元，增值税额34元。

冲减商品采购额和进项税额，做分录如下：

借：应收账款——上海五金公司	234	
应交税费——应交增值税（进项税额）	34（方框）	
贷：物资采购——上海五金公司		200

同时调整商品进销差价，做分录如下：

借：物资采购——上海五金公司	200	
贷：商品进销差价——五金柜		200

（2）购进价格和零售价格同时更正的核算。供货单位可能由于商品品种、等级搞错等原因而算错价格，事后开来更正发票需要更正批发价和零售价。如因更正价格而使供货单位应退还货款时，应根据更正专用发票冲减商品采购额和进项税额，其核算方法与只更正购进价格的核算方法相同；同时，还要冲减库存商品的售价金额和进价成本，按应退货款的数额，借记“物资采购”账户，并按照更正后进销差价与原入账进销差价的差额，借记“商品进销差价”账户；按更正后售价金额与原入账售价金额的差额贷记“库存商品”账户。如因更正价格而供货单位应补收货款时，应根据其开来的更正发票增加商品采购额和进项税额，其核算方法与只更正购进价格的核算方法相同；同时，还要增加库存商品的售价金额和进价成本。按更正后售价金额与原入账售价金额的差额借记“库存商品”账户；按补收货款数额贷记“物资采购”账户；按更正后进销差价与原入账进销差价的差额，贷记“商品进销差价”账户。

【例3－8】中兴商厦日前从上海百货公司购进尼龙自开伞400把，每把购进单价15.00元，零售单价20.00元。商品已由百货柜验收入库，现收到供货单位更正专用发票，每把尼龙自开伞购进单价为14.00元。据此，中兴商厦将这批尼龙自开伞的零售单价调整为18.80元。上海百货公司，应退货款400元，增值税额68元。

冲减商品采购额和进项税额，做分录如下：

借：应收账款——上海百货公司	468	

应交税费——应交增值税（进项税额） 68

贷：物资采购——上海百货公司 400

同时冲减库存商品的售价金额和进价成本，做分录如下：

借：物资采购——上海百货公司 400

商品进销差价——百货柜 80

贷：库存商品——百货柜 480

任务三 零售商品销售及成本的核算

一、零售商品销售的业务程序

零售企业的商品销售业务，一般按营业柜组或门市部组织进行。商品销售的业务程序根据企业的规模、经营商品的特点以及经营管理的需要而有所不同。

零售企业收款的方式有分散收款和集中收款两种。分散收款，是指营业员直接收款，除了企事业单位外，一般不填制销售凭证，手续简便，交易迅速，但销货与收款由营业员一人经手，容易发生差错与弊端。集中收款是指设立收款台，由营业员填制销货凭证，消费者据以向收款台交款，然后由消费者凭盖有收款台“现金收讫”印章的销货凭证向营业员领取商品。采用集中收款，每日营业结束后，营业员应根据销货凭证计算出销货总金额，并与收款台实收金额进行核对，以检查收款是否正确。这种方式由于钱货分管，职责分明，制度严密，因此不易发生差错，但手续繁琐。

零售企业销货除了采用现金结算或刷卡交易外，也有少量采用转账支票、银行本票和商业汇票结算的。不论采用哪一种结算方式，均应在当天解缴销货款。解缴的方式有分散解缴和集中解缴两种。分散解缴就是每天营业结束后，在采取分散收款方式时由各营业柜组或门市部安排专人负责或是在采取集中收款方式时，由收款员负责将其所收取的销货款，填制解款单，将现金直接解存银行，从银行取得解款单回单后，再将其送交财会部门。集中解缴就是每天营业结束后，在采取分散收款方式时由各营业柜组或门市部安排专人负责或是在采取集中收款方式时，由收款员负责填制“商品销售收入缴款单”一式两联，连同销货款一并送交财会部门，财会部门应当面点收，加盖“收讫”戳记，一联退还缴款部门，作为其缴款的依据；一联留在财会部门，作为收款的入账凭证。财会部门将各营业柜组或门市部的销货款集中汇总后填制解款单，将销货收入的现金全部解存银行。

营业柜组于每日营业终了，根据当日进销货情况，编制“商品进销存日报表”（见表3－2）。商品进销存日报表一式两份，一份留存，一份连同内部交款单（或银行“进账单”回单）、商品验收单、商品调价单、商品内部调拨单、长短款报告单等有关凭证一并送交会计部门，经审核无误后，作为编制记账凭证、登记账簿的依据。

表 3-2 **商品进销存日报表**

组别：百货组 2013 年 12 月 3 日 单位：元

项目		金额	项目		金额	备注
昨日库存		35 000	减少	本日销售	8 000	
增加	本日购进	5 000		本日调出		
	本日调入			变价减值		
	变价增值			商品损耗		
	商品溢余		本日库存		32 000	
合计		40 000	合计		40 000	
本日进销差价		3 500	进销差价累计		12 000	
商品销售累计						

实物负责人： 复核： 制表：

二、零售商品销售及成本的核算

零售企业商品销售业务通过“主营业务收入”和“主营业务成本”账户进行核算。为了简化核算手续，平时在“主营业务收入”账户中反映含税的销售收入，期末再将其调整为真正的商品销售额，即不含税的销售额。商品销售后，财会部门要反映商品销售收入和收入货款的情况，同时为了能及时反映商品实物负责小组库存商品的购销动态和结存情况，便于各实物负责小组随时掌握其经管商品的价值，明确其所承担的经济责任，需要随时转销已销库存商品的成本。由于零售企业库存商品是按售价反映的，因此，转销库存商品的金额同反映商品销售收入增加的金额是一致的。而商品进价与售价之间的差价，在“商品进销差价”账户内反映，所以，当已销商品按售价从“库存商品”账户内转销时，从理论上讲，应该同时将这部分已销商品的进销差价也从“商品进销差价”账户内转销，将已销商品的成本调整为进价，在“主营业务成本”账户内用进价反映。但由于每天计算已销商品进销差价的工作量很大，因此，在实际工作中，平时把已销商品按售价转入“主营业务成木”账户，月末一次计算出当月已销商品的进销差价，再将商品销售成本调整成为进价。由于零售企业的商品销售收入是包含增值税的，所以月末还应将每月账上反映的含税商品销售收入分解成不含税商品销售额和销项税额。

（一）零售商品销售及成本结转一般业务的核算

【例 3-9】上海商厦为信用卡特约单位，信用卡结算手续费率为 5‰，2 月 15 日各营业柜组商品销售及货款收入情况见表 3-3。

表 3-3 **各营业柜组商品销售及货款收入情况表** 单位：元

柜别	销售金额	现金收入	信用卡签购单	转账支票	现金溢缺
百货柜	9 040	7 940	1 100		
服装柜	9 870	7 770	900	1 200	
食品柜	9 350	8 150	1 200		
合计	28 260	23 860	3 200	1 200	

财会部门根据各营业柜组交来的商品进销存日报表、商品销售收入缴款单及现金、信用卡签购单和转账支票，将现金和支票送存银行取得回单后，做会计分录如下：

借：银行存款　　28 244
　　财务费用　　16
　　贷：主营业务收入——百货柜　　9 040
　　　　主营业务收入——服装柜　　9 870
　　　　主营业务收入——食品柜　　9 350

同时转销库存商品，做分录如下：

借：主营业务成本——百货柜　　9 040
　　主营业务成本——服装柜　　9 870
　　主营业务成本——食品柜　　9 350
　　贷：库存商品——百货柜　　9 040
　　　　库存商品——服装柜　　9 870
　　　　库存商品——食品柜　　9 350

【例 3－10】 若上海商厦 10 月份实现的含税销售额为 585 万元，增值税税率为 17%，月末计算不含税销售额和销项税额。

不含税销售额＝585÷（1＋17%）＝500（万元）

销项税额＝500×17%＝85（万元）

分解含税零售收入，做会计分录：

借：主营业务收入　　850 000
　　贷：应交税费——应交增值税（销项税额）　　850 000

若上海商厦 10 月份综合差价率为 20%，则：

已销商品应分摊的进销差价＝总收入×进销差价率＝585×20%＝117（万元）

借：商品进销差价　　1 170 000
　　贷：主营业务成本　　1 170 000

（二）零售企业销售商品特殊业务的核算

1. 零售商品销售长短款的核算

每日营业终了，零售柜组都应当将付货凭证或营业柜台记录加总，与所收销货款进行核对，检查收进的货款是否正确。如发生长短款差错，应填写“长短款报告单”，送交会计部门予以入账。零星的长短款，经有关负责人核算后可直接计入损益，或留待月终集中处理。如果数额较大，在未查明原因或等待处理核销前，应记入“待处理财产损溢”科目，待查明原因或批准时再做处理。

【例 3－11】 2013 年 10 月 23 日，上海新新商场糖果组销货记录为 24 910 元，实收销货款 24 960 元，长款 50 元；饮料组销货记录 26 300 元实收 26 275 元，短款 25 元，原因待查。会计部门根据“商品进销存日报表”、“长短款报告单”、银行“进账单”回单等凭证，编制如下会计分录：

借：银行存款　　24 960
　　贷：待处理财产损溢——待处理流动资产损溢　　50

　　　　主营业务收入——糖果组　　　　　　　　　　　　24 910
借：银行存款　　　　　　　　　　　　　　　　26 275
　　待处理财产损溢——待处理流动资产损溢　　　　　　25
　　贷：主营业务收入——饮料组　　　　　　　　　　　26 300
结转主营业务成本：
借：主营业务成本——糖果组　　　　　　　　　　24 910
　　　　　　　　——饮料组　　　　　　　　　　26 300
　　贷：库存商品——糖果组　　　　　　　　　　　　　24 910
　　　　　　　　——饮料组　　　　　　　　　　　　　26 300

上述差错查明原因，糖果组长款50元系销货凭证计算错误，作销售处理。短款25元是收款时错收，经批准转为公司销售费用。编制如下会计分录：

借：待处理财产损溢——待处理流动资产损溢　　　　　50
　　贷：主营业务收入——糖果组　　　　　　　　　　　　50
借：销售费用　　　　　　　　　　　　　　　　　　25
　　贷：待处理财产损溢——待处理流动资产损溢　　　　　25
同时：
借：主营业务成本——糖果组　　　　　　　　　　　50
　　贷：库存商品——糖果组　　　　　　　　　　　　　　50

2. 零售商品受托代销业务的核算

零售企业进行受托代销业务，事先由业务部门与委托代销单位订立"受托代销合同"，合同上注明货款的结算方式和时间及商品的质量和保管的责任等。

（1）以视同买断方式代销商品的核算。企业收到受托代销商品时，并没有取得商品的所有权，为了加强对受托代销商品的管理，在受托代销商品验收入库时，应按售价金额借记"受托代销商品"账户；按进价金额贷记"代销商品款"账户，售价金额与进价金额之间的差价，则贷记"商品进销差价"账户。

代销商品销售后，由于受托代销企业视同销售，应借记"现金"账户；贷记"主营业务收入"账户；并按售价金额借记"主营业务成本"账户，贷记"受托代销商品"账户；同时结转代销商品款，借记"代销商品款"账户，贷记"应付账款"账户。当按合同规定的日期收到已售代销商品的专用发票，支付其货款和增值税额时，借记"应付账款"账户和"应交税费"账户；贷记"银行存款"账户。

【例3－12】济南润发商厦根据受托代销合同，接受湖州服装厂100件羊牌男式皮夹克的代销业务。该皮夹克购进单价654元，零售单价900元，合同规定每个月末结算一次货款。

12月5日，收到100件皮夹克，由服装柜验收入库，做分录如下：

借：受托代销商品——服装柜　　　　　　　　　　90 000
　　贷：代销商品款——湖州服装厂　　　　　　　　　65 400
　　　　商品进销差价——服装柜　　　　　　　　　　24 600

12月21日，服装柜销售羊牌男式皮夹克50件，收到现金45 000元。

借：现金　　　　　　　　　　　　　　　　　　45 000

贷：主营业务收入——服装柜 45 000

同时注销受托代销商品，做分录如下：

借：主营业务成本——服装柜 45 000

贷：受托代销商品——湖州服装厂 45 000

并结转代销商品款，将进项税额入账，做分录如下：

借：代销商品款——湖州服装厂 32 700

应交税费——应交增值税（进项税额） 5 559

贷：应付账款——湖州服装厂 38 259

12 月 31 日，开出代销商品清单，并汇付对方已售 50 件羊牌男式皮夹克的货款及增值税额 38 259 元，做分录如下：

借：应付账款——湖州服装厂 38 529

贷：银行存款 38 529

（2）以收取手续费方式代销商品的核算。采用收取代销手续费方式的零售企业，在收到代销商品时，按代销商品的售价借记“受托代销商品”账户；按售价贷记“代销商品款”账户。

由于受托代销企业只收取手续费，所以代销商品销售后不能直接确认收入，而是确认为“应付账款”。待结算期计算并扣除手续费时再确认代销收入。

【例 3－13】 2013 年 1 月 3 日，海天商厦根据受托代销合同代销上海服装厂 100 件女大衣，每件进价 100 元，零售价 180 元，增值税率 17%，合同规定每月末结算一次。

收到受托代销商品，做分录如下：

借：受托代销商品——服装柜 18 000

贷：代销商品款——上海服装厂 18 000

1 月 15 日，销售大衣 100 件，计货款 18 000 元，增值税额 3 060 无，收到支票存入银行，做分录如下：

借：银行存款 21 060

贷：应付账款——上海服装厂 18 000

应交税费——应交增值税——销项税额 3 060

同时注销代销商品，做分录如下：

借：代销商品款——上海服装厂 18 000

贷：受托代销商品——上海服装厂 18 000

并将已售商品进项税额入账，做分录如下：

借：应交税费——应交增值税（进项税额） 3 060

贷：应付账款——上海服装厂 3 060

1 月 31 日，开出代销商品清单，销售女大衣 100 件。计算并扣除代销手续费 900 元后，签发转账支票 20 160 元，支付上海服装厂已售代销商品货款及增值税额，做分录如下：

借：应付账款——上海服装厂 21 060

贷：其他业务收入 900

银行存款 20 160

（3）商品零售企业收到供货方返利、返点的会计处理。供货商为了达到尽快使自己产品畅销的目的，可能会与零售商协议采用“平销返利”的方法来为自己的产品打通销售渠道。平销返利，就是生产企业以商业企业经销价或高于商业企业经销价的价格将货物销售给商业企业，商业企业再以进货成本甚至低于进货成本的价格进行销售，生产企业则以返还利润等方式弥补商业企业的进销差价损失。供应商返点、返利可能是现金形式，也可能是实物形式；供应商实物形式的返点、返利也可能具增值税专用发票，也可能开具普通发票。商场超市向供货方收取的各种收入，一律不得开具增值税专用发票，但与商品销售量、销售额挂钩（如以一定比例、金额、数量计算）的返还收入，均应按有关规定冲减当期增值税进项税金。并且大多数的平销返利是在商品售出后结算的，相当于进货成本的减少，冲减“主营业务成本”；如果是次年收到的，应通过“以前年度损益调整”核算；如果商品尚未售出就收到返利，则应冲减库存商品成本。

当期应冲减增值税进项税额 = 当期取得的返还资金/（1 + 所购货物适用增值税税率）× 所购货物适用增值税税率

【例 3 - 14】 2013 年蓝天商场向甲企业购货 20 万元，并已经以相同价格全部对外销售。当年蓝田商场收到 2 万元现金返利，则账务处理应该如下：

应转出进项税额 = 20 000 ÷ 1.17 × 17% = 2 906（元），

同时冲减“主营业务成本”金额 = 20 000 - 2 906 = 17 094（元）。

做会计分录：

借：银行存款	20 000	
贷：主营业务成本		17 094
应交税金——应交增值税（进项税额转出）		2 906

【例 3 - 15】 接【例 3 - 14】。假设甲企业以一批商品返利，该商品含税公允价值 2 万元，同时甲企业向蓝天商场开具了增值税专用发票，则蓝天商场的会计处理如下：

借：库存商品	17 094	
应交税金——应交增值税（进项税额）	2 906	
贷：主营业务成本		17 094
应交税金——应交增值税（进项税额转出）		2 906

【例 3 - 16】 接【例 3 - 15】。假设上例甲乙企业向蓝天商场开具了普通发票，则蓝天商场会计处理如下：

借：库存商品	20 000	
贷：主营业务成本		17 094
应交税金——应交增值税（进项税额转出）		2 906

（4）商品零售企业向供货商收取促销费、进场费、上架费、店庆费、展示费及管理费等的处理。目前，百货零售商向供货商收取商场促销费、进场费、上架费、店庆费、展示费及管理费等，已成为百货或超市获取利润的重要来源之一。零售企业向供货方收取的这些费用，是向供货方提供一定劳务的收入，与商品销售无必然联系，不属于平销返利，不应冲减当期增值税进项税金，应按营业税的适用税目、税率征收营业税。

【例 3 - 17】 青岛超飞家电超市为 GM 电器公司销售家电，收到 GM 电器公司广告费 80 000 元，则其账务处理为：

借：银行存款　　80 000

　　贷：其他业务收入　　80 000

借：营业税金及附加　　4 400

　　贷：应交税费——应交营业税　　4 000

　　　　　　　——应交城市维护建设税　　280

　　　　　　　——应交教育费附加　　120

三、零售商品销售成本调整的核算

零售企业由于平时按商品售价结转商品销售成本，月末为了核算出商品销售业务的实际经营成本，就需要通过计算和结转已销商品的进销差价，将商品销售成本由售价调整为进价。正确计算已销商品进销差价是正确核算商品销售成本和期末库存商品价值的基础。

零售企业计算已销商品进销差价的方法有“综合差价率推算法”、“分柜组差价率推算法”和“盘点商品实际进销差价计算法”三种。

（一）综合差价率推算法

综合差价率推算法是按全部商品的存销比例，推算本期销售商品应分摊进销差价的一种方法。具体的计算方法是先用期末结转前的“商品进销差价”账户余额，除以期末“库存商品”账户余额加上“受托代销商品”账户余额与本期商品销售收入之和，计算出本期商品的综合差价率，再乘以本期商品销售收入，计算出已销商品的进销差价，其计算公式如下：

综合差价率＝结转前商品进销差价账户余额÷（期末库存商品账户余额＋期末受托代销商品账户余额＋本期商品销售收入）×100%

本期已销商品进销差价＝本期商品销售收入×综合差价率

【例3－18】长江商厦12月31日有关账户的资料如下：

结转前商品进销差价账户余额	198 608元
库存商品账户余额	338 800元
受托代销商品账户余额	56 000元
主营业务收入账户余额	396 200元

用综合差价率推算法计算并结转已销商品进销差价：

综合差价率＝198 608÷(338 800＋56 000＋396 200)×100%＝25.11%

本期已销售商品进销差价＝396 200×25.11%＝99 485.82（元）

根据计算的结果，做分录如下：

借：商品进销差价　　99 485.82

　　贷：主营业务成本　　99 485.82

经过以上结转，将“主营业务成本”科目中平时结转的含税售价成本调整成为不含税的实际成本；“商品进销差价”科目余额亦调整成为库存商品（包括不采用收取手续费方式代销的受托代销商品）应保留的进销差价。

综合差价率计算法比较简单，但由于不同类别商品进销差价率不同，有的甚至差别很大，因此这种综合计算的结果不能反映各类商品的差别，也影响已销商品应分摊进销差价和库存商品价值计算的精确性。

（二）分柜组差价率推算法

分柜组差价率推算法是按各营业柜组或门市部商品的存销比例，推算本期销售商品应分摊进销差价的一种方法。这种方法要求按营业柜组分别进行计算，其计算方法与综合差价率推算法相同，只不过把综合计算的范围按商品类别（或柜组）划小，计算分类（或柜组）差价率和已销商品应分摊的进销差价。财会部门可编制“已销商品进销差价计算表”进行计算。

【例3－19】长江商厦采用分柜组差价率推算法，在12月31日有关各明细账户的资料见表3－4。

表3－4　　12月31日结转前各明细账户的资料表　　单位：元

营业柜组	商品进销差价（1）	库存商品（2）	受托代销商品（3）	主营业务收入（4）
百货柜	72 601	119 400	32 000	149 600
服装柜	70 672	118 000	24 000	138 000
食品柜	55 335	101 400		108 600
合计	198 608	338 800	56 000	396 200

根据资料编制“商品进销差价分摊计算表”，见表3－5。

表3－5　　商品进销差价分摊计算表

12月31日

营业柜组	分摊前商品进销差价（5）=（1）	本期存销商品合计（6）=（2）+（3）+（4）	差价率（7）=（5）÷（6）	已销商品进销差价（8）=（4）×（7）	期末商品进销差价（9）=（5）－（8）
百货柜	72 601	301 000	24.12%	36 083.52	36 517.48
服装柜	70 672	280 000	25.24%	34 831.20	35 840.8
食品柜	55 335	210 000	26.35%	28 616.10	26 718.9
合计	198 608	791 000		99 530.82	99 077.18

根据计算的结果，做分录如下：

借：商品进销差价——百货柜　　36 083.52
　　商品进销差价——服装柜　　34 831.20
　　商品进销差价——食品柜　　28 616.10
　　贷：主营业务成本——百货柜　　36 083.52
　　　　主营业务成本——服装柜　　34 831.20
　　　　主营业务成本——食品柜　　28 616.10

采用分类（或柜组）差价率计算法，计算的结果较综合差价率计算法准确，但由于同类（或柜组）商品不同品种的进销差价还可能不一致，存销比例也不尽相同，所以，仍与已销商品应分摊的实际进销差价有一定差距。为了真实反映库存商品和销售商品的进销差价，正确核算盈亏，年终应采用“盘点商品实际进销差价计算法”，对商品的进销差价进行一次核实调整。

（三）盘点商品实际进销差价计算法

为正确反映库存商品结存金额和已销商品的进销差价，正确核算盈亏，凡采用售价核算企业，在年终决算前还应对商品的进销差价运用“盘点商品实际进销差价计算法”进行一次核实调整。盘点商品实际进销差价计算法是根据年末库存商品实际盘点结果，计算出全部（或大类）商品应保留的实际进销差价，调整库存商品进销差价使其符合实际的方法。具体做法如下：

（1）根据年末各种商品的盘存数量和进货单价，逐一计算出各种商品的进价金额。

（2）加计各种商品进价金额，计算各类或全部库存商品的进价金额。

（3）用库存商品总账或类目账的账面售价金额减去全部（或各类）结存商品的进价金额，求出全部或大类结存商品应保留的进销差价。

（4）以“商品进销差价”科目总账或明细账年终调整前账面的余额，减去全部（或大类）结存商品应保留的进销差价，其差额即为应转账调整的全部（或大类）进销差价数额。如“商品进销差价”科目余额大于库存商品应保留的进销差价，说明平时少转了进销差价，应编制借记“商品进销差价”、贷记“主营业务成本”科目的会计分录，予以补转；反之，说明平时多转了进销差价，应编制借记“主营业务成本”、贷记“商品进销差价”科目的会计分录，予以转回。

期末商品进销差价、已销商品进销差价、已销商品成本的计算公式如下：

期末商品进销差价 =（期末库存商品售价金额 - 期末库存商品进价金额）+（期末受托代销商品售价金额 - 期末受托代销商品进价金额）

已销商品进销差价 = 结账前商品进销差价账户余额 - 期末商品进销差价

已销商品成本 = 已销商品售价 - 已销商品进销差价

【例 3-20】 步步高零售商场平时采用分类（柜组）差价率计算法计算已销商品应分摊的进销差价，年终盘点后根据“商品盘点表”计算库存商品应保留进销差价为 45 800元，“商品进销差价”科目月末余额为 50 800 元，比实际应保留的商品进销差价多5 000 元，说明平时少转了商品进销差价，多计了商品成本，应予以调整。该企业应编制如下会计分录：

借：商品进销差价　　5 000

　　贷：主营业务成本　　5 000

相反，如果核实的商品进销差价大于“商品进销差价”科目的余额，说明平时按分类差价率计算，分摊进销差价时，多转了进销差价，少计了主营业务成本，应做与上述相反的会计分录，予以调整。

【例 3-21】 假定【例 3-20】步步高零售商场中的“商品进销差价”科目月末余额为 45 000 元，比实际应保留的商品进销差价少 800 元，说明平时多转了商品进销差价，少计了主营业务成本，应编制如下会计分录予以调整：

借：主营业务成本　　800

　　贷：商品进销差价　　800

应当指出，采用盘点商品实际进销差价计算法，使企业的商品销售成果及库存商品应保留的进销差价计算得较准确，但工作量比较繁重。在实际工作中，往往将12月份应结转的进销差价与年终盘点商品实际进销差价结合进行。

从实例中可以看出来，同一家零售企业如果采用三种不同的计算方法计算已销商品的进销差价，可能会产生三种不同的结果。这是因为各营业柜组之间商品的差价率不同，在营业柜组内所经营的各种商品之间差价率也不同，而且各种商品之间的存销比例也不可能相同，因此，计算的结果是不相同的。实际工作中，为了既简化计算手续，又准确地计算已销商品进销差价，往往在平时采取分柜组差价率推算法，到年终采用盘点商品实际进销差价计算法，以保证整个会计年度核算资料的准确性。

四、零售商品销售收入调整的核算

由于零售企业平时在“主营业务收入”账户中反映的是含税收入，因此至月末就需要进行价税分解调整，将含税收入中的销项税额分离出来，使“主营业务收入”账户反映企业真正的销售额，即“不含税销售额”。调整公式如下：

不含税销售额 = 含税销售额 ÷ (1 + 增值税率)

销项税额 = 不含税销售额 × 增值税率

【例3－22】 步步高零售商场（一般纳税人）2013年12月份共销售商品936万元，其中：家电柜468万元，日用品柜117万元，服装柜234万元，食品柜117万元。

计算不含税销售额：

家电柜 = 468 ÷ (1 + 17%) = 400（万元）

日用品柜 = 117 ÷ (1 + 17%) = 100（万元）

服装柜 = 234 ÷ (1 + 17%) = 200（万元）

食品柜 = 117 ÷ (1 + 17%) = 100（万元）

计算销项税额：

家电柜 = 400 × 17% = 68（万元）

日用品柜 = 100 × 17% = 17（万元）

服装柜 = 200 × 17% = 34（万元）

食品柜 = 100 × 17% = 17（万元）

借：主营业务收入——家电柜　　680 000
　　　　　　　　——日用品柜　　170 000
　　　　　　　　——服装柜　　340 000
　　　　　　　　——食品柜　　170 000
　贷：应交税费——应交增值税（销项税额）　　1 360 000

任务四
零售商品库存的核算

一、零售商品库存核算的账簿设置

为加强库存商品的管理，及时掌握各实物负责人所经管商品的进销存的情况，需要对库存商品进行明细分类核算。实行售价金额核算的企业，对库存商品进行明细分类核算，一般有以下两种做法：

（1）"库存商品"明细账按实物负责人或营业柜组分别设户，只登记按售价计算的商品进销存金额，不登记商品品名和数量，用以控制各营业柜组或门市部的库存商品数额。库存商品的明细账一般为"三栏式"。采取分柜组差价率推算法调整商品销售成本的企业，还必须按营业柜组或门市部设置"商品进销差价"明细账户，由于"商品进销差价"是"库存商品"账户的抵减账户，在发生经济业务时，这两个账户往往同时发生变动，为了便于记账，可以将"库存商品"与"商品进销差价"账户的明细账合在一起，设置"库存商品和商品进销差价联合明细分类账"，其格式见表 3－6。

表 3－6　库存商品和商品进销差价联合明细分类账

日期	凭证号	摘要	库存商品										商品进销差价			
			借方				贷方				借或贷	余额	借方	贷方	借或贷	余额
			购进	调入	调价增值	溢余	销售	调出	调价减值	短缺						
		余额									借	36 400			贷	8 378
		购入	4 800											1 152		
		进货退出	200											48		
		调入		1 000										240		
		调价增值			100									100		
		销售					2 240									
		调出						750					180			
		调价减值							40				40			
		期末余额									借	39 070			贷	9 602

（2）以"商品进销存日报表"代替"库存商品明细账"。这种做法是会计部门不单设"库存商品明细账"，而是将各实物负责人送来的一式两联的"商品进销存日报表"中的一联，按实物负责人和日期先后顺序分别装订成册，或汇总成"商品进销存汇总表"代替"库存商品明细账"，将另一联签章后退还各实物负责人装订成册，作为该实物负责人的库存商品明细账。

二、零售库存商品特殊业务的核算

零售企业为了商品流通正常进行，满足市场需求，要保持适当的商品存储。由于采用售价金额核算，因此平时应特别加强对库存商品的监督和管理，以保护企业财产的安全和完整。

（一）零售库存商品盘点溢缺的核算

零售企业对库存商品采取售价金额核算时，库存商品明细分类账一般按营业柜组或门市部设置，平时只反映和掌握各营业柜组或门市部商品进、销、存的售价金额，而不反映和掌握各种商品的结存数量。因此，只有通过商品盘点，逐项计算出各种商品的售价金额及售价总金额，再与当天"库存商品"账户余额进行核对，才能了解和控制各种商品的实存数量，确保账实相符。

库存商品发生账实不符的原因很多，有的是购进商品时验收制度执行不严，收错商品；有的是销售商品时疏忽大意，发错商品或收错货款；有的是在商品储存过程中，发生自然升溢或损耗，以及在商品进、销、存各个环节中，因管理制度不严密而发生的贪污盗窃等，这些因素都会引起商品盘点短缺或溢余。因此，在发生账实不符时，财会部门应会同有关部门及领导，分析研究造成不符的原因，查明问题的症结所在，以明确经济责任，堵塞漏洞，提高企业经营管理水平。

商品盘点发生账实不符时，营业柜组或门市部应填制"商品盘点短缺溢余报告单"一式数联，报送领导审批后其中一联由自己留存，一联送交财会部门作为记账的依据。

商品盘点短缺或溢余是以商品的售价金额来反映的，在"商品盘点短缺溢余报告单"中，还需要将其调整为进价金额。财会部门在商品短缺或溢余原因尚未查明前，应将短缺或溢余商品的进价金额先转入"待处理财产损溢"账户，以确保账实相符，等原因查明后，再根据具体情况转入各有关账户。对于商品短缺，如属自然损耗，应转入"销售费用"账户；如属责任事故，则应根据领导的批复，若由企业负担，转入"管理费用"账户；若由当事人负责赔偿，则转入"其他应收款"账户。对于商品溢余，如属供货单位多发商品，应作为商品购进补付货款；如属自然升溢，则应冲减"销售费用"账户。

【例 3-23】某零售企业百货组月末库存商品账面余额为 49 670 元，盘点的库存商品金额为 49 720 元，商品溢余 50 元，原因待查。上月百货组差价率为 14%。

根据有关凭证，该企业应编制如下会计分录：

借：库存商品——百货组	50	
贷：商品进销差价——百货组		7
待处理财产损溢——待处理流动资产损溢		43

经领导批示，同意做销售费用处理：

借：待处理财产损溢——待处理流动资产损溢	43	
贷：销售费用——商品损耗		43

【例 3-24】西湖商场食品组月末库存商品账面余额为 8 570 元，盘点的库存商品金额为 8 390 元，短少 180 元，原因待查。上月食品组商品差价率为 17%。

根据有关凭证，该商场应编制如下会计分录：

借：待处理财产损溢——待处理流动资产损溢　　149.40
　　商品进销差价——食品组　　30.60
　　贷：库存商品——食品组　　180

该短缺商品中有29.40元为定额内损耗，其余为营业员工作失职造成，故商场决定向其索赔，这部分商品应负担的进项税额为20.40元。根据有关凭证编制如下会计分录：

借：销售费用——商品损耗　　29.40
　　其他应收款——××　　140.40
　　贷：待处理财产损溢——待处理流动资产损溢　　149.40
　　　　应交税费——应交增值税（进项税额转出）　　20.40

（二）零售商品调价的核算

商品调价是指商品流通企业根据市场行情或国家政策，对某些正常商品的价格进行适当地调高或调低。

由于售价金额核算的企业平时不核算商品的数量，因此，在规定调价日期的前一天营业结束后，应由核价人员、财会人员会同营业柜组对调价商品进行盘点，按照实际库存数量由营业柜组填制“商品调价差额调整单”一式数联，其中一联送交财会部门。财会部门复核无误后，将调价差额全部体现在商品经营损益内。发生调高售价金额时，借记“库存商品”账户，贷记“商品进销差价”账户；发生调低售价金额时，则借记“商品进销差价”账户，贷记“库存商品”账户。

【例3－25】某商场家电组对经营的彩电进行调价，每台原含税售价5 850元，新含税售价5 750元，经盘点共有40台。会计部门根据“商品调价差额调整单”，编制如下会计分录：

借：商品进销差价——家电组　　4 000
　　贷：库存商品——家电组　　4 000

如果该商品调高含税售价，新含税售价为5 950元，则编制如下会计分录：

借：库存商品——家电组　　4 000
　　贷：商品进销差价——家电组　　4 000

（三）零售商品削价处理的核算

商品削价是对库存中呆滞、冷背、残损、变质的商品作一次性降价出售的措施。零售企业由于采购、市场等问题造成商品呆滞积压，或运输不慎、保管不妥等因素，而发生商品残损变质等情况，影响商品内在与外观的质量时，为了减少商品损失，应根据商品呆滞积压情况或残损变质的程度，报经批准后进行削价处理。

残损变质商品削价时，一般由有关营业柜组盘点数量后，填制“商品削价报告单”一式数联，报经有关领导批准后，其中一联自己留存，另一联交财务据以做账。

商品削价后，可变现净值（可变现净值由不含税新售价减去预计销售费用后求得）高于成本时，根据削价减值金额借记“商品进销差价”账户；贷记“库存商品”账户，以调整其账面价值。商品削价后，可变现净值低于成本时，除了根据削价减值金额借记“商品进销差价”账户；贷记“库存商品”账户，以调整其账面价值外，还应计提存货跌价准备。

【例3-26】静安商厦服装柜发现10件女时装的式样已陈旧，其原零售单价为135元，经批准削价为105.30元，该女时装每件进价为100元。估计销售费用为2元，增值税税率为17%，计算其可变现净值如下：

女时装削价后不含增值税售价 = 105.30 × 10 ÷ 1.17 = 900（元）

女时装可变现净值 = 900 - (2 × 10) = 880（元）

女时装可变现净值低于成本的差额 = 100 × 10 - 880 = 120（元）

根据削价减少的售价金额调整其账面价值，做分录如下：

借：商品进销差价——服装柜 297

贷：库存商品——服装柜 297

同时，根据可变现净值低于存货成本的差额计提存货跌价准备，做分录如下：

借：资产减值损失——计提的存货跌价准备 120

贷：存货跌价准备 120

销售削价的10件女时装，收入现金1 053元，做分录如下：

借：现金 1 053

贷：主营业务收入——服装柜 1 053

同时，结转其销售成本，做分录如下：

借：主营业务成本——服装柜 1 053

贷：库存商品——服装柜 1 053

由于削价的10件女时装全部销售掉了，所以全部转回存货跌价准备，做分录如下：

借：存货跌价准备 120

贷：资产减值损失——计提的存货跌价准备 120

（四）零售商品内部调拨的核算

库存商品内部调拨是指在一个独立核算企业内，各实物负责人间商品的转移。这种企业内部的商品转移并不引起企业商品资金总额的变化，但为明确各实物负责人经济责任的变动，对库存商品内部调拨应进行相应的账务处理，发生商品内部调拨时，由调出或调入单位填制"商品内部调拨单"一式数联（见表3-7）。调入单位验收商品并签章后，调入和调出单位各留下一联，分别编制"商品进销存日报表"，并附上"商品内部调拨单"送交会计部门。会计部门核对双方调拨凭证相符后，编制借记调入商品实物负责人，贷记调出商品实物负责人库存商品的会计分录，如果"商品进销差价"科目也按实物负责人分户，则应将调拨商品的进销差价同时转账。

表3-7　　商品内部调拨单

2013年5月10日

调出部门	城南店百货组					调入部门	市中分销店百货组	
编号	品名	单位	数量	进价（元）	金额（元）	零售价（元）	金额（元）	差额（元）
	洗洁精	瓶	20	6.50	130	9	180	50
合计			20	6.50	130	9	180	50

调入部门负责人：　　　　调出部门负责人：　　　　复核：

【例 3－27】华泰商场城南店百货组 2013 年 5 月 10 日将一批洗洁精调拨给市中分销店百货组，该批洗洁精含税售价为 180 元，进价为 130 元，双方已办妥调拨手续。会计部门根据转来的“商品内部调拨单”（见表 3－7），编制如下会计分录：

借：库存商品——市中分销店百货组 180

贷：库存商品——城南店百货组 180

如果“商品进销差价”科目也按实物负责人分户，会计部门还应编制如下会计分录：

借：商品进销差价——城南店百货组 50

贷：商品进销差价——市中分销店百货组 50

三、零售鲜活商品的核算

（一）鲜活商品的特点

零售企业除经营工业品（俗称干货）外，也经营蔬菜、瓜果、鱼、海产品、肉、禽、蛋等鲜活商品。这些鲜活商品的特点是品质鲜嫩、季节性强、上市时间集中、容易腐烂变质、不易保管、损耗较大。企业购进这些商品之后，有的还要经过清洗、加工和分级，按质论价销售，并且商品的销售价格要随商品的新鲜程度进行调整，价格变动比较频繁。鲜活商品一般采用进价金额核算法。

（二）鲜活商品的核算

进价金额核算法是对库存商品的总分类核算和明细分类核算都按进价金额记账，但不实行数量核算的一种方法。其基本内容是：

（1）商品购进后，按原买价扣除 13% 进项税额后的金额（从农业生产者处购入免税农副产品可按 13% 扣除进项税）记入“库存商品”科目，同时按实物负责人分户设置明细分类账，该账只记金额，不记数量，不设“商品进销差价”科目。

（2）商品销售后，按销货收入贷记“主营业务收入”科目，平时不结转销售成本，售出的商品也不从“库存商品”科目内随意转出，而是分批或定期结转。

（3）商品价格变动、等级变化、削价和一般损耗，会计部门不做账务处理。但发生事故损失时，应查明原因，按财产损失规定处理。

（4）月末进行价税分解及计算销售成本，通过实地盘点，用最后一次进价计算库存商品总金额，倒挤销售成本，并结转销售成本。

（5）库存商品的明细核算一般有两种做法：一是按实物负责人分户设立库存商品明细账；二是会计部门不设置库存商品明细账，直接用“商品进销存日报表”代替库存商品明细账，控制实物负责人所负责的库存商品进价金额。

【例 3－28】天桥副食品商场（一般纳税人）上月末海产品“库存商品”科目进价余额为 4 000 元。海产品属农副产品可按其买价和 13% 的扣除率计算进项税额。11 月份发生下列经济业务：

11 月 12 日从某专业户处购进海产品，买价为 10 000 元，货款用银行存款支付，海产品已由小组验收并将“发货票”、“验收单”和“支票存根”随“商品进销存日报表”送来。经会计部门审核无误后，编制如下会计分录：

借：库存商品——海产品组 8 700

　　应交税费——应交增值税（进项税额）　　1 300

　　贷：银行存款　　100 000

假设本月份按买价计算累计购入 300 000 元海产品。则：

进项税额 = 买价 × 13% = 300 000 × 13% = 39 000（元）

购进成本 = 买价 - 进项税额 = 300 000 - 39 000 = 261 000（元）

11 月 15 日零售收入共 18 000 元，货款已存入银行，银行回单及“商品进销存日报表”已送来，经会计部门审核无误后，编制如下会计分录：

借：银行存款　　18 000

　　贷：主营业务收入　　18 000

假设本月零售累计主营业务收入为 468 000 元，进行价税分解：

不含税销售额 = 含税销售额 ÷（1 + 增值税率）= 468 000 ÷（1 + 17%）= 400 000（元）

销项税额 = 不含税销售额 × 增值税率 = 400 000 × 17% = 68 000（元）

借：主营业务收入　　68 000

　　贷：应交税费——应交增值税（销项税额）　　68 000

月末对海产品进行盘点库存共 500 千克，按最后一次进价 50 元/千克计算库存海产品成本为 25 000 元。则，首先计算期末库存商品金额：

期末库存商品金额 = 期末盘点商品的数量 × 最后一次进货的价格 = 500 × 50 = 25 000（元）

再倒计本月销售成本计算如下：

已销商品进价成本 = 期初库存商品金额 + 本期购进商品金额 - 期末库存商品金额

= 4 000 + 261 000 - 25 000 = 240 000（元）

结转销售成本：

借：主营业务成本——海产品组　　240 000

　　贷：库存商品——海产品组　　240 000

为考核海产品组本月的经营情况，可根据本月主营业务收入 400 000 元和主营业务成本 240 000 元计算本期销售毛利和毛利率，其计算过程如下：

海产品组本月销售毛利 = 400 000 - 240 000 = 160 000（元）

海产品组本月销售毛利率 = 160 000 ÷ 400 000 × 100% = 40%

任务五 零售企业促销业务的核算

当前，零售企业面临着激烈的市场竞争，其促销手段也是花样百出，而且不断翻新。此处对零售企业常见促销业务的会计核算方法做一下介绍。

一、零售企业打折促销业务的核算

零售企业的打折促销，即商业折扣，就是企业在销售商品时给予消费者销售价格上的优惠。这种销售行为，以促销为目的，买得多，折扣多。由于是先打折，再销售，即折扣在前，销售在后，因此，在会计处理时应直接根据打折后的销售额确认收入。对于增值税的处理，税法规定如果销售额和折扣额在同一张发票上分别注明的，可按折扣后的余额作为销售额计算增值税；如果将折扣额另开发票，不论其财务上如何处理，均不得从销售额中减除折扣额。

【例 3-29】腾飞超市食品柜节日期间开展"折扣销售"方式出售"雪山牌脱脂低糖奶粉"，售（标）价 26 元/袋（300g），成本为 13.5 元/袋。规定促销期内凡在本柜消费者一次购买 5 袋的，按七折优惠价格销售，并将折扣部分与销售额开具在同一张发票上。月末结账前，经核算本月份消费者一次购买 5 袋的有 200 次，共出售了 1 000 袋，钱货当时两清（不考虑其他零售数额）。（已销商品差价月末按分柜组差价率计算法计算，增值税销项税额月末一次调整）。根据有关凭证编制如下会计分录：

借：银行存款	18 200	
贷：主营业务收入		18 200

同时，结转销售成本：

借：主营业务成本	26 000	
贷：库存商品		26 000

二、零售企业以旧换新业务的核算

有时零售企业会采用以旧换新的方式来促进销售。以旧换新属于"以货易货"行为，但如果收到的补价占换出资产公允价的25%以上，则不能按《非货币性交易准则》进行会计处理，而应按销售业务进行会计处理。根据《增值税暂行条例》第十六条规定，销售的自己使用过的物品免征增值税。采取以旧换新方式销售货物时，应按新货物的同期销售价格确定销售额，不得冲减旧货物的收购价格。销售货物与有偿收购旧货是两项不同的业务活动，销售额与收购额不能相互抵减。由于零售企业不是专门从事废旧物资回收的企业，因此收回的旧物资也不能进行进项税额抵扣。

（一）普通商品以旧换新业务的核算

【例 3-30】某百货大楼销售 A 牌电视机零售价 3 510 元/台（含增值税），若顾客交还同品牌旧电视机则作价 1 000 元，交差价 2 510 元就可换回全新电视机。当月采用此种方式销售 A 牌电视机 100 台，增值税税率 17%。（已销商品差价月末按分柜组差价率计算法计算，增值税销项税额月末一次调整）。则企业应根据有关凭证做会计分录如下：

借：银行存款	251 000	
材料物资——旧电视机	100 000	
贷：主营业务收入——A 牌电视机		300 000
应交税金——应交增值税（销项税额）		51 000

同时，结转销售成本：

借：主营业务成本	30 000	
贷：库存商品		30 000

如果零售企业是根据政府“以旧换新”政策而搞的活动，则以旧换新补贴款的直接受益者应是消费者。企业收到的政府补贴款只是收回了本来应该从消费者那里收回的货款，并未因此而增加销售收入。企业在销售后，应从政府那里收回的以旧换新补贴款只能作为往来款项核算。

【例 3-31】 同上例。但该百货大楼是根据政府的“以旧换新”政策，享受政府补贴。当月销售后，做会计分录如下：

借：银行存款	251 000	
应收账款——应收补贴款	100 000	
贷：主营业务收入——A 牌电视机		300 000
应交税金——应交增值税（销项税额）		51 000

（二）金银首饰以旧换新业务的核算

鉴于金银首饰以旧换新业务的特殊情况，财政部、国家税务总局《关于金银首饰等货物征收增值税问题的通知》明确规定，对金银首饰以旧换新业务，按销售方实际收取的不含增值税的全部价款计缴增值税。

【例 3-32】 某金银首饰零售商店为小规模纳税人，2013 年 10 月取得含税销售收入 60 000 元，以旧换新业务收入 30 000 元（含税），其中收回旧首饰折价 21 000 元，实收 9 000 元。应缴增值税计算公式如下：

应缴增值税 =（含税销售收入 + 以旧换新实际收取的含税销售收入）÷（1 + 征收率）× 征收率

则该小规模纳税人应缴增值税 =（60 000 + 9 000）+（1 + 4%）× 4% = 2 654（元）

主营业务收入计算如下：

（60 000 + 9 000）÷（1 + 4%）+ 21 000 = 87 346（元）

会计处理如下：

借：银行存款	69 000	
材料物资——旧金银首饰	21 000	
贷：主营业务收入——金银首饰		87 346
应交税金——应交增值税（销项税额）		2 654

三、零售企业买赠业务的核算

零售企业的“买赠”销售行为，是刺激消费人群的一种途径，实际上是对消费者的一种让利。在会计处理上，如果其赠品是供应商提供，零售企业只需要做备查登记，赠品发出不确认收入。但如果赠品是由零售企业自行提供，应在赠品发出时确认收入。会计核算时还应注意以下几个方面：首先，要解决赠送商品的入账问题，正常销售商品与赠送商品应单列区分开来，便于会计核算与计税；其次，对赠送的商品应视同销售，按其正常销售价格计提销项税额，缴纳增值税；最后，该让利行为是否加重企业的税收负担，在开展促销活动之前，一般应事先对购买量、成本和效益等多方面需要进行超前预测、事前预算，还应该考虑本企业是否适合这种方式，以避免违背成本效益原则。

（一）单独赠送业务的核算

如果零售企业把货物作为纪念品、宣传品、样品单独赠送给客户，带有一定促销和增进联系之功利目的。与捐赠的无功利性又有所区别。会计实务中货物无论是购入取得还是自制取得，领用时均按成本价和应交税费计入“销售费用”或“管理费用”。增值税法和所得税法则按视同销售处理。

【例 3-33】海天商厦（一般纳税人）在节日之际，为宣传自身形象，和某知名广告公司联合向全市 60 岁以上离退休军人和教师开展赠送奶制品活动。共赠送老年人特供奶制品 5 000 箱，每箱不含税市场价格为 60 元，实际成本 45 元。支付广告公司劳务费 2 000 元。

由于上述赠品是为宣传企业形象而发生的一种广告宣传支出，会计处理如下：

借：销售费用——广告业务宣传费	278 000	
贷：库存商品		225 000
应交税费——应交增值税（销项税额）		51 000（5 000×60×17%）
银行存款		2 000

（二）捆绑赠送业务的核算

这种赠送以销售为前提和条件，属有偿赠送，如买西服赠衬衣；买空调赠电磁炉等，这是商家除打折销售外最常用的销售方式。由于属有偿赠送，会计和税法对赠品也不做销售处理，会计上作为“销售费用——促销费”处理，所得税前据实扣除，增值税不加征，但要求卖品和赠品同开在一张发票上（即发票按同时销售卖品和赠品开）才行。开票时如果票面只体现销售卖品的数量、金额，而赠品在备注中标明的话，就要视同销售征税。

【例 3-34】银泰国际商厦系增值税一般纳税人企业，增值税税率为 17%。为抢抓商机，增加销量，2013 年 12 月开展两节前促销活动，该商店服装柜推出了“热能牌”鸭绒衣买一赠一的销售方式，规定凡在本商店服装柜购买“热能牌鸭绒衣”一件，赠送“热能牌鸭绒背心”一件。“热能牌鸭绒衣”，售价 440 元/件。“热能牌鸭绒背心”售价 80 元/件。月末结账前，经核算 12 月份共销售“热能牌鸭绒衣”900 件，票已开、款已收。已销商品差价月末按分柜组差价率计算法计算，增值税销项税额月末一次调整。（赠品上月差价率 37.5%）

正常销售商品的会计处理：

借：银行存款	396 000	
贷：主营业务收入		396 000

同时，结转销售成本，

借：主营业务成本	396 000	
贷：库存商品		396 000

赠送商品的会计处理：

借：销售费用	45 000	
商品进销差价	27 000（72 000×37.5%）	

贷：库存商品　　72 000（900×80）

还有一种赠品与卖品属同种商品的捆绑销售。这种赠送也是以销售为前提和条件，属有偿赠送，但实质上是销售折扣。如买五赠二可视为销售七件产品，虽然单价降低了，但销售收入中已经涵盖了赠品的销售收入。会计实务中按实收金额记收入和销项税金，按七件结转销售成本；税法上对赠品也不视同销售处理，但要求发票按销售七件产品开具（即以减少开票单价的形式把实物折扣体现在同一张发票上），并注明“两件为折扣赠送”。赠品未在发票上注明或另开红字发票的则不得冲减收入，即赠品要视同销售征增值税和所得税。

四、零售企业赠送购物券或优惠券业务的核算

零售企业采用赠送购物券或优惠券的方式可以刺激消费者大额购买商品，从而增加自己的销售额和盈利额。这种方式下的会计处理应在送出购物券或优惠券时，根据购物券或优惠券的相应金额确认“预计负债”，同时将其记入当期损益。在客户持赠送的购物券或优惠券购买商品时，再确认收入。值得注意的是赠送购物券或优惠券业务的发生、回收等比较繁琐，业务量大，企业应定期核对“预计负债”等账户金额。对于超过使用期限而作废的购物券或优惠券金额，应冲减销售费用。

【例3－35】2013年1月，天华商厦食品超市，进行凡消费者购买200元商品赠送购物券100元的活动。购物券在本超市内流通使用，有效期仅限本月。促销期内该超市共发出购物券1 500张，每张100元，期末实际只收回1 100张。已销商品差价月末按分柜组差价率计算法计算，增值税销项税额月末一次调整。

发出购物券时的会计处理：

借：销售费用　　150 000

　　贷：预计负债　　150 000（1 500×100）

收回购物券时的会计处理：

借：预计负债　　110 000

　　贷：主营业务收入　　110 000

借：主营业务成本　　110 000

　　贷：库存商品　　110 000

未收回“赠送购物券”的差额部分，应作的冲销会计处理：

借：预计负债　　40 000

　　贷：销售费用　　40 000

五、零售企业授予客户奖励积分业务的核算

零售企业在销售商品的同时授予客户奖励积分的，应当将销售取得的货款或应收货款在本次商品销售产生的收入与奖励积分的公允价值之间进行分配，与奖励积分相关的部分应首先作为递延收益。在客户兑换奖励积分时，再将原计入递延收益中的货款或应收货款与本期实际所兑换积分相关的那一部分确认为收入，确认为收入的金额应当以本期实际被兑换、用于换取奖励的积分数额占预期将被兑换、用于换取奖励的积分总数的比例为基础计算确定。

【例 3－36】2010 年 1 月 1 日，西百超市董事会批准了管理层提出的客户忠诚度计划。该客户忠诚度计划规定：持积分卡的客户在西百超市消费一定金额时，西百超市向其授予奖励积分，客户可以使用奖励积分（每一奖励积分的公允价值为 0.02 元）购买西百超市经营的任何一种商品；奖励积分自授予之日起 3 年内有效，过期作废。已销商品差价月末按分柜组差价率计算法计算，增值税销项税额月末一次调整。

2010 年度，西百超市销售各类商品共计 50 000 万元（不包括客户使用奖励积分购买的商品，下同），授予客户奖励积分共计 50 000 万分，客户使用奖励积分共计 20 000 万分。2010 年年末，西百超市估计 2010 年度授予的奖励积分将有 80% 会被客户使用。

2010 年授予奖励积分的公允价值＝50 000×0.02＝1 000（万元），收到货款中的这一部分应首先作为递延收益；销售商品应当确认的收入＝50 000－1 000＝49 000（万元）。递延收益部分 2010 年确认的收入（因奖励积分使用而确认的收入）＝20 000÷（50 000×80%）×1 000＝500（万元）（其中 50 000×80% 是 2010 年度授予的积分中预期将被兑换、用于换取奖励的积分总数，20 000÷（50 000×80%）就是 2010 年度实际被兑换、用于换取奖励的积分数额占 2010 年度授予的积分中预期将被兑换、用于换取奖励的积分总数的比例）。因此 2010 年确认的收入（包括因销售商品和奖励积分使用而确认的收入）＝49 000＋500＝49 500（万元）。西百超市 2010 年应做如下会计分录：

借：银行存款	50 000	
贷：主营业务收入		49 000
递延收益		1 000
借：递延收益	500	
贷：主营业务收入		500

2011 年客户使用 2010 年度授予的奖励积分 8 000 万分；2011 年年末，西百超市估计 2010 年度授予的奖励积分将有 70% 使用。

递延收益部分 2011 年累计确认的收入（因奖励积分部分累计确认的收入）＝28 000÷（50 000×70%）×1 000＝800（万元），2011 年客户使用奖励积分应确认的收入＝800－500＝300（万元）。

借：递延收益	300	
贷：主营业务收入		300

2012 年客户使用奖励积分 6 000 万分，至 2012 年 12 月 31 日，2010 年度授予的奖励积分剩余部分失效。

2012 年应将剩余递延收益全部确认为收入，即 2012 年客户使用奖励积分应确认的收入＝1 000－800＝200（万元）。

借：递延收益	200	
贷：主营业务收入		200

六、零售企业发售购物卡业务的核算

商业零售企业向客户发售购物卡，相当于预收款销售，在发售购物卡时商品并未发出，商品的风险和报酬未转移给客户，因此会计上不应当确认收入，待持卡人持卡消费时商品的风险和报酬随之转移，商业零售企业确认收入实现。

【例 3-37】 西百超市 2011 年 1 月 2 日向河东电厂发售购物卡 1 500 张，每张存入金额 1 000 元，金额总计 1 500 000 元。2011 年 1 月 31 日购物卡消费金额 900 000 元。已销商品差价月末按分柜组差价率计算法计算，增值税销项税额月末一次调整。

发售购物卡时：

借：银行存款　　1 500 000

　　贷：预收账款　　1 500 000

月末确认收入时：

借：预收账款　　900 000

　　贷：主营业务收入　　900 000

同时结转成本：

借：主营业务成本　　900 000

　　贷：库存商品　　900 000

项目小结

- 零售企业商品流通业务核算的方法主要有售价金额核算、进价金额核算和数量售价金额核算。一般零售商品都采用售价金额核算法。
- 零售企业购进商品的核算分为货到业务、货未到业务、货到单未到业务，并分别核算。零售企业购进商品特殊业务的核算包括：①购进商品发生溢余或短缺的核算；②进货退出的核算；③购入商品退补价的核算等。
- 零售商品的销售处理一般业务之外，还包括特殊业务的核算。如零售商品销售长短款的核算、零售商品受托代销业务的核算、商品零售企业收到供货方返利、返点的会计处理及商品零售企业向供货商收取促销费、进场费、上架费、店庆费、展示费及管理费等的处理等。
- 零售企业在期末需要对商品销售收入及商品销售成本进行调整。计算已销商品进销差价的方法有：①综合差价率推算法；②分柜组差价率推算法；③盘点商品实际进销差价计算法。
- 零售企业可以设置“库存商品和商品进销差价联合明细分类账”，应特别加强对库存商品的监督和管理。零售企业库存商品特殊业务的核算包括：①零售库存商品盘点溢缺的核算；②零售商品调价的核算；③零售商品削价处理的核算；④零售商品内部调拨的核算。
- 零售鲜活商品一般采用进价金额核算法，即对库存商品的总分类核算和明细分类核算都按进价金额记账，但不实行数量核算，月末通过实地盘点，用最后一次进价计算库存商品总金额，倒挤销售成本，并结转销售成本。

零售企业常见促销业务有：打折、以旧换新、买赠、赠送购物券或优惠券、积分奖励、发售购物卡等等。本项目对这些常见促销业务的核算方法做了介绍。

优秀销售人员最宝贵的特质体现

一、目标明确，善于分解目标

没有压力的销售，是做不好销售，销售目标和销售任务，就是销售的动力和销售的压力，作为销售人员，要具有强烈的销售目标达成意愿和向往，对数据和目标具有十分强烈的追求和渴望，有每一天的目标，每一个季度的目标，有每一小时拜访客户数量的目标，有严格的目标分解计划并能够实行，按质按量完成自己的销售计划和销售目标，并形成良好的工作习惯。

二、熟悉产品，熟悉行业，熟悉客户心理

好的销售人员，基本上绕不开的是熟悉产品，这一点对于新员工或者是进入新行业的员工来说，是十分重要的环节，很多销售人员认为，只要能说会道，就可以做好销售，这个观点不正确。对产品的熟悉，就像是在谈恋爱一样，了解她的特点，了解她的优点，对产品产生感情并认真去了解它的所有信息，比如，它的颜色分类，它的产区，它的特点，它的价格，它的卖点，只有掌握基础的商品知识，才能做好推销的基本功，不了解商品夸大其词的吹嘘比不上一句真实的描述，如果一个员工，能够把自己企业产品的知识背熟记熟，灵活介绍，他在未来会拥有一个美好的前途。

三、善于组织产品方案和文字排版编辑

在现代商业社会中，销售人员，不仅仅是一张嘴巴，更多的是做方案的能力和组织文字的能力。销售人员每天面对不同的销售对象，客户的要求千差万别，销售人员在与客户进行前期沟通之后，要根据顾客的要求组织文字，为顾客提供产品的准备信息和卖点，买方市场，决定了每一单销售都是一次重要的投标行为，因此，销售人员要善于根据顾客的要求，组织完善的文字和图片，为顾客提供准确的信息，在做方案的时候，要做到：文字排版美观，字体编排符合媒体受众心理，结构清晰简介，文字来自准确描述，图片清晰亮丽，尊重产品，做好产品包装，也就是尊重顾客，这是达成成交的一个重要因素。

四、重视售后跟踪和售后服务

东西卖出去之后，如果你愿意花十五分钟来询问一下顾客有没有收到货，收到的货是否包装整齐，感觉货品有没有问题，如果产品有问题，积极为顾客做好调换等，这十五分钟的投入，或许比你打电话给新客户几个小时，跑几个星期市场还有效，维护老客户，通常只要十几分钟，但是开发新的客户，可能需要花十倍的精力。

五、了解顾客心理，善解人意

很多销售人员，为了销售商品而销售商品，为了把商品卖出去，不惜死缠顾客，不给顾客任何的下台阶和思考的空间，从头到尾就是一次风暴，把顾客困在没有办法解脱和拒绝购买你的商品的围城里面，这种销售方式，现在很多销售企业和销售人员都在使用。但真正好的商品，要销售出去，应该是分售前售中售后三部分，特别是奢侈品，比如销售红酒，更应该分阶段的为顾客提供产品信息、资料、样品，在符合顾客生活习惯、工作习惯的前提下，愉快达成成交，逼迫式强迫顾客接受电话，延长电话时间，柔性对顾客施加压力，故弄玄虚缺乏诚意向顾客卖弄缺货断货的威胁，都容易让顾客产生逆反心理和觉得这个企业的产品不够档次、不入流。

六、善于记录顾客的细微需求并想办法满足和为顾客分忧解难

一般很多下大单的顾客，都是企业领导或负责人，他们都是具有丰富的商场历练和做事准则，大部分人都是有自己做企业的理念和修为，因此他们一般都不会提出苛刻或者是非分的要求。如果他们提出一些单独的要求，应该是出于经营的要求，作为销售人员，应该主动配合，向上级申请，满足顾客的细微需求，提高顾客的满意度和忠诚度，这些细微的解决方案能够带来后期更多的订单和回单。销售人员不仅仅是把自己企业的产品卖给顾客，也应该把自己的服务卖给顾客。

七、善于网络推广

在网络时代里面，没有几个商品是不经过网络推广和流通出去的，优秀的销售人员，应该善于学习一些网络推广知识，学会一些网络优化方式和关键字组织方式，密集的网络推广和提高关注度，是带来咨询的一个重要方式，便可能带来网络订单。

八、勤奋和执着

没有睡着觉就能做好销售的人，销售人员投入精力越多，收获也越多，在销售领域里面，天道酬勤是永远的定律。

练习与实训

一、单项选择题

1. 某零售百货商店，其库存商品的核算一般运用（　　）。

A. 进价记账、盘存计销　　B. 数量售价金额核算法

C. 数量进价金额核算法　　D. 售价金额核算法

2. 采用售价金额核算的商业企业，其库存商品明细账的设置要求是（　　）。

A. 按商品类别　　B. 按进货批发

C. 按实物负责人　　D. 按商品名称及规格

3. 批发商与零售商在商品购进时设置科目不同的是（　　）。

A. 库存商品　　B. 物资采购

C. 应交税费　　D. 商品进销差价

4. 为了正确反映零售企业库存商品资金实际占用额，必须设置“（　　）”账户。

A. 库存商品　　B. 在途物资

C. 商品进销差价　　D. 材料成本差异

5. 零售商品的流转是商品流转的（　　）。

A. 中间环节　　B. 最终环节

C. 原始环节　　D. 经济环节

6. 零售企业购进退补业务，在会计核算上应调整的账户是“（　　）”。

A. 库存商品　　B. 商品进销差价

C. 主营业务收入　　D. 本年利润

7. 零售企业发生进货退补价核算时（假设原售价不变），无须调整“（　　）”账户。

A. 库存商品　　B. 银行存款

C. 商品进销差价　　D. 应交税费

8. 大连华丰商场有限公司（一般纳税人）向海南省某专业户收购一批芒果价款 30 万元，则计入的采购成本为（　　）。

A. 30 万元　　B. 26.1 万元

C. 27 万元　　D. 35.1 万元

9. 购进商品发生溢余，先按实收数入库，将溢余数按（　　）转入“待处理财产损溢”账户。

A. 含税进价　　B. 不含税进价

C. 含税售价　　D. 不含税售价

10. 以下哪种已销商品进销差价的计算方法最为准确（　　）。

A. 个别差价计算法　　B. 综合差价率计算法

C. 分类差价率计算法　　D. 盘存商品差价计算法

11. 以下哪种已销商品进销差价的计算方法适用于经营商品品种较少的企业（　　）。

A. 个别差价计算法　　B. 综合差价率计算法

C. 分类差价率计算法　　D. 盘存商品差价计算法

12. 售价金额核算法中售价记账是指对“（　　）”账户零售价进行记账。

A. 在途物资　　B. 主营业务成本

C. 待处理财产损溢　　D. 库存商品

13. 针对鲜活商品的特点，经营鲜活商品的企业采用的会计核算方法一般为（　　）。

A. 金额核算法　　B. 数量售价金额核算法

C. 售价金额核算法　　D. 进价金额核算法

14. 莲花商厦 11 月份搞“买赠”活动，顾客买一大桶洗衣液（售价 50 元），赠一小桶洗衣液（售价10元）。月末结算当月售出大桶洗衣液5 000件，赠小桶洗衣液5 000件，则应确认营业收入的金额是（　　）。

A. 300 000　　B. 250 000

C. 50 000　　D. 213 675

15. 某电器公司年末促销，规定凡购买3 000元的家用电器即可获赠不含税单价200元的电饭锅一台，该电饭锅的成本为160元。（开票时，票面只体现大件家用电器的数量、金额、赠送的电饭锅在备注中标明），则对赠送的电饭锅账务处理正确的是（　　）。

A. 以金额200元做销售费用　　B. 以金额160元做销售费用

C. 以金额194元做销售费用　　D. 做销售收入处理

16. 零售企业发售购物卡收到的现金应计入（　　）账户。

A. 主营业务收入　　B. 其他业务收入

C. 预计负债　　D. 应收账款

二、多项选择题

1. 以下哪些为零售商品的经营特点（　　）。

A. 交易次数频繁　　B. 一般为现金交易

C. 经营种类有限　　D. 数量进价金额核算法

2. 零售商品核算的内容包括（　　）。

A. 库存商品按含税售价记账

B. 设置“商品进销差价”账户

C. 建立实物负责制

D. 加强商品的实地盘点制度

3. “商品进销差价”账户的金额包括（　　）。

A. 不含税售价与不含税进价的差额

B. 向购买者收取的销项增值税额

C. 收取的进项增值税额

D. 含税售价与含税进价的差额

4. “商品进销差价”账户的借方登记（　　）。

A. 购进商品的售价大于进价的差额

B. 购进商品的售价小于进价的差额

C. 核销已销商品应分摊的进销差价

D. 使商品售价大于进价的差额减少的数额

5. 零售企业发生进货退补价核算时（假设原售价不变），应该调整以下哪些科目（　　）。

A. 库存商品　　B. 在途物资

C. 商品进销差价　　D. 应交税费

6. 已销商品进销差价的计算方法有（　　）。

A. 个别差价计算法　　B. 综合差价率计算法

C. 分类差价率计算法　　D. 盘存商品差价计算法

7. 零售商品储存的核算包括（　　）。

A. 商品的调价　　B. 商品的溢缺
C. 商品的盘点　　D. 商品的内部调拨

8. 商品调价核算时，需调整“(　　)”账户。
A. 库存商品　　B. 在途物资
C. 商品进销差价　　D. 应交税费

9. “商品进销差价”的作用有（　　）。
A. 调整本年利润　　B. 调整主营业务成本
C. 计算商品销售毛利　　D. 备抵库存商品

10. 属于鲜活商品特点的有（　　）。
A. 易损耗变质　　B. 售价变动频繁
C. 季节性强　　D. 数量零星

11. 零售企业常见的促销方式有（　　）。
A. 打折　　B. 买赠
C. 赠送购物券或优惠券　　D. 积分奖励

12. 下列说法正确的有：(　　)。
A. 零售企业收到的供应商与商品销售量、销售额挂钩的返利收入，均应按有关规定冲减当期增值税进项税金。
B. 当年收到的返点返利冲减“主营业务成本”；如果是次年收到的，应通过“以前年度损益调整”核算；如果商品尚未售出就收到返利，则应冲减库存商品成本。
C. 零售商向供货商收取商场促销费、进场费属于平销返利。
D. 零售商向供货商收取商场促销费、进场费不应冲减当期增值税进项税金，应按营业税的适用税目、税率征收营业税。

13. 下列说法正确的有：(　　)。
A. 零售企业在送出购物券或优惠券时，根据购物券或优惠券的相应金额确认“预计负债”，同时将其记入当期损益。
B. 对于超过使用期限而作废的购物券或优惠券金额，全部确认为收入。
C. 授予客户奖励积分的，应当将销售取得的货款或应收货款在本次商品销售产生的收入与奖励积分的公允价值之间进行分配。
D. 与奖励积分相关的部分应首先作为递延收益。

三、会计分录题

（一）采购业务练习

鹏宇零售超市2013年10月发生下列经济业务（增值税率为17%，不考虑运费的进项税额，且全部计入销售费用）：

（1）2日，采购部门转来北京某百货公司的专用发票，开列电磁炉2 000台，每台500元，共计货款100万元，增值税额17万元，经审核无误，当即签发转账支票付讫。

（2）3日，2日购进的电磁炉2 000台已经验收入库，该电磁炉零售价为600元/台。

（3）6日，银行转来山东某批发企业的托收凭证，附来专用发票，开列九阳豆浆机1 000台，每台单价400元，计货款40万元，增值税额6.8万元，运费0.2万元，经审核无误，当即承付。

(4) 7日，收到山东某批发企业发来的九阳豆浆机1 000台，商品已全部验收完毕，该九阳豆浆机每台售价500元。

(5) 7日，银行转来晋江某服装批发公司的托收凭证，附来专用发票，开列运动服2 000套，每套100元，计货款20万元，增值税额3.4万元，运费0.1万元，经审核无误，当即承付。

(6) 8日，晋江某服装批发公司发来运动服，该商品验收后，实收1 950套，并填制购进短缺报告单，原因待查。其中该运动服每套售价150元。

(7) 9日，经查明，8日到货的短缺运动服50套中，有20套是供货方少发，经联系，已经补发到库；另外30套是提货人员失职造成的，经领导审批，决定30%由提货人员赔偿，其余70%作为企业损失。

(8) 13日，银行转来南宁某制糖厂托收凭证，附来专用发票，开列白砂糖2万千克，每千克5元，计货款10万元，增值税额1.7万元，运费0.3万元。经查实，与合同无误，当即承付。

(9) 16日，收到南宁制糖厂发来的白砂糖，验收时，实收1.98万千克，短缺0.02万千克，填制商品购进短缺报告单，原因待查。其中白砂糖售价每千克8元。

(10) 17日，经查明，16日到货的短缺白砂糖0.02万千克中，有0.01万千克是自然损耗，其余0.01万千克是对方少发，联系后，对方决定不再补发商品，已开来红字专用发票作退货处理，并收到退货款。

(11) 21日，业务部门转来福龙百货公司专用发票，购进高露洁药物牙膏（140克规格）的5 000支，每支进价7元，售价10元，经与合同核实，无误，当即签发转账支票付讫。

(12) 25日，收到福龙百货公司发来的高露洁药物牙膏5 000支，已全部验收入库。

(13) 27日，收到福龙百货公司发来的专用发票，更正本月21日所购高露洁药物牙膏（140克规格）的单价，每支应为8元，应补付货款及税款0.585万元，核实后已转账支付。

（二）销售业务练习

阳光百货零售商场2013年10月发生下列经济业务（增值税率为17%）：

(1) 2日，家电柜销售情况如下：冰箱组销售金额为5.85万元，其中现金收入1.85万元，信用卡签单4万元；彩电组销售金额为9.36万元，其中现金收入4.36万元，信用卡签单5万元；小电器组销售金额为2.34万元，其中现金收入为2.34万元。

(2) 8日，各营业柜的商品销售情况如下：百货柜销售收入5.85万元，其中现金收入3万元，信用卡签单2万元，应收账款0.85万元；家电柜销售收入3.51万元，其中现金收入0.51万元，信用卡签单3万元；食品柜销售收入4.68万元，其中现金收入1.68万元，信用卡签单3万元。

(3) 14日，百货柜中日用品组的销售额为3.51万元，实收销货款3.5万元，短款100元，原因待查；化妆品组的销售额为2.34万元，实收销货款2.34万元。

(4) 15日，经查明，日用品组短款100元，是收款人李某的责任，经研究决定，李某赔偿50%，剩余50%核销销售费用。

(5) 31日，该商场有关账户余额如下：

库存商品余额：35.1万元　　受托代销商品账户余额：5.85万元
其中：百货柜11.7万元　　其中：百货柜2.34万元
家电柜17.55万元　　家电柜3.51万元
食品柜5.85万元
主营业务收入余额：585万元　　主营业务成本余额：585万元
其中：百货柜175.5万元　　其中：百货柜175.5万元
家电柜351万元　　家电柜351万元
食品柜58.5万元　　食品柜58.5万元
商品进销差价账户余额125.2万元
其中：百货柜37.4万元
家电柜73.7万元
食品柜14.1万元

经过盘点得知，实际结存商品的购进金额百货柜为12万元，服装柜为6万元，食品柜为5万元。各柜台的增值税税率均为17%。分别用综合差价率、分批组差价率、盘存商品差价计算法调整商品销售成本及本月商品销售收入（保留两位小数）。

（三）鲜活商品的核算

龙厦集团某零售超市2013年月10月发生下列经济业务（增值税率为17%）：

（1）8日，向森宝肉类加工公司购入猪肉2万千克，单价20元；牛肉0.6万千克，单价50元；羊肉0.5万千克，单价60元。总计货款100万元，增值税额17万元，当即签发转账支票付讫，由食品柜验收完毕。

（2）10日，向青岛某水产专业户收购自产免税草鱼1万千克，每千克10元，计货款10万元，以现金支付，由海鲜柜验收完毕。

（3）12日，向新疆某水果专业户收购自产免税哈密瓜2万千克，每千克15元，计货款30万元，以现金支付，由蔬果柜验收完毕。

（4）15日，收到各柜缴来的销货现金及商品销售收入缴款单。其中，肉类11.7万元，水产类5.85万元，水果类5.85万元，并将其现金全部解存银行，取得解款单回单。

（5）31日，汇总各柜交来的银行交款回单，累计各柜汇总结算收入：食品柜351万元，海鲜柜117万元，蔬果柜175.5万元。

（6）31日，对各柜1~31日的累计总结算收入进行价税分离。

（7）31日，食品柜对各类商品进行盘点，期初肉类25万元，本期进货总额250万元，期末盘点余额20万元；期初水产类3万元，本期进货总额62万元，期末盘点余额5万元；期初蔬果类2万元，本期进货总额121万元，期末盘点余额3万元，结转本期销售成本。

（四）综合训练

青岛紫金百货有限公司是一家零售企业，是一般纳税人（增值税率17%，不考虑运费的进项税额，且全部计入销售费用），2013年12月发生如下业务：

（1）1日，向本市湖滨商贸批发公司购进男式西装1万件，货款300万元，增值税51万元，价税用银行存款支付，该批西装零售价总计451万元，收到增值税专用发票，商品已验收入库。

（2）2日，向浙江义乌小商品城某公司购入小家电一批，进价200万元，进项税额34万元，该批小家电零售价总计340万元，另运费3万元，公司用银行存款支付货款及运费，发票已收到但该批家电尚未到达本公司。

（3）5日，向西安加加批发商购入影碟机一批，进价150万元，进项税额25.5万元，该批影碟机零售总价320万元，另运费2万元，公司用银行存款支付货款及运费，收到增值税专用发票，商品已验收入库。

（4）11日，向本市某专业户购入一批鲜活海产品，含税价65万元（是免税农产品准予抵扣税率13%），商品已入库，款项用银行存款支付。

（5）8日，从浙江义乌小商品城某公司购入的小家电，已运到本公司并验收入库，发现多500件，价值10万元。

（6）15日，用银行存款归还上月南昌洪都批发公司货款80万元，沈阳华侨批发公司货款120万元。

（7）17日，预收重庆嘉林批发公司货款220万元。

（8）22日，按零售价（但给予10%商业折扣）售给重庆嘉林批发公司男式西装和影碟机各一批，该批男式西装原售价117万元、影碟机原售价93.6万元，同时结清货款并退回余款（都是含税价）。

（9）25日，公司同意购入浙江义乌小商品城某公司公司多发500件小家电，收到增值税专用发票，用银行存款补付价税款11.7万元。

（10）25日，收到代售本市湖滨商贸批发公司商品的手续费5万元现金，存入银行。

（11）31日，1~30日，依公司商场各柜台零售销货款统计：男式西装234万元、影碟机93.6万元、小家电351万元，鲜活海产品117万元，收取现金并存人银行（都是含税价）。

（12）31日，鲜活海产品盘点，按进价计算，结存成本5万元。

（13）31日，按售价结转库存商品成本（1~30日柜台和外省销售、除鲜活海产品外的商品）。

（14）31日，结转应分摊的已销商品的进销差价，该公司的商品综合差价率为15%（提示：用综合差价率按主营业务收入分摊）。

（15）31日，调整1~30日柜台和外省零售的商品销售收入及销项税款并进行分解（增值税率17%）。

（16）31日，公司库存商品成本2 500万元，当日市场价2 480万元，按成本与可变现金孰低法计提商品减值准备金。

（17）31日，计提本月工资15万元，其中：商品经营人员10万元、行政管理人员5万元。

（18）31日，按14%计提职工福利费。

（19）31日，计提本月利息2万元。

（20）31日，按本月实际应交增值税额的7%计提城建税、3%计提教育费附加。

（21）31日，结转本月收入到本年利润。

（22）31日，结转本月成本、税费到本年利润。

（23）31日，计算出本月利润总额并按25%计提企业所得税，同时结转所得税到本年利润。

（24）31日，结转本年利润的余额。

4 项目四 连锁企业商品流通业务的核算

项目概要

介绍连锁企业的概念、特点和经营方式；阐述了连锁企业商品采购、配送、调拨与内部调价等业务的具体核算，以及连锁企业门店业务的处理。

任务框架

案例导入 连锁企业——武汉中商
任务一 连锁企业的特点与核算方式
任务二 连锁企业商品采购业务
任务三 连锁企业商品配送业务
任务四 连锁企业商品调拨与内部调价业务
任务五 连锁企业门店业务
项目小结
扩展阅读 学无止境
练习与实训

理论目标

1. 了解连锁企业的特点；
2. 熟悉连锁企业的经营形式；
3. 了解连锁企业库存商品的内部核算体制。

技能目标

1. 掌握连锁企业商品采购的核算；
2. 掌握连锁企业商品配送的核算；
3. 掌握连锁企业商品调拨的核算。

案例导入

武汉中商

武汉中商集团股份有限公司（以下简称中商集团）是一家以商贸零售业为主业，同时涉足房地产、电子商务、进出口贸易等产业的国有控股大型商业上市公司。

中商集团始创于1985年1月1日，历经20多年的长足发展，由单一的传统百货店发展成为一个“商贸多业态，经营连锁化，管理现代化”的企业集团。商贸主业包含现代百货、Shopping Mall、平价超市、药业零售等多种业态。网点布局跨湖北省内10多个城市，拥有8家现代百货店及购物中心，1家Shopping Mall，50家超市大卖场和“万村千乡”加盟店，13家药品零售店，营业总面积近55万平方米。旗下拥有中南商业大楼、中商广场购物中心、中商徐东平价广场、武汉销品茂等国内知名的零售卖场。企业销售、利润以年均30%的速度递增，连续多年位列全国商业10强、国内连锁30强、中国零售100强、中国企业500强。2006年实现销售收入60亿元。

多年来，中商集团在兴企之路上，先后创下多个业内第一，取得了巨大的发展成就。1987年，在全国首家推行资产经营责任制；1993年，在业界率先探索超市新业态；1996年，在省内率先走出武汉市，向二级城市拓展，成功创建了沙市中商百货，成为第一个拓展武汉市外市场的商企；1998年，组建全国首家“供配货中心”，实行进销分离；2003年底第一个走出湖北省实行跨省连锁经营；在华中地区率先探索新型商业模式，建设20万平方米的集商品购物、餐饮美食、休闲娱乐、服务特展、精神文化五大中心于一体的华中地区最大的购物休闲中心——武汉销品茂（Shopping Mall），人称华中“商业航母”，已于2005年8月开业。

（资料引自：http：//www.zhongshang.com.cn/）

1. 你了解了什么是连锁企业了吗？
2. 你还能举出身边连锁企业的例子吗？

任务一 连锁企业的经营特点与核算方式

张强是王艳艳的同学，一天张强到王艳艳所在的城市出差，两人约定好到一知名商场一楼的苏宁电器见面。可是，王艳艳久等之下张强还是未到，打电话才知张强走错地方了。原来，他们约好的地方一街之隔有两家苏宁电器！

一、连锁企业的概念

（一）连锁经营

连锁经营是现代市场经济国家零售业普遍采用的经营方式和组织形式，产生于美国，至今已有100多年的历史。其经营范围覆盖了整个商品流通业和服务业，成为世界发达国家和地区商业发展特别是零售业依托的主要形式。连锁经营一般是指经营同类商品或服务的若干个经营单位，以一定形式组成一个联合体，通过对企业形象和经营业务的标准化管理，实行规模经营，从而实现规模效益。在商品流通领域，连锁经营被大型超市、百货店、专卖店、家用建材商店、便利店、购物中心等广泛采用。

（二）连锁企业

连锁企业是指采用连锁这种经营方式、将多个分店所组成一个整体的企业形式，其本质是把现代化工业大生产的原理应用于商业，改变传统商业那种购销一体、柜台服务、单店核算、主要依赖经营者个人经验和技巧来决定销售的小商业经营模式，它实现在店名、店貌、商品、服务方面的标准化，商品购销、信息汇集、广告宣传、员工培训、管理规范等方面的统一化。最终实现商业经营活动的标准化、专业化和统一化，从而达到提高规模效益的目的。

二、连锁企业的发展

19世纪50年代末，第一家连锁店在美国纽约创立，但直到20世纪50年代后才在发达国家及一些新兴工业化国家和地区普遍获得重视和发展。

连锁经营的经济学本质在于它把现代工业化大生产的组织原则及大规模集中化管理模式应用于流通领域，通过“联合化、统一化、专业化和规范化”等手段，实行规模化经营、标准化服务和科学化管理，达到提高整体商业经营体系协调运作能力和规模经济效益的目的。在国际上，连锁经营几乎为所有零售业态作为组织形式所运用，成为商品零售业的主流发展方向之一。在一些经济发达国家，连锁经营占商品零售业的比重达到50%以上。如世界连锁商业巨头沃尔玛，仅在美国就有1 803家超市，682个大型购物中心，雇佣员工81.5万人。

我国的连锁经营起步较晚，随着外资餐饮企业的进入，现代连锁经营方式开始传入我国。20世纪90年代，沿海较发达地区和一些大中城市的部分国有商业企业开始探索这一新型的现代经营方式。进入 21 世纪，代表连锁业发展趋势的“连锁百强”在零售额中的比重正在提高。中国连锁经营协会 2010 年 4 月发布了 2009 中国连锁百强名单，苏宁最终以 1 170 亿元的销售规模挤下国美，第一次问鼎百强冠军，国美、百联、大商、华润万家排名分列 2 ~5 名。2006 年之前，百联集团曾连续四度称霸，国美取而代之后，仅仅蝉联了三年。中国连锁百强霸主更替的时间正在缩短，这意味着以往靠“先发”优势领先的企业与后来者的差距正在大幅度缩小。

三、连锁企业的基本作业系统

连锁企业由总部、配送中心和分店三部分构成。其基本作业系统包括营销系统、采购系统和物流配送系统。

（一）连锁企业营销系统

连锁企业的独特营销系统，是一种可以集中管理的技术密集型的行销网络，有总部营销和分店营销两部分组成。总部营销是营销系统的神经中枢，对整个营销系统负责，并对分店营销拥有指导、监督、检查的职能。分店营销的主要职能是按照总部的要求销售商品或服务。

（二）连锁企业采购系统

连锁企业的经济利益主要来自规模效益，其中以较低的采购成本组织商品，是取得规模效益的重要方面。实现采购成本较低的关键则是集中、统一的批量进货。这对连锁企业和供应厂商双方都有好处。正是这种建立在连锁企业自身与供应厂商之间利益均衡与协调基础上的供货关系，形成了连锁企业与供应厂商共同开发市场、共同获取利益的依存关系，这种依存关系使两者在面向市场方面结成联盟，使消费品由生产厂商通过连锁企业的销售网络直达消费者手中，形成了中间环节最少的连锁商店采购系统。

（三）连锁企业物流配送系统

连锁企业的物流配送系统是整个物流系统的重要组成部分，集中承担着连锁企业的储存、加工、配送和运输功能。在发达国家，连锁企业获得迅速发展与建立统一的物流配送中心有着直接的关系。

四、连锁企业的主要特点

连锁企业主要有以下 4 个特点：

（一）识别系统及商标统一

这是连锁经营最基本层次的统一，是企业外在形象的统一。识别系统，是指连锁企业呈现给公众的直接形象，主要包括连锁企业的招牌、标志、商标、标准字、标准色、外观装潢、员工服饰等。这种统一设计的识别系统，不仅有利于消费者识别、购买连锁企业各分店的商品，更重要的是有利于让消费者认同该企业，对企业产生深刻的印象。但连锁企业仅仅做到这一点还远远不够，如果没有内在的统一做保障，外在形象的统一仅仅只是连锁经营的一层"包装"而已。

（二）商品和服务统一

这是连锁企业经营内容的统一，是满足统一目标顾客需求的营销方式的统一，为了达到整体经营效果，使消费者对连锁企业产生信任感和依赖感，连锁企业各分店所经营的商品都是经过总部精心策划和挑选的，是按照消费者需求做出的最佳商品组合，并不断更新换代；所提供的服务也是经过总部统一规划，使消费者无论何时何地去到任何一家分店，都可以享受到连锁企业提供的整齐划一的商品和服务，从而增强顾客的忠诚度。

（三）经营管理统一

这是连锁企业内部管理模式的统一，是制度层面的统一。连锁企业必须在经营战略、经营策略上实行集中管理，即由总部统一规划，制定规范化的经营管理标准，并下达给各分店认真执行。各分店必须遵从总部所颁发的规章制度，采取标准化、系统化、制度化的管理模式。对于连锁企业而言，经营管理的统一性主要是通过连锁企业的营运手册来实现的，目前，许多连锁企业都开发了自己的营运手册，并据此构成了其统一经营管理的连锁体系。

（四）经营理念统一

这是连锁企业全体员工的观念与行为的统一，是文化层面的统一。连锁企业的经营理念是该企业的经营宗旨、经营哲学、价值观念、企业定位和中长期战略的综合，是其全部经营管理活动的依据。连锁企业无论拥有多少分店，都必须持有共同的经营理念，只有经营理念真正统一，连锁企业才能使各分店真正成为一体，实现其共同发展和在持续经营的目标。

上述四个统一是由低到高相互衔接在一起的。如果只有店名和店貌的统一而无服务和商品的统一，那连锁经营就只会成为一个招牌而已；如果没有经营管理的统一，各个分店虽然招牌相同，却独立经营，具有较大的自主权和灵活性，则连锁企业根本无法实现商品和服务的统一；只有真正实现了经营理念的统一，才能自下而上形成各分店、各管理层及全体员工自觉遵守的统一的经营管理制度，才能将企业的经营战略完全贯彻下来，并始终如一地形成企业长期的经营特色和经营理念。

五、连锁企业经营的方式

连锁企业主要采用以下 3 种经营方式：

（一）直营连锁

直营连锁也称正规连锁。直营连锁是指各连锁店同属一个投资主体，经营同类商品，或提供同样服务，实行进货、价格、配送、管理、形象等方面的统一，总部对分店拥有全部的所有权和经营权，统一核算，统负盈亏。

在直营连锁形式下，总部采取纵深式的管理方式，直接下令掌管所有的零售点，零售点完全接受总部的指挥。直营连锁的主要任务是"渠道经营"，即通过经营渠道的拓展从消费者手中获取利润。

（二）特许连锁

特许连锁也称合同连锁、契约连锁，是指总部同加盟店签订合同，授权加盟店在规定区域内使用自己的商标、服务标记、商号、经营技术和销售总店开发的产品，在同样形象下进行销售及劳务服务。加盟店对店铺拥有所有权，但经营权在总部，加盟店按销售额或毛利的一定比例向总部支付报偿。加盟店拥有对分店的所有权和收益权，加盟店具备法人资格，实行独立核算。

在特许连锁形式下，特许加盟总部必须拥有一套完整有效的运作技术优势，通过专业指导，让加盟店能很快地运作，同时从中获取利益，这样加盟网络才能日益壮大。

（三）自由连锁

自由连锁也称自愿连锁。自由连锁是指各分店在保留单个资本所有权的基础上实行联合，总部和分店之间是协商、服务关系，总部统一订货和送货，统一制定销售战略，统一使用物流及信息设施；各分店独立核算，自负盈亏，人事自主，且有很大的经营自主权。

在这种经营方式下，企业是原已存在的，而非由连锁总公司辅导创立的，所以在名称上有别于加盟店。在自愿连锁体系中，商品所有权为各成员店，而运作技术及商店品牌则归总部持有。

小知识

特许经营与传销的区别

特许经营与传销有着本质的区别。传销是一种典型的金字塔式销售模式，传销的产品通常不被市场所了解，需要通过传销的方式进行推广。同时传销的产品由于它有特别的渠道，所以价格并未与普通市场上的产品直接进行比较。另外，传销过程中将销售权细分的过程是以推销产品的数量等因素作为条件的。这几方面均与特许经营有着本质的不同。特许经营是一种通过特许者与被特许者建立某种契约关系销售商品或服务的方式。通常，开展特许经营业务的产品或服务是已被市场所接受或已得到验证，具有较好的市场成绩。另外，特许经营的授权过程要复杂得多，它要综合考虑被特许者的各方面的实力。

六、连锁企业的会计核算方式

由于连锁经营企业的经营方式不同，其核算方式也不相同。依照连锁经营企业经营规模和经营范围的不同，分独立核算和非独立核算两种方式。

（一）独立核算方式

总部实行独立的会计核算，基层店实行相对独立的会计核算。在这种核算方式下，总部和基层店都应设立独立的会计机构。总部拥有本企业全部经济资源或控制权，通过投资活动与基层店形成各自的经济关系。总部对经营所需商品实行集中统一采购，按需要为下属基层店统一配送商品。按内部商品价格进行结算，并按配送额开具增值税专用发票（一般纳税人）或普通发票。基层店凭发票增加库存，按独立会计进行核算，月末计算并结转当期经营成果，编制财务会计报告，将当期实现的利润上缴总部。总部收到基层店上报的利润和财务会计报告后，编制合并会计报表。

（二）非独立核算方式

非独立核算方式是指总部实行独立的、统一的会计核算，基层店不单独进行会计核算，经营中发生的各项经营费用，均向总部报账核销。在这种会计核算方式下，总部会计机构应对各基层店的经营过程实行内部会计核算，以考核其经营成果，确定其劳动报酬，根据经营需要为各基层店建立定额备用金制度，基层店实行报账制，不设会计机构只设一个核算员，可以设置部分辅助会计账簿，负责上缴经营收入，核算本部门的经营费用，发放人员工资，保管本部门使用的备用金等。总部拥有本企业的全部经济资源或控制权，总部对经营所需商品实行集中统一采购，按下属基层店经营需要统一配送，库存商品的实物转移时，只对其明细科目进行调整。基层店开展经营活动取得收入，全部上缴总部。总部编制个别会计报表。

在实际操作中，各连锁店经营企业往往根据自身情况，综合采取以上两种核算方式。

七、连锁企业会计核算的账户设置

在售价金额法下，会计核算涉及“商品进销差价”、“基层往来”、“总部往来”三个账户，核算内容分别如下：

“商品进销差价”账户，核算企业采用售价进行日常核算的商品售价与进价之间的差额，该账户贷方登记购进商品的进销差价，借方登记摊销的已售商品的进销差价，余额一般在贷方，反映企业库存商品的进销差价额。

“总部往来”和“基层往来”账户，是反映总部和各个基层单位之间的经济关系的往来账户，一般在总部设置“基层往来”账户，借方登记总部拨付给基层单位（包含加盟店、配送中心等单位）的资金和财产物资以及代付的各种费用，贷方登记从基层单位收回的资金和商品等财产物资。在基层单位设置“总部往来”账户，借方登记基层单位退还或者转给总部的资金、通过总部调出的商品等财产物资，贷方登记接受的总部拨给基层单位的资金和商品等财产物资以及总部代基层单位垫付的款项。

任务二 连锁企业商品采购业务

连锁企业商品采购业务是由多个环节组成的，而且各环节不是孤立存在的，每个环节都有不同的内容，必然涉及不同的部门和具体的工作。具体包括：订货、收货、结算货款等。了解这些环节的工作，就能了解业务流程中各种凭证的传递，为采购业务的具体处理奠定基础。

商品的采购对于连锁经营企业来说是至关重要的。业务采购部门一方面负责收集供货商的信息，另一方面对供货商提供的商品质量和价格要进行对比，并选定多家供应商来供应货物，保证货物的充足供应。由于连锁经营店实行的是统一管理并统一配送的模式，因此，商品的周转速度相当快，采购的流程一般包括订货、验货、入库、管理、销售以及连锁店之间的商品调拨等环节。但一些相对零碎的货物是可以由连锁经营店自己选择并决定供应商的，只是要求必须是业务采购部门所选定范围内的供应商，然后再通过中心来进行协调配送。采购商品的核算：在连锁企业实行统一核算方式下，总店对经营所需物品实行的是集中统一采购模式，采购时借记“商品采购”、“应交税费——应交增值税（进项税额）”科目，贷记“银行存款”、“应付账款”等科目。

【例 4－1】超飞百货连锁公司总店于 2013 年 12 月 1 日向一食品公司购进各种肉类一批，货款共计 117 000 元，增值税额 19 890 元，当即签发转账支票付讫。

借：商品采购——××食品公司　　117 000
　　应交税费——应交增值税（进项税额）　　19 890
　　贷：银行存款　　136 890

任务三
连锁企业商品配送业务

一、连锁企业商品配送的含义

连锁企业的商品配送，是指总部按各门店的订货要求，在配送中心完成最合理的备货和配货后，以确定的组织和明确的供货渠道，在相关制度约束下将商品运送到门店的经济活动。其会计核算不仅涉及总部、配送中心和基层门店不同的运作层面，而且涉及总部和不同性质门店之间的产权归属关系，由此导致不同的会计核算方法和会计处理原则。

二、商品配送的计价方法

如何确定配送给各分店商品的计价标准，是商品配送核算中的一个重要问题。计价标准不同，通常会影响配送给分店商品记账的金额，及整个连锁店利润的期末计算、汇总与调整。尤其是对于特许连锁和自由连锁，计价标准还决定着总店和分店的利益分配关系。在实际工作中，有以下几种方法可以用来作为配送商品的计价标准，具体选择时应视各种不同的分店经营模式、商品来源、特征及总分店之间经济业务的协调程度而定。

（一）成本计价法

总店以统一采购的商品成本价直接作为配送商品的配送价格。这是目前广泛采用的一种计价标准。它最大的优点是简单易行，但其结果必然是总店无利可图，夸大分店盈利能力。这种方法较适用于总部与直营店之间的内部核算。

（二）成本加一定比例的毛利法

在商品采购成本上加一定的利润作为配送价格，能保证总店获得适当的利润，适宜于特许连锁和自由连锁下商品配送的计价。但在实际上，总店往往确定一个高于成本而低于售价的转账价格，使总店的采购成本和营业利益包含其中，或者把总店的开支消耗通过商品计价分摊给分店，这就涉及总店和分店之间的关联交易问题。

（三）以商品的市场售价计价法

这一计价标准无疑使得各分店的商品账必然是以售价登记收入和销售，成为按售价表示的永续盘存记录，从而有助于分店的存货管理。特别在直营连锁形式下，商品售价相对稳定，使用这一标准的效率较高。

（四）按协议计价法

按总店与分店之间的协议定价，其配送价格低于市场售价。其结果可能双方都比较满意，但因配送活动频繁、商品种类与价格复杂，必须依靠良好的内部协调机制。

（五）毛利额按比例分配法

在直营连锁中，由于总部与分店同属一个投资主体，经营同类商品，实行进货价格、配送、管理、形象等完全统一，总部对分店拥有所有权，统一核算、统负盈亏。总部对直营连锁店的商品配送作商品内部移库处理，在同一投资主体经济利益一致的情况下，较多地采用按成本计价、市场售价计价，或出于管理的目的而采用成本加成计价。这种商品移库核算方式存在一些弊端。如不利于各门店经营业绩的考核！影响资金周转速度。针对这一情况，可以尝试采用已实现销售收入毛利额按比例分配的方法。通过对已实现销售毛利额的分配，可以使采购部门和门店一起关心销售情况、销售价格、销售数量、进货成本。毛利额按比例分配法首先要合理确定毛利额分配比例，通过将销售毛利在总部采购部门与门店之间分配，再合理确定采购部门的商品配送加价。

三、连锁企业商品配送的账务处理

连锁企业商品配送的账务处理可以先通过实例来说明。

【例4－2】 超飞百货连锁公司公司下有三个门店，西直门店和三元桥店是直营店，望京西店是加盟店。假定2013年12月份，超飞百货连锁公司配送中心向有关门店配送毛巾的数据见表4－1。

表 4－1 配送单 单位：元

门店名称	门店性质	配送数量（条）	进价		调拨价		零售价格	
			单价	总额	单价	总额	单价	总额
西直门店	直营店	400	4	1 600	4.5	1 800	6	2 400
三元桥店	直营店	500	4	2 000	4.5	2 250	6	3 000
望京西店	加盟店	200	4	800	4.5	900	6	1 200
合计		1 100		4 400		4 950		6 600

总部对直营店会计事项的核算采用两级核算法；对加盟店会计事项的核算采用内部结算法，商品配送按成本加成计价。假设如果商品按照售价金额核算。

（1）配送中心的会计分录：

借：总部往来——商品配送 4 400
　　商品进销差价 2 200
　　贷：库存商品 6 600

（2）总部财务部门的会计分录：

配送给直营店的商品，

借：基层往来——西直门店 1 600
　　　　　　——三元桥店 2 000
　　贷：基层往来——配送中心 3 600

配送给加盟店的商品，

①确认主营业务收入时

借：基层往来——望京西店 1 053
　　贷：主营业务收入 900
　　　　应交税金——应交增值税（销项税额） 153

②确认主营业务成本时

借：主营业务成本 800
　　贷：基层往来——配送中心 800

（3）直营店的会计分录：

①西直门店

借：库存商品 2 400
　　贷：总部往来——商品配送 1 600
　　　　商品进销差价 800

②三元桥店

借：库存商品 3 000
　　贷：总部往来——商品配送 2 000
　　　　商品进销差价 1 000

（4）加盟店的会计分录：

借：库存商品 1 200
　　应交税金——应交增值税（进项税额） 153

贷：总部往来——商品配送　　1 053

　　商品进销差价　　300

以上例子涉及总部与不同性质门店之间的商品配送，对比可知，同一内容的经济业务由于发生在不同性质的门店导致其会计处理存在许多差异，如内部配送的计价模式不一；配送中心对调拨给直营店的商品不确认为收入，但对加盟店却确认收入。

任务四 连锁企业商品调拨与内部调价业务

一、连锁企业的商品调拨

总店下设多处分店时，一般在分店与分店之间没有往来账户。依照一般处理方法，凡在分店之间调拨商品或其他物资，一律通过总店核算，而不直接用对方分店的名义记账。因此，在总店账上能完整地反映整个企业的一切业务，便于总店的统一调度和管理控制。例如，调出资产的分店，应借记“总店往来”科目，贷记有关资产类科目；调进资产的分店，则应借记有关资产类科目，贷记“总店往来”科目。总店为了保持与分店记录一致，也应该作相应的调整。一般情况下，直营店与直营店之间的商品调拨属于同一性质门店间的商品调拨，其会计处理比较简单。而与加盟店有关的商品调拨则涉及到商品所有权的转移问题，值得进一步注意。

（一）加盟店调拨加盟店的会计核算

虽然不同的加盟店之间都是独立经营的经济实体，他们之间不存在任何产权归属关系和产权隶属关系，但其商品调拨也应在总部的统一安排和监控下有序进行，不允许加盟店之间未经过总部同意，私自进行商品调拨的情况发生。商品在加盟店之间相互调拨，其所有权的转移与连锁企业无直接联系，总部只是为这种商品所有权的转移提供余缺调剂。商品运输和货款结算服务，但在财务上连锁企业也要记录反映商品调拨核算的全过程。

1. 调出加盟店的核算

按照规定填写内部调拨单，根据留存的调拨单登记内仓库存商品卡片账，于月末根据调拨单编制月份商品调拨发货汇总表，签发内部转账通知书，编制会计分录如下：

（1）商品按进价金额核算时

借：总部往来——商品调拨（调拨价＋增值税）

　　贷：库存商品——××类（调拨价）

　　　　应交税金——应交增值税（进项税额转出）

（2）商品按售价金额核算时

借：总部往来——商品调拨（调拨价＋增值税）

　　商品进销差价——××类（售价与进价之间的差额）

贷：库存商品——××类（售价）

应交税金——应交增值税（进项税额转出）

2. 总部财务部门

根据内部转账通知书编制如下会计分录：

借：基层往来——调入门店（调拨价）

应交税金——应交增值税（进行税额转出）

贷：基层往来——调出门店（调拨价）

应交税金——应交增值税（进项税额转出）

3. 调入加盟店的核算

商品调入时，根据随货同行的商品调拨单，对调入商品验收无误后，登记内仓库存商品卡片账。月末收到总部财务部门转来的调拨单！调拨单汇总表和内部转账通知书，经过审核无误后，编制有关会计分录。

（1）商品按进价金额核算

借：库存商品——××类（调拨价）

应交税金——应交增值税（进项税额）

贷：总部往来——商品调拨（调拨价＋增值税）

（2）商品按售价金额核算

借：库存商品——××类（售价）

应交税金——应交增值税（进行税额）

贷：商品进销差价——××类

总部往来——商品调拨（调拨价＋增值税）

（二）直营店调拨加盟店的会计核算

直营店与加盟店属于不同的会计核算主体，其商品调拨涉及商品所有权的转移问题。

1. 调出单位

直营店在库存商品卡片上根据调拨单第五联按照调出数登记减少数，期末按照“月份商品调拨发货汇总表”和留存的内部转账通知书，做相关会计分录并登记库存商品明细分类账：

（1）商品按进价核算

借：总部往来——商品调拨（调拨价）

贷：库存商品——××类（调拨价）

（2）商品按售价核算

借：总部往来——商品调拨（调拨价）

商品进销差价

贷：库存商品——××类（售价）

2. 总部财务部门

由于加盟店与连锁企业的资产产权属于不同所有者，商品由直营店调往加盟店是商品在不同所有者之间的转移，对总部而言，相当于向加盟店销售了一批商品，因此，总部应将其确认为商品销售收入。

借：基层往来——××加盟店（调拨价+增值税）

贷：主营业务收入

应交税金——应交增值税（销项税额）

按照进价：

借：主营业务成本

贷：基层往来——××直营店（进价）

3. 调入商品的加盟店

加盟店在接收到调入的商品后，做会计分录如下：

（1）按商品进价核算

借：库存商品——××类（调拨价）

应交税金——应交增值税（进项税额）

贷：总部往来——商品调拨（调拨价+增值税）

（2）按商品售价核算

借：库存商品——××类（售价）

应交税金——应交增值税（进项税额）（调拨价×税率）

贷：总部往来——商品调拨（调拨价+增值税）

商品进销差价——××类（售价与调拨价之间的差额）

（三）加盟店调拨直营店的会计核算

1. 调出门店——加盟店

调出商品的加盟店，虽然把商品调拨给了直营店，但由于直营店与总部是一体的，从账务处理过程上相当于把商品又退回给了连锁企业总部，因此需要编制类似加盟店商品退库的会计分录。

借：总部往来——商品调拨（调拨价+进项税额转出）

商品进销差价——××类（售价与调拨价之间的差额）

贷：库存商品——××类（售价）

应交税费——应交增值税（进项税额转出）（调拨价×增值税税率）

2. 总部财务部门

加盟店向直营店调拨商品，相当于连锁企业原来销售给加盟店的商品又被退回，因此连锁企业总部财务部门应当按照加盟店的调拨价将原来确认的销售收入冲回，同时按照进价将成本予以冲回，编制会计分录如下：

借：主营业务收入（调拨价）

应交税费——应交增值税（销项税额）（调拨价×增值税税率）

贷：基层往来——××加盟店（商品调拨）（调拨价+销项税额）

借：基层往来——××直营店（商品调拨）（进价）

贷：主营业务成本（进价）

3. 调入门店——直营店

接受调拨商品的直营店，虽然是从加盟店调拨的商品，但从账务处理上相当于从连锁企业总部获得了配送商品，因此需要编制类似于接受连锁企业总部配送商品的会计分录。

借：库存商品——××类（售价）

贷：总部往来——商品调拨（进价）

商品进销差价——××类（售价与进价的差额）

【例4-3】2013年12月18日，三元桥店（直营店）接到超飞百货连锁公司总部通知，将洗涤类的超能皂粉100袋调拨到望京西店（加盟店）。该超能皂粉的原不含税进价为15元/袋，不含税的内部调拨价为17元/袋，不含税的销售价为20元/袋，增值税税率为17%。10月27日，将日杂用品类的垃圾桶200个调拨到A加盟店。该垃圾桶的原不含税进价为7元/个，不含税的内部调拨价为8元/个，不含税的销售价为10元/个，增值税税率为17%。

（1）调出门店——三元桥店

借：总部往来——商品调拨	2 900	
商品进销差价——洗涤类	500	
——日杂用品类	600	
贷：库存商品——洗涤类		2 000
——日杂用品类		2 000

（2）总部财务部门的会计核算

借：基层往来——望京西店（商品调拨）	3 861	
贷：主营业务收入		3 300
应交税费——应交增值税（销项税额）		561
借：主营业务成本	2 900	
贷：基层往来——三元桥店（商品调拨）		2 900

（3）调入门店——望京西店的会计核算

借：库存商品——洗涤类	2 000	
——日杂用品类	2 000	
应交税费——应交增值税（进项税额）	561	
贷：总部往来——商品调拨		3 861
商品进销差价——洗涤类		300
——日杂用品类		400

二、连锁企业的商品调价

（一）加盟连锁企业商品调价的特点

在加盟连锁企业体系下，实行的是“统一采购，统一配送”，总部统一采购商品，通过物流中心配送给加盟店，商品从总部配送中心转移到加盟店的过程中，商品的所有权也发生了转移，只要符合商品销售的确认条件，总部就按照调拨价确认销售收入，加盟店将调拨价作为商品的进价。然后再按照“统一定价”的原则，按照总部确定的售价进行对外销售。因此当总部调整商品的售价时，加盟店也必须按照总部统一的调价政策调整商品的零售价格，不管调拨价有没有变化。当发生商品调价业务时，根据新售价和原售价以及调拨价的关系，可能出现三种情况：（1）新售价高于原售价；（2）新售价低于原售价但是高于调拨价；（3）新售价低于调拨价。

（二）加盟连锁企业商品调价的账务处理

1. 售价高于原售价

如果调整后的新售价高于原售价，由于总部和加盟店之间的往来处理都是按照调拨价反映的，所以不涉及加盟店和总部的往来处理，总部不需要进行账务处理，只需要加盟店进行内部调整。

由于售价金额法下库存商品都是按照售价记录的，所以加盟店需要在库存商品三级明细账上重新登记新的零售价格，月末按照商品大类汇总调价金额。

借：库存商品——××类（售价调高的差额）

贷：商品进销差价——××类（售价调高的差额）

2. 新售价低于原售价但高于调拨价

如果调整后的新售价低于原售价但高于调拨价，在总部不给予加盟店调价损失的情况下，总部不需要进行账务处理，加盟店需要像“新售价高于原售价”情况下一样进行内部调整，只不过要编制方向相反的会计分录。

借：商品进销差价——××类（售价调低的差额）

贷：库存商品——××类（售价调低的差额）

3. 新售价低于调拨价

如果调整后的新售价低于调拨价，意味着连锁企业发生了商品销售折让，由于总部已经按照商品调拨价确认销售收入，此时需要按照新售价与原商品调拨价的差额，冲减销售收入，开具红字增值税专用发票，同时调整与加盟店的往来账户。

借：主营业务收入（新售价与原调拨价的差额）

应交税费——应交增值税（销项税额）（新售价与原调拨价的差额×税率）

贷：基层往来——××加盟店（新售价与原调拨价的差额+销项税额）

加盟店不仅需要像“新售价高于原售价”情况下一样，进行内部调整，还要调整与总部的内部往来及商品进销差价。

借：总部往来——调价（新售价与原调拨价的差额+进项税额）

商品进销差价——××类（原售价与原调拨价的差额）

贷：库存商品——××类（新售价与原售价的差额）

应交税费——应交增值税（进项税额）（新售价与原调拨价的差额×税率）

4. 其他情况

上述2、3两种情况下，如果总部要给予加盟店部分（一般总部只承担加盟店调价损失的一部分）调价损失的话，那么总部承担的调价损失就成为总部的一项费用或者损失，除了编制相关的分录以外，总部财务部还需要编制会计分录如下：

借：销售费用——调价损失（总部承担的调价损失）

贷：基层往来——××加盟店（总部承担的调价损失）

加盟店收到的总部给予的调价损失就属于一项收益，编制的会计分录如下：

借：总部往来——调价（总部给予的调价损失）

贷：销售费用——调价损失补偿（总部给予的调价损失）

【例4-4】 2013年12月1日，望京西店（加盟店）接到超飞百货连锁公司总部通知，将日杂用品类的儿童水杯的不含税售价调整为15元，该款水杯的原不含税调拨价为17元，不含税售价为20元，不含税进价为13元，增值税税率为17%。望京西店经过盘点尚有该款水杯100个，同时，经过协商，每个儿童水杯总部将为加盟店承担1元的调价损失。

望京西店的账务处理：

	借方	贷方
借：总部往来——调价	234	
商品进销差价——日杂用品类	300	
贷：库存商品——日杂用品类		500
应交税费——应交增值税（进项税额）		34

收到总部的调价损失时：

	借方	贷方
借：总部往来——调价	100	
贷：销售费用——调价损失补偿		100

任务五 连锁企业门店业务

一、门店经营的特点

门店也叫卖场，是连锁企业展示、陈列和销售商品的场所。表面上看，门店和传统的零售商店没有什么区别，都是广大消费者购买商品的场所，但从连锁企业门店经济运行的实质看，它与传统零售商店有着本质的区别：连锁企业门店是整个连锁企业对商品的购、销、调、存实行专业化分工和管理中的一个环节，门店只负责商品的销售，其他环节与门店无关。连锁企业门店的特征如下：

（一）销售的最大化

门店作为整个连锁企业专业化协作的一个环节，其主要任务就是不折不扣、完整地把连锁企业总部的目标、计划和具体要求体现到日常的作业化管理中，实现连锁经营的统一化。门店的营运必须根据总部制定的运营标准，从各项的基本事务着手，按部就班地组织日常经营活动，最大规模地扩大销售。

（二）消耗的最小化

提高门店的销售额，似乎是每个门店努力的目标。但是不管提高了多少销售额，如果不严格控制门店各个环节的损耗费用的话，那么门店可能只有很低的利润甚至没有利润乃至亏损，所有的努力都是白费。因此，损耗的最小化同样是提高经营业绩的一条重要途径，同样成为门店营运和管理的主要目标。

（三）经营标准化

一家连锁企业往往有几十家，甚至上百家门店。为了确保数量众多的门店能紧紧围绕总部的目标开展自身的经营业务，必须对门店统一的规划和安排，对所有门店实行专业化分工的基础上的集中管理，对所有门店制定统一的管理模式和统一的业务标准。连锁企业总部是决策中心，门店则是业务现场。门店根据总部制定的营运管理标准，实施具体的业务化程序，尽可能扩大销售规模。

二、门店主要业务的处理

（一）门店收货业务的处理

在连锁企业的专业化分工中，商品采购集中在总部统一进行，由配送中心负责商品采购，门店的主要功能就是扩大商品销售。

收货作业只反映总部的内部经济往来关系，不涉及与供货单位之间的货款结算关系，也不涉及现金的流出，所以既不需要组织商品采购的核算，也不需要设置和核算应付账款。

门店进货环节的第一步是发出订货单订货。门店应当根据销售的需要随时订货，做到勤进快消，并尽可能少的存储商品。所以，在实际工作中，总部配送中心，每天都可以给门店配送商品，门店每天都要在总部统一规定的时间范围内发出订货指令，每个门店都要确定一个相对固定的运货时间。如果门店订货指令的发出超过了规定的时间范围，总部配送中心会将次订货作为逾期订货处理，其送货时间推迟一天，这就有可能对门店的销售造成影响。验收商品是门店进货环节的重点，主要包括单据的审核和实物的验收。

月末，门店会计人员收到总部财务部门转来的、有配送中心不同仓库签发的转账通知书以后，根据有关原始的单据核对无误后，编制相关会计分录：

借：库存商品——××类（进价）

　　贷：总部往来——商品调拨（进价）

由于加盟店具备法人资格，实行独立核算，所以，加盟店从总部配送中心调入商品意味着商品产权的一种转移，总部配送商品相当是销售商品，加盟店相当是商品的采购。所以总部在对加盟店配送商品时，还要另向加盟店开具销售商品的专用发货票，同时编制“加盟店收货增值税汇总表”，作为总部缴纳增值税的依据。

月末，加盟店将总部转来的单据与本门店编制的相关凭证核对后，做会计分录：

借：库存商品——××类（调拨价）

　　贷：总部往来——商品调拨（调拨价）

（二）门店收银业务的处理

门店销售主要面对的是最终消费者，所以收银台主要收取的是现金，但也有相当部分的销售收入是准现金，即支票、信用卡等。此外，门店收银还涉及不同人员之间的经济关系，例如：收银员同门店财务人员的现金解缴关系，同一收银岗位不同收银人员之间的交接班关系等等。所以连锁企业应当设计一套合理的控制程序，保证总部及时回笼现金。

在连锁企业中，为不影响商品销售的找零工作，门店一定要有足够的零用金。零用金是专门用于收款找零而准备的现金，这笔现金永远沉淀在门店中，不用上缴总部，但总部必须对这笔零用金进行控制和管理。

总部一般采用备用金的形式对门店的零用金进行控制和管理。先根据每个门店的不同销售情况确定零用金的定额，然后按照确定的定额一次拨足零用金。零用金的定额可以根据不同门店销售情况的变化作相应的调整。划拨给门店的零用金和门店在商品销售时收取的现金必须要分开管理，不能混淆。

当总部财务部门向门店划拨零用金时，

借：基层往来——××门店

　　贷：银行存款

门店收到零用金时，

借：银行存款

　　贷：总部往来——零用金

门店从开户银行领用零用金时，

借：库存现金

　　贷：银行存款

（三）门店销货业务的处理

连锁企业的门店一般要选择一个固定时间，对当天的销售收入做总的结算，计算出当天的销售收入总额。

作为直营门店，完成了当天销售收入总结算以后，门店财务应根据实际清点情况和审核以后的有关凭证进行相关的业务处理，即：

借：银行存款

　　贷：主营业务收入

　　　　应交税费——应交增值税（销项税额）

月末结转已销商品成本时，

借：主营业务成本

　　贷：库存商品

定期将销售收入、销售成本结转到总部，

借：主营业务收入

　　应交税费——应交增值税（销项税额）

　　贷：总部往来——营业收入

借：总部往来——商品销售成本

　　贷：主营业务成本

具体而言，加盟店划转给总部的款项中，必要的费用包括应当收取的商品调拨款、加盟店应当缴纳的加盟费、总部拨给加盟店的包装物费用等，加盟店划转到总部的款项扣除相关费用后的余额与总部的往来账户进行冲减。

借：总部往来

　　销售费用

　　贷：银行存款

项目小结

- 连锁经营是现代市场经济国家零售业普遍采用的经营方式和组织形式，产生于美国，至今已有100多年的历史。连锁企业是指采用连锁这种经营方式、将多个分店所组成一个整体的企业形式。连锁企业由总部、配送中心和分店三部分构成。其基本作业系统包括营销系统、采购系统和物流配送系统。
- 连锁企业主要有以下4个特点：①识别系统及商标统一；②商品和服务统一；③经营管理统一；④经营理念统一。
- 连锁企业主要采用以下3种经营方式：①直营连锁；②特许连锁；③自由连锁。
- 依照连锁经营企业经营规模和经营范围的不同，分独立核算和非独立核算两种方式。独立核算方式下，总部实行独立的会计核算，基层店实行相对独立的会计核算。在这种核算方式下，总部和基层店都应设立独立的会计机构。非独立核算方式是指总部实行独立的、统一的会计核算，基层店不单独进行会计核算，经营中发生的各项经营费用，均向总部报账核销。
- 连锁企业商品采购业务是由多个环节组成的，而且各环节不是孤立存在的，每个环节都有不同的内容，必然涉及不同的部门和具体的工作。具体包括：订货、收货、结算货款等。了解这些环节的工作，就能了解业务流程中各种凭证的传递，为采购业务的具体处理奠定基础。
- 连锁企业的商品配送，是指总部按各门店的订货要求，在配送中心完成最合理的备货和配货后，以确定的组织和明确的供货渠道，在相关制度约束下将商品运送到门店的经济活动。商品配送的计价方法有：成本计价法、成本加一定比例的毛利法、以商品的市场售价计价法、按协议计价法、毛利额按比例分配法。
- 总店下设多处分店时，一般在分店与分店之间没有往来账户。依照一般处理方法，凡在分店之间调拨商品或其他物资，一律通过总店核算，而不直接用对方分店的名义记账。因此，在总店账上能完整地反映整个企业的一切业务，便于总店的统一调度和管理控制。
- 门店也叫卖场，是连锁企业展示、陈列和销售商品的场所。表面上看，门店和传统的零售商店没有什么区别，都是广大消费者购买商品的场所，但从连锁企业门店经济运行的实质看，它与传统零售商店有着本质的区别：连锁企业门店是整个连锁企业对商品的购、销、调、存实行专业化分工和管理中的一个环节，门店只负责商品的销售，其他环节与门店无关。

拓展阅读

学无止境

——记武汉市第十六届职业技能大赛日化类状元张艺

张艺是中商广场创美专柜一名普通的营业员，进入中商广场已经有四年多的时间了。在这四年里她兢兢业业，认真完成每一笔销售、真心对待每一位顾客。在卖场领导的力推下，她报名参加了今年的武汉市技能比武日化类比赛。张艺所在的专柜是负责销售电视购物产品的，产品类别多且杂，在所售产品中，只有少部分属于美容护肤类产品。因此，与参加日化类的其他专业选手相比，在产品专业知识和化妆技能上她存在着明显的劣势。虽然自己并非日化类专业选手，但她十分珍惜这次全面提高自己综合素质的学习机会。要想自己的技能高人一等，唯有比他人付出更多的努力。作为厂聘员工，张艺平日的销售任务比较重，加之所在的柜台员工较少，常常需要上连班。从早上9点半到晚上10点半，整整13个小时站下来，她没有半点消极情绪，相反的她在不影响柜台销售的情况下充分利用自己的休息时间加紧训练。在备战应知环节时，她反复加强记忆，每天差不多复习到凌晨一两点才休息。

为了适应现代商业服务发展以及产品不断更新的变化，今年的比赛与以往大不相同。张艺在充分分析了今年比赛的项目和自己的优劣势后，制定了一套适合自己的学习计划。在应知考试、英语和普通话上尽量做到圆满，重点攻克弱势项目：心算、服务接待、化妆。

第一轮的应知考试结束了，当得知自己的成绩与第一名有3.15分之差后，她调整好心态，全力以赴地投入到应会比赛的学习中。

心算是张艺比较薄弱的项目，上一次的考试就是在这个环节中丢了分，从而影响到了整体成绩。虽说是弱项，但是心算只要掌握方法、勤于练习，就会得到提高。于是她反复练习，自己出题考自己，并专选数字刁钻难度大的题，掐着时间一遍一遍地练习。听说其他选手最快能在3分钟内完成，她便要求自己也尽量达到，一个多月下来，在速度和准确率上有了明显的提高。

服务接待考察的是员工平时接待顾客的技能、解决疑难投诉及售后的应变能力。张艺在平日工作中特点就是冷静细心、富有亲和力。多年的工作让她与不少的老顾客成为了朋友。一次，有位顾客因使用她所在柜台的面膜过敏，要求退货。张艺利用平时掌握的皮肤护理知识，分析顾客的肤质，安抚顾客的情绪，经过与顾客聊天式细心询问后，判断顾客是面膜贴敷时间过长引起的。她贴心的给顾客讲解正确的使用方法，并告诉顾客一些相关的护理常识后，顾客不仅没有退货，还购买了她所推荐的抗敏感面膜，高兴地离开了柜台。既然是武汉市组织的比赛，那么服务案例肯定会更加复杂，而且有可能涉及她没有销售过的彩妆产品。她一方面整理平时所接待的投诉案例，另一方面有意识的向化妆品柜台的同事以及卖场主管请教，不断积累经验。

在所有应会项目中，她最为薄弱环节就是化妆操作，她进行了大量的现场化妆练习，翻阅时尚杂志，了解流行妆容、学习妆容色彩搭配以及化妆技巧，同时还向商场的化妆高手虚心请教。经过长达3个月的刻苦训练，终于在武汉市众多专业选手中脱颖而出，一举夺得状元。

练习与实训

一、单项选择题

1.（　　）是连锁企业展示、陈列和销售商品的场所。

A. 柜台　　B. 门店

C. 展示厅　　D. 展览会

2.（　　）下，总部实行独立的会计核算，基层店实行相对独立的会计核算。在这种核算方式下，总部和基层店都应设立独立的会计机构。

A. 独立核算方式　　B. 非独立核算方式

C. 公开核算方式　　D. 私下核算方式

3.（　　）是指总部实行独立的、统一的会计核算，基层店不单独进行会计核算，经营中发生的各项经营费用，均向总部报账核销。

A. 独立核算方式　　B. 非独立核算方式

C. 公开核算方式　　D. 私下核算方式

4. 连锁企业的商品（　　），是指总部按各门店的订货要求，在配送中心完成最合理的备货和配货后，以确定的组织和明确的供货渠道，在相关制度约束下将商品运送到门店的经济活动。

A. 采购　　B. 配送

C. 调拨　　D. 调价

二、多项选择题

1. 连锁企业主要有以下特点（　　）。

A. 识别系统及商标统一　　B. 经营管理者统一

C. 商品和服务统一　　D. 经营理念统一

2. 连锁企业主要采用以下3种经营方式（　　）。

A. 特许连锁　　B. 直营连锁

C. 自由连锁　　D. 厂店连锁

3. 依照连锁经营企业经营规模和经营范围的不同，分为（　　）。

A. 独立核算　　B. 非独立核算

C. 公开核算　　D. 私下核算

4. 连锁企业商品采购业具体包括（　　）。

A. 订货　　B. 收货

C. 结算货款　　D. 催款

5. 商品配送的计价方法有（　　）。

A. 成本计价法　　B. 成本加一定比例的毛利法

C. 按协议计价法　　D. 毛利额按比例分配法

三、会计分录题

1. 一食品销售连锁企业在同城有4家连锁分店，是一般纳税人。2013年1月，4家分店销售情况，甲店实现销售收入58.50万元（含税）；乙店实现销售收入81.90万元（含税）；丙店实现销售收入105.30万元（含税）；丁店实现销售收入117万元（含税）；由总店计算、申报、缴纳增值税。

2. 一综合超市连锁总店，是增值税一般纳税人，有跨地区连锁店2个（甲店、乙店）。2013年1月，总店购进500万元的货物，进项税金85万元，取得专用发票，已付款。由总店对跨地区连锁店配送商品，开具专用发票，其中甲店300万元，销项税金51万元；乙店400万元，销项税额68万元。总店统一计算、申报、缴纳增值税。

3. 一服装销售连锁企业在同城有3家直营连锁分店，是小规模纳税人，2013年11月3家分店销售情况，A店实现销售31.2万元（含税，下同）；B店实现销售收入20.8万元；C店实现收入10.4万元。由总店计算申报缴纳增值税。

4. 某家电连锁总店，是增值税一般纳税人，有跨地区2家连锁店。2013年1月总店购进家电50万元，进项税金8.5万元，取得专用发票，已付款。由总店对跨地区连锁店配送商品，开具专用发票，其中：A店30万元，销项税金5.1万元；C店40万元，销项税金6.8万元。总店统一计算申报缴纳增值税。

5 项目五 联营商品流通业务的核算

项目概要

介绍联营方式的含义、特点、基本流程；阐述了商品流通企业联营商品经营的会计核算方法，包括商业折扣和返券销售的会计处理。

任务框架

案例导入　奥康——不走寻常路
任务一　联营方式下商品经营特点
任务二　联营商品流通业务的核算
项目小结
扩展阅读　联营还是自营？
练习与实训

理论目标

1. 了解联营方式的含义；
2. 熟悉联营方式的特点；
3. 了解联营方式的基本流程。

技能目标

1. 掌握商品流通企业联营商品经营的会计核算；
2. 熟悉联营方式下商业折扣的核算；
3. 熟悉联营方式下返券销售的核算。

案例导入

奥康——不走寻常路

温州人以善于经商而闻名世界，奥康的当家人王振滔还曾获取过第二届中国杰出营销人“金鼎奖”的最高奖——销售总经理奖，有着“中国营销大师”的美誉。最初，王振滔随着温州的十万推销员大军一起，走南闯北推销自己的产品。经销商带着钱，到奥康的销售点进货，进货后再拿到市场、商场上进行销售。这个时候的营销模式，厂家获取的是低额的生产利润，失去的是网络资源。当时，温州的帆布鞋质量参差不齐，又以中低档为主，只能做“地摊货”，很难打入止规商场。王振滔静下心来，分析了市场形势，认为商家主要是对温州货不信任，怕担风险，影响自己的商业信誉。如果自己生产，质量有保证，再有注册商标，发挥温州帆布鞋款式的优势，一定能打开大商场的大门。当王振滔背上自己生产的帆布鞋重返武汉他熟悉的商场找到经理时，经理不仅为他生产的鞋而赞叹，也为这位年轻人的执着而感动。但囿于“国营”体制和供销方式的种种局限，经理仍拿不定主意如何接纳这个“私营企业”的鞋。这时，王振滔适时地把早已想好的点子提出，他要承租柜台，自产自销，并提前先交承租费，不让商场担风险。经过几次说服，经理才答应先租给他一个半柜台试试。一个月试下来，他的一个柜台的销售额，比商场10个柜台还高。经理这才吃了定心丸。

王振滔亲自站柜台，听取顾客对款式、号码、颜色和质量的意见，及时把信息传回厂里，调整生产计划，往往三五天，顾客的要求就能在柜台上实现，生意越来越火爆。就这样，奥康大胆打破原来的商场体制，将信息的触角直接延伸到市场，实施“厂商联营”，打响了“引厂进店”的第一炮。后来，在全国各大中商场开设店中店与专柜一度和经销商分销制成为奥康营销工作的“两条腿”。至今，奥康已在全国各地商场设立了800多处店中店和专柜，为奥康的原始积累、扩大规模再生产、提高品牌知名度起了十分积极的作用。

（资料引自：http：//baike. baidu. com/view/171962. htm）

1. “引厂进店”对奥康的成功起到了非常关键的作用，什么是“引厂进店”呢？
2. “引厂进店”和自营有什么不同？

任务一 联营方式下商品经营特点

王艳艳经常到统一便利店买东西。朋友很好奇，为什么她不在自己所在的商场买东西。王艳艳告诉她，相对于零售商场，引厂入店的联营方式下销售的产品更便宜，你知道为什么吗？

传统的商品流通过程主要是先购进商品、储存商品，最后销售商品。商品流通企业的业务核算也围绕上述商品流通过程而展开。当前，我国商品流通企业为提升自身的竞争力和降低经营风险，常采用一种新的“引厂进店”的联营方式（简称“联营方式”）。这种联营方式有利于加快商品流通企业的资金周转速度，减少资金占用，提高资金使用效率。

一、联营方式的含义

联营方式是指经销商负责联系货源，组织进货，并达到商场要求的保底销售额，商场提供销售的经营场所；销售活动由商场统一管理，开具商场发票，商品的销货款由商场统一收取的一种经营方式。商场根据联营协议中约定的销售额抽点比例来确定商场自身和各经销商的销售收入份额。经销商按应享有的销售收入份额为商场提供增值税专用发票，作为与商场结算的凭据，商场记为进货成本，并进行进项税抵扣。联营方式主要被我国的商品零售业尤其是大型商场所采用。

二、联营方式的特点

联营方式相比自营方式，具有以下特点：

（一）直接参与商品供应商的收益分成

在联营方式下，商品流通企业只需要提供商品销售的场所，不需要提供资金购买待出售的商品。值得注意的是，这一特点与场地出租是完全不一样的，联营方式下商品流通企业不收取商品销售的场地租金，而是直接参与商品供应商的收益分成。

（二）商品流通企业没有库存商品管理环节

在联营方式下，所有商品的进货、存储均由商品供应商自行负责，商品是由生产企业或者批发商直接带到经营场所的，商品流通企业节省了商品购进环节，而且还不需要负责库存商品的管理，节约了库存商品管理的成本，但需要负责库存商品的治安管理。因此，在该种经营方式下商品流通企业账面中“商品采购”、“库存商品”等科目的期末余额较少，甚至为零。

（三）联营方式下的人员分工不同

在联营方式下，商品销售人员或导购人员一般是由商品提供者配备，商品流通企业的人员只需要从事销售的辅助工作，不直接参与商品的销售工作。商品流通企业也不负责发放商品销售人员或导购人员的工资。需要说明的是，这一点不同于受托代销方式，因为商品销售行为的实施主体不同，在受托代销过程中，商品销售是由作为受托方的商品流通企业组织销售人员完成的，而联营方式下商品流通企业不负责商品销售工作。

（四）商品流通企业控制销售的货款结算环节

在联营方式下，虽然商品流通企业不直接参与商品的销售工作，但是所有商品销售后的款项结算工作均由商品流通企业负责，也就是说，消费者不是与商品供应商之间办理货款结算，而是向提供商品销售场所的商品流通企业支付款项。这一点与自营商品经营方式相同。

（五）商品流通企业能够及时收回货款

商品流通企业与商品提供者之间存在“先销售后结算”的关系。这一点刚好与自营商品经营方式相反。在联营方式下，商品流通企业一般不执行商品赊销，这也保证了销售资金的及时回收。在联营方式中，商品流通企业不需要将大量的资金积压在商品上，回避了资金周转不畅现象的出现，同时还可以保证企业按期实现经营利润。所以，“引厂进店”可以说是一种“旱涝保收”的经营模式。

三、联营方式的基本流程

联营方式的基本流程如下：

（一）选择合作方

商品流通企业在市场分析的前提下，综合考虑商品品牌、质量、口碑及价格等各方面因素后选择意向供应商，然后进行谈判确定，并签订联营合同，确定合作双方权利和义务关系，明确联营商品的种类、规格、保底销售额、收益分成比例以及货款结算方式等事项。同时，供应商为抢占市场份额，通常也会主动去跟商品流通企业寻求合作，而且还可能会向商品流通企业支付一定数额的进场费。

对商品流通企业来说，商品供应商的选择适当与否将直接决定其联营商品经营效益，而对供应商来说则直接决定其营销战略的成败。

（二）商品销售

商品进驻商品流通企业场地后，商品流通企业只提供门面货架和商品仓库，但商品流通企业要的不是出租货架和仓库的租金，而是联营商品的销售额分成。而供应商要派人负责联营商品的运送、保管和销售等日常活动，相应的费用由供应商承担，这一点与商品流通企业受托代销商品不同。商品销售后由商品流通企业统一收取货款。

（三）联营对账

一般情况下，商品流通企业于每月月末汇总当期全部商品销售额，并与供应商对账，以确保联营商品销售数量和销售额准确无误。

（四）计算商品流通企业留利和供应商返款

联营商品销售额核对无误后，商品流通企业根据联营合同约定的比例计算应返还供应商的款项。

（五）结算联营商品销售款

确定商品流通企业和供应商分别应得销售款项金额后，商品流通企业须在合同约定的时间内向供应商支付返还款。

任务二 联营商品流通业务的核算

一、商品流通企业联营商品经营会计核算

联营方式主要是零售企业使用，并采用售价核算法，下面以零售企业为例进行具体分析。

【例5-1】家乐百货公司2013年联营商品销售部分业务如下：

8月12日，收到爱可欣公司的进店费20 000元。

商品流通企业收到的进场费，因需提供相应后续服务且与商品销售额无必然联系，应按服务业征收营业税，不征收增值税。如果进场费数额较大且联营合同期限较长，应在合同期限内分期确认收入。

借：银行存款　　20 000

　　贷：其他业务收入　　20 000

借：其他业务成本　　1 000

　　贷：应交税费——应交营业税　　1 000

10月15日，销售日报表、收款汇总表等资料显示，该公司上半月联营销售额213 815.70元，其中收现金158 623.70元，已全部存入农业银行，刷工商银行信用卡55 192元尚未收到，银行刷卡结算手续费率为1%。

客户刷卡后相应款项不能马上进账，应先做应收账款。另外，银行刷卡手续费在客户刷卡时就已经发生，根据权责发生制和配比原则，应在确认刷卡销售收入的同时确认费用。

借：银行存款——农业银行　　158 623.70

　　应收账款——工商银行　　54 640.08

财务费用——银行手续费　　551.92
　贷：主营业务收入　　213 815.70

10 月 25 日，收到农业银行收账通知，工商银行划来款项 54 640.08 元。

借：银行存款——农业银行　　54 640.08
　贷：应收账款——工商银行　　54 640.08

10 月 31 日，销售日报表、收款汇总表等资料显示，该公司下半月联营销售额 175 470.40 元，全部为现金并已存入农业银行。

借：银行存款——农业银行　　175 470.40
　贷：主营业务收入　　175 470.40

10 月 31 日，计算供应商返款，按照联营合同计算本企业 20% 留利。

留利 = 389 286.10 × 20% = 77 857.22（元），向供应商返款金额 311 428.88 元。

借：库存商品　　389 286.10
　贷：应付账款　　311 428.88
　　商品进销差价　　77 857.22

借：主营业务成本　　311 428.88
　商品进销差价　　77 857.22
　贷：库存商品　　389 286.10

需要注意，此笔应付账款是含有进项税额的，因此，“商品进销差价”金额是不完整的差价，“主营业务成本”金额也是虚高的，应在收到供应商增值税发票后做进一步调整。

11 月 7 日，收到供应商开具的增值税专用发票，价税合计 311 428.88 元。其中价款合计 266 178.53 元，税款合计 45 250.35 元，以转账支票支付全部返款。

收到增值税专用发票确认进项税额后，联营商品“进价”降低，从而导致“商品进销差价”增加，进而使“主营业务成本”降低。

借：应交税费——应交增值税（进项税额）　　45 250.35
　贷：商品进销差价　　45 250.35

借：商品进销差价　　45 250.35
　贷：主营业务成本　　45 250.35

借：应付账款　　311 428.88
　贷：银行存款　　311 428.88

10 月 31 日，价税分离，计算增值税销项税额。

借：主营业务收入　　56 562.94
　贷：应交税费——应交增值税（销项税额）　　56 562.94

二、供应商联营商品经营会计核算案例解析

供应商的会计核算相对简单，联营商品发出时并没有实现销售，所以不能确认收入，应在收到商品流通企业销售清单并开具增值税专用发票后确认，现举例分析相关主要业务处理。

【例 5 - 2】 爱可欣公司 2013 年联营商品经营部分业务如下：

（1）8月12日，支付家乐百货公司进店费20 000元。

借：销售费用 20 000

贷：银行存款 20 000

（2）8月15日，向家乐百货公司发出联营商品160 000元。

借：发出商品 160 000

贷：库存商品 160 000

（3）11月5日，收到家乐百货公司销售清单、联营商品返款明细表等资料，开具增值税专用发票，金额58 500元。销售商品实际成本30 000元。

借：应收账款 58 500

贷：主营业务收入 50 000

应交税费——应交增值税（销项税额） 850

借：主营业务成本 30 000

贷：发出商品 30 000

（4）11月7日，收到家乐百货公司返款。

借：银行存款 58 500

贷：应收账款 58 500

三、联营商品促销的会计处理

在市场竞争日益激烈的今天，各大商场都使出浑身解数，推出各种各样诱人的促销方式，目前，商业折扣和返券销售是大型商场最常见的两种促销方式。

（一）商业折扣的会计处理

由于商业折扣是与销售货物或提供应税劳务同时发生的，税法规定，若将销售额与折扣额开在同一张发票上，可以按照扣除折扣额后的余额计算增值税销项税额；若另开发票，不管会计上如何处理，都不得扣除折扣额计算销项税额。商业折扣仅限于价格折扣，比如商品9折销售。在商场，还常见“满多少减多少”这一促销方式，此种方式相当于明折明扣，等于商场直接将商品打折，满减额与销售额同在一张发票上反映，账务处理上视同商业折扣。

实际生活中，商业折扣是折扣销售与实现销售同时发生，买卖双方均按折扣后的价格成交，发票价格就是扣除折扣后的实际售价，因此，按照发票上的金额计算销项税额。

【例5-3】家乐百货公司的专柜都是以签订联营合同的方式经营的，抽成率为20%。商场举办让利活动，将甲品牌的商品打9折销售，顾客A购买了标价为1 200元的商品，支付了1 080元现金；将乙品牌的商品按满300减60元销售，顾客B购买了标价为1 280元的商品，支付了1 040元现金。抽成率不变，销售额和折扣额在同一张发票上分别注明，商场各柜组销货款统一由收银台收取，商场与各供应商均为增值税一般纳税人，增值税率为17%，商品的标价为含税价。

（1）商场与供应商签订联营协议时，没有促销约定，按各专柜的标价与抽点比例计算出与供应商的结算额，作如下会计分录：

借：受托代销商品——甲品牌　820.51
　　　　　　　　——乙品牌　875.21
　　提取进项税　288.28
　　贷：受托代销商品款——甲品牌　960.00
　　　　　　　　　　　——乙品牌　1 024.00

（2）商场实现销售时，根据销售发票确定增值税销项税额 = [1 080/(1 + 17%)] × 17% + [1 040/(1 + 17%)] × 17% = 308.03（元）。

借：银行存款　2 120.00
　　贷：主营业务收入——甲品牌　923.08
　　　　　　　　　　——乙品牌　888.89
　　　　应交税费——应交增值税（销项税额）　308.03

（3）甲、乙柜组促销，商场按实销现货和联营协议的扣点比例与供应商进行了货款结算。

借：受托代销商品款——甲品牌　（1 080 × 80%）864
　　　　　　　　　——乙品牌　（1 040 × 80%）832
　　贷：银行存款　1 696

（4）商场取得了供应商依据结算款开具的增值税专用发票。商场以经销商提供的增值税专用发票作为进货成本，进行进项税抵扣。

借：应交税费——应交增值税（进项税额）　246.43
　　贷：提取进项税　246.43
借：主营业务成本——甲品牌　738.46
　　　　　　　　——乙品牌　711.11
　　贷：受托代销商品——甲品牌　738.46
　　　　　　　　　　——乙品牌　711.11

（5）冲销联营协议确定的结算款与促销实际结算款的差额。

借：受托代销商品款——甲品牌　96.00
　　　　　　　　　——乙品牌　192.00
　　贷：受托代销商品——甲品牌　82.05
　　　　　　　　　　——乙品牌　164.10
　　　　提取进项税　41.85

（二）返券销售的会计处理

返券销售是指消费者购买一定金额的商品后，取得商场赠送的购物券，消费者购物在先，赠券在后。商场的返券行为是一种赠送行为，但不同于无偿赠送行为。《合同法》规定，无偿赠送的财产有瑕疵，赠送人不承担责任。而顾客用返券购买的商品如果出现了质量问题，商场必然承担相应的责任。因此，返券销售不能视同销售计算增值税，应该比照商业折扣，按实际销售收入计算增值税。为了反映购物券的发放与收回，并且考虑会计核算的谨慎性原则，设置“递延收益”账户，在送赠券时，应将归属赠券的货款计入“递延收益”，待使用赠券消费时再由“递延收益”转入收入。另外，消费者在一个柜台购买商品后，很可能用返还的购物券在另一柜台消费，可见，返券销售不同于商业折扣，各柜组销售必然存在着联系，商场为了与各柜组进行货款结算，就需要将销货现款在涉及现金与购物券交易的柜组之间进行分割。经过实地调研分析，若各柜组返券促销活动标准相同，折扣率应是相同的，各柜组之间进行总现金收入分割，按照各柜组开出的销货票注明的销货款即公允价值比例分割比较科学合理。其公式为：

各柜组结算现款 = 商场当期促销活动的总现金收入（含刷卡转账收入）×（1 - 扣点比例）× 该柜组销售额 ÷ 各柜组总销售额（现金和回收的返利券合计）

常见的返券销售主要有以下几种情况，下面通过案例分别予以分析。

1. 返利券与所购商品金额相同

【例 5 - 4】 家乐百货公司十一期间举行联营专柜全场“满 300 送 238”的返券促销活动，购物券由商场统一赠送，对联营专柜按含券销售额结款，抽成率由原来的 20% 提高至 45%。各柜组都收取返还的购物券，假设顾客消费 1 146 元购入甲品牌的商品，返还 714 元购物券，顾客恰好用购物券购买了 714 元乙品牌的商品。商场与各供应商均为增值税一般纳税人，增值税率为 17%，商品的标价为含税价。

（1）签订联营协议时，按各专柜的售价与抽点比例计算出与供应商的结算额。

借：受托代销商品——甲品牌　538. 72
　　　　　　　　——乙品牌　335. 64
　　提取进项税　148. 64
　　贷：受托代销商品款——甲品牌　630. 30
　　　　　　　　　　　——乙品牌　392. 70

（2）销售商品并发放购物券时。

借：银行存款　1 146. 00
　　贷：主营业务收入　369. 23
　　　　应交税费——应交增值税（销项税额）　62. 77
　　　　递延收益　714. 00

（3）收回购物券时。

借：递延收益　714. 00
　　贷：主营业务收入　610. 26
　　　　应交税费——应交增值税（销项税额）　103. 74

（4）活动结束，商场与各品牌柜组结算货款。收银台只收取了 1 146 元的现金，而对于商场而言，卖出去 1 860 元商品，按照 45% 的抽成率，联营专柜结算款为 1 023 元（1 860 ×55%），其中现金为 630. 3 元（1 146 ×55%），商场需要将 630. 3 元现金按两柜组销售商品的公允价值比例在两柜组之间进行分割，计算过程见表 5 - 1。

表 5 - 1　　销售现款分割表　　单位：元

柜组	公允价值	分割比例	分割销售现款	联营协议结算款
甲品牌	1 146	1 146/1 860 ×100% =61. 61%	630. 3 ×61. 61% =388. 33	1 146 ×55% =630. 3
乙品牌	714	714/1 860 ×100% =38. 39%	630. 3 ×38. 39% =241. 97	714 ×55% =392. 7
合计	1 860	100%	630. 3	1 023

在联营协议中约定，商场对联营专柜按含券销售额结款，因而实际支付给各专柜的现款少于联营协议中约定结算款，两者之间的差额冲销各品牌的成本。

借：受托代销商品款——甲品牌 630.30
——乙品牌 392.70
贷：银行存款 630.30
主营业务成本——甲品牌 241.97
——乙品牌 150.73

（5）各品牌柜组开出税票时。

借：应交税费——应交增值税（进项税额） 148.64
贷：提取进项税 148.64

借：主营业务成本——甲品牌 538.72
——乙品牌 335.64
贷：受托代销商品——甲品牌 538.72
——乙品牌 335.64

2. 返利券小于所购商品金额

【例 5-5】 若用购物券购买零售价为 800 元的乙品牌的商品，又多消费了 86 元现金，收银台共收取 1 232 元现金。活动结束，销货现款分割过程为：

甲品牌柜组分割的销货款 =（1 146 + 86）× 55% × 1 146/(1 146 + 800) = 399.04（元）

乙品牌柜组分割的销货款 =（1 146 + 86）× 55% × 800/(1 146 + 800) = 278.56（元）

借：受托代销商品款——甲品牌 630.30
——乙品牌 440.00
贷：银行存款 677.60
主营业务成本——甲品牌 231.26
——乙品牌 161.44

其余账务处理同【例 5-4】。

3. 返利券大于所购商品金额

【例 5-6】 若用购物券购买零售价为 700 元的乙品牌的商品，剩余 14 元的购物券不再消费，收银台共收取 1 146 元现金。活动结束，销货现款分割过程为：

甲品牌柜组分割的销货款 = 1 146 × 55% × 1 146/(1 146 + 700) = 391.29（元）

乙品牌柜组分割的销货款 = 1 146 × 55% × 700/(1 146 + 700) = 239.01（元）

借：受托代销商品款——甲品牌 630.30
——乙品牌 385.00
贷：银行存款 630.30
主营业务成本——甲品牌 239.01
——乙品牌 145.99

活动结束，消费者弃用 14 元的购物券，将“递延收益”科目余额转为收入。

借：递延收益 14.00
贷：主营业务收入 11.97
应交税费——应交增值税（销项税额） 2.03

其余账务处理同【例5-4】。

4. 部分柜台限收券情况

【例5-7】 若乙品牌柜组采取限收券的促销策略，购买100元限收90元，不返券。顾客购买了零售价为700元的商品只收取了630元购物券，付了70元现金，剩余84元购物券购买了日用品柜的小商品。由于乙品牌柜组限收券，该柜组优惠条件不同商场的其他柜组，折扣比较低，导致消费者实际享受到折扣有所降低，商场在各柜组之间分割现款时，为了使各柜组分割所得现金与其优惠条件比较一致，发生在乙品牌柜组的现金扣除商场的扣点比例后不参与分割相对比较合理。分割计算过程见表5-2。

表5-2　　销售现款分割表　　单位：元

柜组	公允价值	分割比例	分割销售现款	实际分割的销售现款
甲品牌	1 146	1 146/1 860×100%＝61.61%	630.3×61.61%＝388.33	388.33
乙品牌	630	630/1 860×100%＝33.87%	630.3×33.87%＝213.48	251.98
日用品柜组	84	84/1 860×100%＝4.52%	630.3×4.52%＝28.49	28.49
合计	1 860	100%	630.3	668.80

借：受托代销商品款——甲品牌　　630.30
　　　　　　　　——乙品牌　　385.00
　　　　　　　　——日用品柜组　　46.20
　贷：银行存款　　668.80
　　　主营业务成本——甲品牌　　241.97
　　　　　　　　　——乙品牌　　133.02
　　　　　　　　　——日用品柜组　　17.71

其余账务处理同【例5-4】。

上述案例中，假定商业折扣扣点比例不变，返券销售扣点比例变化，无论扣点比例是否变化，其核算原理是完全相同的，在此不再赘述。

商业折扣在销售额与折扣额开在同一张发票的情况下，增值税销项税额是按照折扣后的余额即商场实收的现款计算的；返券销售也是按照实际销售收入计算增值税销项税额的。可见，两种促销方式，若商场实际的折扣率相同，则商场实际的销售收入就会一致，商场不论采取那一种促销方式，其增值税销项税额是相同的。但从会计核算的角度看，返券销售需要分割各柜组的销货现款，核算较繁琐。

项目小结

- 联营方式是指经销商负责联系货源，组织进货，并达到商场要求的保底销售额，商场提供销售的经营场所；销售活动由商场统一管理，开具商场发票，商品的销货款由商场统一收取的一种经营方式。
- 联营方式相比自营方式，具有以下特点：①直接参与商品供应商的收益分成；②商品流通企业没有库存商品管理环节；③联营方式下的人员分工不同；④商品流通企业控制销售的货款结算环节；⑤商品流通企业能够及时收回货款。

- 联营方式的基本流程如下：①选择合作方；②商品销售；③联营对账；④计算商品流通企业留利和供应商返款；⑤结算联营商品销售款。
- 商业折扣是折扣销售与实现销售同时发生，买卖双方均按折扣后的价格成交，发票价格就是扣除折扣后的实际售价，因此，按照发票上的金额计算销项税额。
- 返券销售是指消费者购买一定金额的商品后，取得商场赠送的购物券，消费者购物在先，赠券在后。顾客用返券购买的商品如果出现了质量问题，商场必然承担相应的责任。为了反映购物券的发放与收回，并且考虑会计核算的谨慎性原则，设置“递延收益”账户，在送赠券时，应将归属赠券的货款计入“递延收益”，待使用赠券消费时再由“递延收益”转入收入。

联营还是自营？

拓展阅读

超市里自营商品的丰富度是大家有目共睹的，从家乐福、沃尔玛再到京客隆、超市发。几乎满城的超市都在货架醒目位置放上了自己的贴牌商品。超市由于对货品销售可以实时监控，所以对当下热销的产品进行盘点后利用自有优势进行贴牌生产，贴牌生产的这些商品可以被放到超市最好的位置而且无需为品牌支付单独的费用后，超市方获得的毛利通常是其他商品的3倍以上，同样的还有屈臣氏。

今天，由于各项成本的上升，在各个百货店内部也开始倡导从联营、联销回归自营，典型的做法是自己贴牌或者找国外为大规模在境内上市的品牌做代理。一定程度上这看似是一种回归，其实这只是市场发展到现在，对于客户需要进行深层次把握之后的结果。

20世纪80年代之前，我国百货业完全是采用自营的模式。由于当时中国物品短缺，还处于“卖方市场”时代，商场只要有关系采购到商品，不用担心卖不出去。90年代后，随着商品日益丰富，商场开始尝试引进品牌进驻，这在当时称之为“引厂进店”，逐渐演化为如今流行的百货业联营模式。

客观来讲，联营模式对我国百货业的发展功不可没。而随着行业竞争的日益白热化，联营模式暴露的问题也不容忽视。随着社会成本、人员成本等大幅上涨，厂商向百货公司支付的“保底扣点”也愈来愈高，厂商则通过不断提高价格维持生存，出现了如此的叠加和循环，极大地削弱了百货公司的市场竞争力。在差异化竞争需求日增的今天，百货业回归自营模式的呼声也越来越高。

不过，百货业回归自营不能一蹴而就。由于联营模式在我国发展了十多年，已经根深蒂固，从商业大环境到企业个体的运行模式都已经习惯于联营。因此，到目前为止乃至未来很长一段时间，“联营”依然是百货业主要的盈利模式。

而自营则是百货业特色化和未来的方向。因此，目前百货业要学会联营和自营并举，“两条腿走路”。不转型，则企业竞争力越来越薄弱，最终会走向消亡；贸然转向自营，则企业可能在一时之间无法适应，品牌、资源、经营能力都跟不上，从而给企业带来极大风险。因此，企业不妨在部分品牌尝试自营，然后逐渐将自营比例提高，最终完全转型自营。

练习与实训

一、单项选择题

1. 联营方式下，销售活动由（　　）统一管理。

A. 厂商　　B. 加盟商

C. 销售员　　D. 商场

2. （　　）是指消费者购买一定金额的商品后，取得商场赠送的购物券，消费者购物在先，赠券在后。

A. 促销　　B. 返券销售

C. 商品折扣　　D. 商品返利

3. （　　）是折扣销售与实现销售同时发生，买卖双方均按折扣后的价格成交，发票价格就是扣除折扣后的实际售价，因此，按照发票上的金额计算销项税额。

A. 促销　　B. 返券销售

C. 商品折扣　　D. 商品返利

二、多项选择题

1. 联营方式的基本流程包括（　　）。

A. 选择合作方　　B. 商品销售

C. 联营对账　　D. 结算联营商品销售款

2. 联营方式相比自营方式具有以下特点（　　）。

A. 联营方式下的人员分工不同

B. 商品流通企业控制销售的货款结算环节

C. 直接参与商品供应商的收益分成

D. 商品流通企业有库存商品管理环节

三、会计分录题

1. 2013 年 7 月，家乐百货公司与佳佳裤业有限公司签订联营协议。奥美公司在家乐百货公司设专柜销售其系列品牌时装。联营扣点为 15%，每月结算一次商品销售款。协议签订当月发生下列经济业务：商场根据当月销售日报表及收银有关资料统计并核对无误，奥美公司系列时装共实现含税销售收入 513 450 元，款均收存银行。月末佳佳裤业有限公司开来上述已售商品的增值税专用发票，总金额 436 432. 50 元，价款 373 019. 23 元，增值税额 63 413. 62 元。商场在扣除联营扣点款后当即开出转账支票向奥美服装公司结付货款。

2. 一商场 2013 年 5 月 1 日举办了“买三送一”的促销活动，即顾客购物每满 300 元，商场即赠送 100 元的返利券，5 月 1 日发放返利券 120 万元（实际回收返利券 117 万元）。5 月该商场实现商品销售收入 3 510 万元（含税价），在回收的返利券中，按商场与商品供应商的约定，商场负担 35. 1 万元，供应商负担 81. 9 万元。

3. 一商场为了扩大销售的需要，对外宣传购买 × × 型号冰箱一台，赠送品牌电风扇一台。假定冰箱售价 3 861 元，成本 3 600 元，电风扇售价 51 元，成本 20 元，该商场处理方式为：收顾客 3 861 元现金，并向其开具 3 861 元的发票。开具一件电风扇的出库单，免费赠送电风扇给顾客。企业会计上确认含税销售收入 3 861 元。

4. 一商场 2013 年 10 月 1 日举办了“买三送二”的促销活动，即顾客购物每满 300 元，商场即赠送 200 元的返利券，10 月 1 日发放返利券 250 万元（实际回收返利券 234 万元）。2008 年 10 月该商场实现商品销售收入 3 510 万元（含税价），在回收的返利券中，按商场与商品供应商的约定，商场负担 70. 2 万元，供应商负担 173. 8 万元。

6 项目六 进出口商品流通业务的核算

项目概要

介绍进出口业务基础知识和外贸企业的特点；阐述了出口商品流通业务核算（如出口商品采购、出口商品销售、出口商品结汇、出口转内销、出口退税及其他有关业务）和进口商品流通业务核算的主要内容。

任务框架

案例导入　中国进出口总值有望全球第一
任务一　进出口业务基础知识和外贸企业的特点
任务二　出口商品流通业务的核算
任务三　进口商品流通业务的核算
项目小结
扩展阅读　我国民营企业进出口500强的总体特征
练习与实训

理论目标

1. 了解进出口的含义；
2. 熟悉外贸会计核算的特点；
3. 掌握外贸会计的计价方法。

技能目标

1. 掌握出口商品采购、出口商品销售、出口商品结汇的会计核算；
2. 掌握出口转内销、出口退税的会计核算；
3. 熟悉进口商品流通业务核算。

案例导入

中国进出口总值有望全球第一

海关总署2013年12月8日发布的数据显示，11月当月，中国货物进出口总值3 706.09亿美元，增长9.3%。其中月度出口值首次突破2 000亿美元，增长12.7%，刷新去年12月出口记录，再创单月历史最高纪录。如果12月份外贸不出现意外，继连续四年蝉联全球出口第一大国之后，中国将毫无悬念登顶全球外贸进出口首位。

与此同时，由于出口明显上升，同时进口减速，中国11月的贸易顺差再次达到了惊人的338亿美元，这也是中国连续第二个月出现大约300亿美元的贸易顺差，全年来看中国的贸易顺差可能超过2 400亿美元，将创下2008年以来的峰值，这对人民币造成了很大的升值压力。

1. 我国进出口总值上升，为什么有喜有忧？
2. “外贸企业在我国国民经济中发挥越来越大的作用”。这种说法正确吗？

任务一
进出口业务基础知识和外贸企业的特点

为拓展自己的专业知识，王艳艳报了一个涉外会计培训班。在课堂上，老师告诉他们，近年来，我国与世界各国的交流更为频繁，作为贸易大国，对外的进出口贸易更是国家关注的经济活动之一。进出口贸易额的大小，不仅决定了某一个企业的赢利状况，更是一个国家经济发展的标志，我们国家对外贸企业实行了许多优惠政策，如减免税、退税等，这是为了鼓励外贸企业扩大出口额而实行的优惠政策。从会计核算角度，出口退税、外币业务这都是我们应该熟知的进出口业务核算的特点。

一、外贸企业经营的特点

外贸企业既经营出口业务，也从事进口业务。出口是指在国内收购商品销售到国外以换取外汇；进口是指用外汇从国外购进商品以供应国内需求。

外贸企业是指企业有从事对外贸易（进出口）的企业，在国家规定的注册企业的外贸企业相关领域内，这些企业对合法产品有进出口经营权。与一般商业企业相比，在业务上的主要特点是：

(一) 面临两个市场和两种价格

站在我国角度，无论是进口采购还是出口销售都是我国和外国之间的贸易关系，必然要考虑到将要进口或出口商品的国内市场情况和国际市场情况，了解该商品在国内市场价格和国际市场价格，才决定此种商品是否该出口或进口。两种市场在性质上不同的，两种价格的基础也有区别，以商品进出口为主要经营业务的外贸企业，总有其对内的一面和对外的一面，所以必须同时面临两个市场和两种价格。

(二) 两种货币的使用

我们国家通用的货币是人民币，外币不能在我国流通。对会计核算中货币的使用有特定的要求：在中华人民共和国境内注册企业的交易在记账和编制会计报表时应使用人民币，除少数全部业务为外币业务的企业可使用外币记账（我国通常是银行等金融机构），但在年终编制会计报表时仍然要将外币折合为人民币。而人民币在国外又不是自由外汇，在使用上受到限制，所以我们要将人民币与外币在适当时候兑换才能正常使用。人民币通常在进口商品的国内销售和出口前商品的国内采购时使用；外币通常在进口商品的国外采购和出口商品的国外销售时使用，由此可以看出，无论进口和出口业务中都需同时使用本币和外币。

(三)"买中有买"、"卖中有卖"

进出口业务不仅仅是商品的买卖，由于在我国现行的外汇管理体制下，人民币在国际上不是自由外汇，而外汇在我国也不能直接流通，所以，无论是进口需用的外汇，还是出口取得的外汇，都需到国家授权的银行进行结汇。因此，在进口业务中，一买商品，二买外汇，即"买中有买"；在出口业务中，一卖商品，二卖外汇，即"卖中有卖"。

二、外贸会计核算的特点

(一) 外汇收支核算占重要地位

外贸会计以人民币为统一的货币计量单位，但在业务经营中经常使用外币。而我国对外汇实行国家统一经营、管理的方针，使结汇活动在外贸业务中经常发生，因此，外汇收支的核算十分重要。外贸会计中规定，凡是以外汇收支结算的，均以复币记账（人民币和外币），同时，还应设置反映汇率变动的损益类账户"汇兑损益"。

(二) 会出现"多借多贷"和"同借同贷"现象

"有借必有贷，借贷必相等"是借贷记账法的一般记账规则。但在外贸会计实物中，由于业务繁杂，为了完整、简明的反映一些会计事项发生的情况和数额，必要时，允许采用以下两种特殊的账务处理方法：

(1) 当经济业务十分繁杂又不便于分解时，为使会计科目一目了然并保持科目之间的关系，可以采用"多借多贷"的方式进行反映。

（2）为了简化工作，也为了完整、准确地反映有关账户的本期发生额，可以使用红字反映相反记账方向的本期发生额，所以会出现“同借同贷”的会计分录，这种方法实质上并未改变借贷记账法的一般规则。最常见的情况主要是，进口业务佣金的支付和出口业务运保费的支付。

（三）涉及大量相关理论知识和规定

涉及常用的国际金融知识，在通常使用外币结算时，就涉及外汇管理、汇率制度、外汇报价等相关知识；涉及较多的税收知识，在组织货物进出境时交纳的海关税金，货物出口后的申报出口退税；涉及相关的海关管制知识，涉外企业在组织货物通关时，必须遵守海关相关的管理制度。

（四）因贸易方式的不同而不同

进出口贸易业务有很多的贸易方式，主要包括一般贸易进出口退税业务，来料加工业务进出口业务，进料加工业务进出口业务，深加工方式下进出口业务等，选择不同的贸易方式，在会计核算业务上也有差异。另外外贸企业的进出口业务可分为自营进出口业务和代理进出口业务两部分，它们的核算内容也有差别。

三、外贸会计的计价方法

国际贸易海运以 FOB、C&F、CIF 这 3 种价格术语为最常见，在我国进出口业务中也是如此。

（一）离岸价

离岸价（FOB），即在装运港船上交货。以后的国外运费、保险费和风险，由买方负担。

（二）成本加运费价

成本加运费价（C&F），也叫“运费在内价格”。在商品装船以后，国外运费由卖方负担，保险费和风险由买方负担。

（三）到岸价

到岸价（CIF）即在目的港交货。国外运费、保险费由卖方负担，风险由买方负担。

四、外贸会计的一般核算原则

我国的有关制度规定：进口商品的国外进价，一律以到岸价（CIF）为基础，如果合同以离岸价（FOB）成交的，商品离开对方口岸后，应由我方（进口方）负担的国外费用，记入商品购进成本；商品到达我方口岸后发生的费用，记入经营费用，不计入商品的购进成本；进口关税、产品税等也计入购进成本；如果进口是从调剂市场购进的外汇，其应分摊的外汇价差，亦计入商品的购进成本。收入佣金冲减进价，不易按商品认定的，冲减经营费用。出口商品的销售收入，一律以离岸价（FOB）为基础，如按到岸价（CIF）对外成交的，先按到岸价作为出口销售收入记账，在商品离境后所发生的应由我方（出口方）负担的国外运费、保险费、佣金和财务费用等，以外汇支付的，均以红字冲减销售收入；不易按商品认定的累计佣金收支，列入经营费用。出口商品的退税收入，商业企业作为冲减商品销售成本处理，即借记“应交税金”科目，贷记“商品销售成本”科目。这是为了使出口商品的成本不含税金，与国际惯例一致。工业企业则将退税冲减“产品销售税金及附加”科目。为了随时计算进口商品的赔赚和出口商品的换汇成本，进出口商品可在平时执行合同终了时结转成本。由于汇率变动而使应收账款、应付账款产生的差额，商业企业用“汇兑损益”科目核算；非商业企业则用“财务费用”科目核算。

任务二 出口商品流通业务的核算

一、出口商品采购的核算

出口商品采购是外贸企业经营的起点，也是外贸企业会计核算和资金管理的重要环节。因此对外贸企业出口商品采购的核算必须能够集中、全面地反映其出口商品采购情况。

（一）入账时间

出口商品采购的入账时间应以取得出口商品所有权或实际控制权为准，即取得商品入库单和增值税专用发票等有关结算凭证。

（二）账户设置

1. “库存出口商品”账户

该账户是资产类账户，核算企业全部自有库存出口商品。同时采取进价核算，按出口商品的实际采购成本记账。借方反映已验收入库的商品进价；贷方反映企业销售商品结转的商品销售成本。

2. “经营费用”账户

该账户是损益类账户，核算企业在购销存环节发生的应由企业负担的进货运杂费、装卸费、包装费、保险费、仓储保管费、检验费、广告费、业务人员工资福利等。

3. “应交税金”账户

该科目是负债类账户，核算企业应交纳的各种税金。该账户在企业出口商品采购阶段通过应交增值税子目反映企业购进商品或接受应税劳务的进项税额情况。

4. “银行存款”或“应付账款”账户

在此阶段主要反映已付或应付供货企业的货款。

【例 6-1】2013 年 9 月，中通运外贸有限公司购进帆布鞋 100 箱，每箱 36 双，合同单价为每双 13 元，共计 46 800 元，另支付运费 200 元。

借：库存出口商品——帆布鞋　　40 000
　　应交税金——应交增值税（进项税额）　　6 800
　　经营费用——运杂费　　200
　　贷：银行存款　　47 000

如果因商品质量瑕疵等原因无法出运，外贸企业与工厂协商后退货的，由外贸企业到当地主管国税局开具《企业进货退出及索取折让证明单》，销货企业凭此证明单开具红字发票。购货企业凭对方开具的红字发票入账。

【例 6-2】2013 年 9 月，中通运外贸有限公司购进帆布鞋 100 箱，每箱 36 双，合同单价为每双 13 元，共计 46 800 元，货款已支付。后来发现，该批帆布鞋存在严重的质量问题，经与销货企业协商做退货处理，销货企业按规定开具了红字发票。财务部核算员做如下会计分录：

借：应收账款　　46 800
　　贷：库存出口商品——帆布鞋　　40 000
　　　　应交税金——应交增值税（进项税额）　　6 800

二、出口商品销售的核算

外贸企业的出口销售方式较多，主要有自营出口销售、代理出口销售、加工补偿销售以及代销国外商品。

（一）自营出口销售的核算

一般贸易的出口商品包括直接出口、转口出口、托售出口、进料加工复出口以及样展品的出口，均在“自营出口销售”科目下按商品分户核算。

1. 入账时间

自营出口销售收入的核算，不论是海、陆、空、邮出口，均以出口企业取得正本提单并以全部单据向银行议付之日为销售收入的实现并以此确认入账时间。

2. 科目设置

（1）“库存出口商品”账户。

（2）“自营出口销售收入”账户。该账户是损益类账户。其贷方反映自营出口销售收入；支付的外币运费、保险费、佣金等以及退货或对外理赔时冲减的收入。后两类情况用红字记账。

（3）“自营出口销售成本”账户。该账户系损益类账户。借方反映结转的销售成本和增值税退税差额以及用红字冲减退货成本。

（4）“应收外汇账款”账户。该账户是资产类账户。借方反映应收外汇货款，贷方反映已经收回的外汇货款，期末余额反映尚未收回货款。

（5）“预收外汇账款”账户。该账户是负债类账户。借方反映出口实现时转销的预收货款，贷方反映预收客户的定金或货款，期末余额反映尚未转销的预收货款。

“应收外汇账款”和“预收外汇账款”账户，采用复币式账页，即一般以人民币为记账本位币，同时又要核算外币（主要以美元为主）金额。此两账户由外币折算成人民币时应选择入账（议付）当天或本期1日的汇率中间价作为记账汇率。

3. 入账金额

对外贸易销售收入的入账金额一律以FOB价为基础，以FOB价以外的价格条款成交的出口商品，其发生的国外运费、保险费及佣金等费用支出，均应作冲减销售收入处理。

【例6-3】2013年9月，中通运外贸有限公司购进帆布鞋100箱，每箱36双，合同单价为每双13元，共计46 800元。该货物出运后，单证部已经持相关单据向银行议付，并将商业发票、提单副本交财务部。发票金额为CIF $6 000，当日汇率为8.00元。做如下分录：

借：应收外汇账款　　48 000

　　贷：自营出口销售收入　　48 000

在实际操作过程中，一般在期末按海运费、保险费以及佣金等汇总数预提。支付时直接冲减自营出口销售收入。

由于专业外贸公司一般是先有国外订单，然后再收购，所以外贸企业销售库存出口商品一般采取个别计价法。在发出商品时，根据发出商品的实际数量、金额结转库存出口商品成本，同时将增值税征退差额转入自营出口销售成本。做如下会计分录：

借：自营出口销售成本　　40 000

　　自营出口销售成本　　1 600

　　贷：库存出口商品　　40 000

　　　　应交税金——应交增值税（进项税额转出）　　1 600

同时，计提应收出口退税，做如下分录：

借：应收出口退税　　5 200

　　贷：应交税金——应交增值税（出口退税）　　5 200

（二）代理出口销售的核算

代理出口销售业务是指外贸企业代理国内委托方办理对外洽谈、签约、托运、交单及结汇的全过程，或只代办对外销售及交单结汇的出口业务。如只代委托方办理对外成交，而不负责发运及交单结汇，或只办理发运、加工、整理、改装等部分业务，均不属于代理出口业务。代理出口销售业务的盈亏应由委托方负担，即受托方不垫付商品资金，不负担基本费用，不承担出口销售盈亏，可按代理协议收取代理手续费。

1. 账户设置

委托方与受托方之间结算代理出口业务的款项时，通过“应收账款”或“应付账款”账户。同时设置“代理出口销售收入”、“代理出口销售成本”、“应收外汇账款”等账户。

2. 入账时间

委托人在向受托方交付委托代销商品时就应该纳入受托方的会计核算和监督之下，但是鉴于对外交易这种特殊的贸易方式特别是门到门等贸易方式的出现，受托方无法对受托代理出口商品进行有效监控，所以在实际操作中，一般在代理出口销售结汇，并与委托方办理结算后在入账。

【例6－4】 2013年9月，中通运外贸有限公司受国内一企业委托，代理出口帆布鞋100箱，每箱36双，价值46 800元。代理手续费为3%。该货物出运后，单证部已经持相关单据向银行议付，并将商业发票、提单副本交财务部。发票金额为CIF $6 000，当日汇率为8.00元。做如下分录：

借：应收外汇账款　　48 000

　　贷：代理出口销售收入　　48 000

结转成本

借：代理出口销售成本　　46 560

　　贷：应付账款　　46 560

支付委托方代理款项

借：应付账款　　44 160

　　贷：银行存款　　44 160

计提营业税（税费交纳的会计分录略）

借：代理出口销售成本　　79.2

　　贷：应交税金——应交营业税　　72

　　　　应交税金——应交城建税　　5.04

　　　　其他应交款——教育费附加　　2.16

由于代理出口商品的出口退税归委托方，一般由受托企业负责去所在地税务局开立代理出口退税证明，由委托方持证明和相关单据向当地退税主管机关办理，所以，在对代理出口销售进行核算时，一般不涉及出口退税的核算。

三、出口商品结汇的核算

结汇是外贸企业安全回笼货款的标志，是一祟业务贸易阶段的终结。在结汇时，出口企业可以按照银行当天的外汇牌价（买入价）结售给外汇指定银行，也可以根据自己付汇的需要留取部分外汇。在对结汇进行会计核算时，应注意汇率的变化。结汇时的银行外汇买入价低于做账时的汇率，记入汇兑损益科目的借方，反之做入贷方。

【例6－5】 2013年9月，中通运外贸有限公司购进帆布鞋100箱，每箱36双，合同单价为每双13元，共计46 800元。该货物出运后，单证部已经持相关单据向银行议付，并将商业发票、提单副本交财务部。发票金额为CIF $6 000，当日汇率为8.00元。2013年10月14日，银行通知该货款到账，并出具了结汇水单。水单显示：当天银行买入价7.90元，并扣除了银行电报费、托收费100元，国外银行扣费用USD20。做如下分录：

借：银行存款——人民币户　　47 142

　　财务费用——银行手续费　　100

　　汇兑损益　　598

　　贷：应收外汇账款　　48 000

　　　　自营出口销售收入　　－160

【例6－6】 如果2013年10月16日结汇时银行买入价为8.1元，其他条件同【例

6-5】。做如下分录：

借：银行存款——人民币户 48 338
　　财务费用——银行手续费 100
　　贷：汇兑损益 598
　　　　应收外汇账款 48 000
　　　　自营出口销售收入 -160

【例6-7】如果需要自留外汇，不经过结售汇环节，其他条件如【例6-5】，做如下分录：

借：银行存款——美元户 47 142
　　财务费用——银行手续费 100
　　汇兑损益 598
　　贷：应收外汇账款 48 000
　　　　自营出口销售收入 -160

四、出口转内销的核算

作为专业外贸企业来讲，对外贸易是其主营业务，一般较少涉及内贸。但是原用于外销的商品因为质量瑕疵或市场变化等原因导致客户取消订单，最终无法出运而又无法退货给工厂的情况下，为加速资产流动，避免更大的损失，一般转为内销处理。相对于外销而言，对其销售和结算的会计处理都不尽相同。

【例6-8】2013年9月，中通运外贸有限公司购进帆布鞋100箱，每箱36双，合同单价为每双13元，共计46 800元。后因质量问题，国外客户取消订单，转作内销处理，作价49 140元，并开具了增值税专用发票，货款已回笼。做如下分录：

（1）首先将该批帆布鞋由"库存出口商品"账户转到"库存内销商品"账户核算：

借：库存内销商品——帆布鞋 40 000
　　贷：库存出口商品——帆布鞋 40 000

（2）然后做销售并结转成本，做如下分录：

借：银行存款——人民币 49 140
　　贷：其他销售——内销 42 000
　　　　应交税金——应交增值税（销项税额） 7 140
借：其他销售——内销 42 000
　　贷：库存内销商品——帆布鞋 42 000

（3）计提城建税、教育费附加，做如下分录：

借：其他销售——内销 34.00
　　贷：应交税金——城建税 23.80
　　　　其他应交款 10.20

（4）月底，交纳应交增值税、城建税、教育费附加，做如下分录：

借：应交税金——城建税 23.80
　　应交税金——应交增值税（已交税金） 340.00
　　其他应交款——教育费附加 10.20

贷：银行存款 ——人民币账户 374.00

一般来讲，出口转内销商品都是亏本处理的，增值税进项金额大于销项金额，无须交纳增值税。

五、出口退税的核算

出口退税是国家为鼓励货物出口，提升我国商品在国际市场上的竞争力，由退税主管机关对有出口经营权的企业，在货物报关出口并在财务上做销售后，提交的申报退税凭证核准后退还国内段已交或应交的增值税或消费税。相对于有出口经营权的生产企业来言，专业外贸公司的退税的计算、申报、核算都比较简单。

（一）正常情况下的核算

【例 6-9】 2013 年 9 月，中通运外贸有限公司购进帆布鞋 100 箱，每箱 36 双，合同单价为每双 13 元，共计 46 800 元。该批货物已经报关出口并结汇，公司财务上也已做销售账。帆布鞋的退税率为 13%，公司将退税所需资料报送退税主管机关，经审核后准予退税，公司已收到退税款。

（1）在销售时，做如下分录：

借：应收出口退税 5 200

　　贷：应交税金——应交增值税（出口退税） 5 200

（2）无法退税的差额做入销售成本：

借：自营出口销售成本 1 600

　　贷：应交税金——应交增值税（进项税额转出） 1 600

（3）收到退税款时，做如下会计分录：

借：银行存款 5 200

　　贷：应收出口退税 5 200

（4）如果出口消费税应税货物的退税，会计处理为：

借：应收出口退税

　　贷：自营出口销售成本

借：银行存款

　　贷：应收出口退税

（二）发生退货的核算

退货时作冲回处理。如果是资产负债表日后事项，应将损益类科目通过“以前年度损益调整”科目处理。

（三）出口征收增值税的核算

不予退（免）税的货物，应计提销项税额。

【例 6-10】 2013 年 9 月，中通运外贸有限公司购进纸张 100 箱，合同价共计 468 000 元。该货物已经出运，单证部持相关单据向银行议付，并将商业发票、提单副本交财务部。发票金额为 FOB $ 60 000，预计海运费 $ 3 000，当日汇率为 8.00 元。

（1）销项税额 =（60 000 ×8）÷（1 +17%）×17% =69 743.59（元）

会计分录如下：

借：应收外汇账款 $ 60 000　　480 000

　　贷：自营出口销售收入　　410 256.41

　　　　应交税金——应交增值税（销项税额）　　69 743.59

（2）结转成本：

借：自营出口销售成本　　400 000

　　贷：库存出口商品　　400 000

（3）计算应交纳的增值税（城建税、教育费附加等忽略）：

应交纳增值税 =69 743.59 -68 000 =1 743.59（元）

借：应交税金——应交增值税（已交税金）　　1 743.59

　　贷：银行存款　　1 743.59

因为结汇等环节的会计处理与正常的自营出口销售一致，在以上章节已经介绍，这里不再重复讲述。

六、其他有关业务的核算

（一）进料加工业务的核算

进料加工是指企业自行（或委托其他单位）进口原辅材料，通过自行加工或以委托、作价形式加工成品后再行复出口的业务。因此，进料加工实际上应通过进口、加工及出口的过程。举例说明如下：

【例 6 -11】 2013 年 9 月，中通运外贸有限公司为出口一批一次硫化鞋，需要进口天然橡胶 10 吨。进口合同约定价值 20 000 美元（银行当天美元卖出价为 8 元）企业凭全部进口单证做如下会计分录：

（1）借：商品采购　　200 000

　　　　贷：银行存款　　200 000

（2）为加工复出口，进口的原辅料件，根据出事对应出口合同的具体情况，海关实行减免进口关税及进口增值税制度。即进出口合同需用数量基本一致时，可以免征或少征；无法提供对应合同时，则执行减免 85% 的征税制度。如果需要交纳进口税金则做如下会计分录：

借：应交税金——应交进口关税

　　应交税金——应交增值税（进项税额）

　　贷：银行存款

（3）然后将关税计入进口成本：

借：材料采购

　　贷：应交税金——应交进口关税

（4）进口材料入库时：

借：材料物资　　200 000

　　贷：材料采购　　200 000

（5）作价加工形式——外贸企业对进口辅料件采用作价方式进行加工，应根据所订加工合同，凭物流或业务部门开具的出库单、增值税专用发票，以及加工单位开具的收据，假设【例6－11】中，该批橡胶作价351 000元。做如下会计分录：

借：银行存款　　351 000

　　贷：其他销售——作价加工　　300 000

　　　　应交税金——应交增值税（销项税额）　　51 000

借：其他销售——作价加工　　200 000

　　贷：材料物资　　200 000

（6）收回加工成品应凭物流或业务部门开具的入库单及加工单位开具的增值税专用发票做如下分录：（假设工厂开具的增值税专用发票是468 000元）

借：库存出口商品　　400 000

　　应交税金——应交增值税（进项税额）　　68 000

　　贷：银行存款　　468 000

（7）委托加工形式——企业进口料件以委托形式进行加工，根据委托加工协议，凭物流或业务部门开具的出库及加工凭证，以及加工单位开具的实物收据，做如下会计分录：

借：委托加工商品　　200 000

　　贷：材料物资　　200 000

（8）支付交工单位加工费时，应凭物流或业务部门开具的入库单，以及加工单位开具的增值税专用发票做如下会计分录：（假设加工费117 000元）

借：委托加工商品　　100 000

　　应交税金——应交增值税（进项税金）　　17 000

　　贷：银行存款　　117 000

借：库存出口商品　　300 000

　　贷：委托加工商品　　300 000

进料加工应先填具"进料加工贸易申报表"，报经退税主管机关同意签章后，并据此报征税机关，对进料加工作价部分销项税额不计征入库，出口企业办理退税时，由退税主管机关在退税额中抵扣。

（二）加工补偿出口销售的核算

加工补偿贸易出口方式是不同于自营出口销售和代理出口销售的一种新的对外贸易方式。加工补偿出口业务包括对外加工装配和中、小型补偿贸易两个内容。加工装配业务也称来料加工，是指由外商提供一定的原材料、零配件、元器件，必要时提供某些设备，由我方工厂按对方要求加工或装配成品后交给对方销售，我方收取工缴费。中、小型补偿贸易简称补偿贸易，是指国家重点的大型补偿贸易项目以外的一般轻纺产品、机电产品、地方中小型产品和某些农副产品，由外商提供技术设备和必要的材料，由我方生产后以直接生产的产品偿还。加工补偿贸易是我国在改革开放初期为实现利用外资，节约外汇资金的目的采取的一种贸易方式，广东、福建等沿海地区最早利用并发展了加工贸易补偿出口销售，取得了可观的经济效益和社会效益。随着我国外汇储备的增加、生产技术的提高，加工补偿贸易出口销售已经很少。这里就简单地介绍一下涉及的会计分录：

1. 补偿贸易

（1）引进设备时：

借：固定资产

贷：长期应付款

（2）以生产的产品抵偿设备款，同时结转成本：

借：应收外汇账款

贷：其他销售——补偿贸易

借：其他销售——补偿贸易

贷：库存商品

借：长期应付款——补偿贸易

贷：应收外汇账款

2. 来料加工

如果外贸企业收到外商不计价原辅材料时，应凭业务或物流部门开具的加盖“来料加工”戳记的入库单，连同外商交来的进口单证，通过表外科目核算。

【例 6－12】 2013 年 9 月，中通运外贸有限公司收到外商提供的加工服装面料 36 000 米，该面料每米作价 4 美元，入库当天银行外汇中间价折合 1 美元兑 8 元人民币。

（1）借：材料物资——××客户——服装面料　　1 152 000

贷：应付外汇账款——美元——××客户　　1 152 000

（2）对外商提供的原辅材料在拨交加工厂生产时，应凭业务或物流部门开具的盖有“来料加工”戳记的出库单，做如下会计分录：

借：应收账款——来料加工厂　　1 152 000

贷：材料物资——××客户——服装面料　　1 152 000

（3）在加工厂交成品时，应按合约价格及耗用原料，以及规定的加工工缴费（假设为 30 000 元，如果是以外币计价的工缴费应按入库当天的银行中间价核算），根据业务或物流部门开具的盖有“来料加工”戳记的入库单，做如下会计分录：

借：库存出口商品——××客户——加工成品名称　　1 182 000

贷：应收账款——来料加工厂　　1 152 000

应付账款——来料加工厂　　30 000

（4）收到业务或物流部门交来的成品已出运的有关出口单证及向银行交单联系的同时，应根据出口发票做如下会计分录：

借：应收外汇账款——加工补偿贸易——××客户　　30 000

应付外汇账款——美元——××客户　　1 152 000

贷：其他销售——加工补偿——加工成品名称　　1 182 000

（5）结转成本

借：其他销售——加工补偿——加工成品名称　　1 182 000

贷：库存出口商品——××客户——加工成品名称　　1 182 000

（6）结汇及支付相关费用同自营出口销售，不再介绍。

七、外贸佣金的计算与账务处理

（一）外贸佣金的计算

1. 按成交价格计算

按成交价格计算，即按发票金额计算，目前企业大多采用此法，但因我国出口交易绝大多数按 CIF 或 CFR 价格条款成交，从而运费甚至保险费都进入了佣金的计算基础之内，导致佣金支付偏多。其计算公式为：佣金 = 成交价格 × 佣金率。

例如，一公司出口货物一批，每吨 1 000 美元，佣金率 5%，则佣金为每公吨 50 美元（1 000 × 5%）。

2. 按 FOB 价格计算

按 FOB 价格计算，运费（F）和保险费（I）均无须计算佣金。如果该商品是以 CIF 或 CFR 成交，必须从中减去运费、保险费推算出 FOB。即：佣金 =（CIF − 运费 − 保险费）× 佣金率。

以上述业务为例，若运费为发票金额的 20%，保险费为发票金额的 3%，则每吨佣金为：1 000 ×（1 − 20% − 3%）× 5% = 38.5 美元，比按成交价格计算的佣金数减少 11.5 美元。

（二）外贸佣金的账务处理

1. 明佣

明佣虽然由国外客户在支付出口货物时直接扣除，出口企业不需另外支付，但在出口销售收入的核算中，应单独反映，在反映销售收入的同时，将明佣作冲减销售收入处理。举例说明如下：

【例 6－13】 2013 年 9 月，中通运外贸有限公司向韩国和式公司出口产品 1 000 件，销售总价 10 000 美元，出口佣金按成交价的 5% 计算，出口当天外汇美元中间价为 7.85 元。三个月后收款，此时外汇美元中间价为 7.8 元。则相应的账务处理为：

（1）销售时，按发票金额扣除佣金数的净额计入应收账款，佣金部分冲减销售收入：

借：应收账款——韩国和式公司（US 9 500）　　74 575
　　贷：主营业务收入（出口）　　78 500
　　　　主营业务收入（出口佣金）　　－3 925

（2）收款时：

借：银行存款（US 9 500）　　74 100
　　财务费用（汇兑损失）　　475
　　贷：应收账款——韩国和式公司（US 9 500）　　74 575

2. 暗佣

汇付是先收款后付佣金，但在确认出口销售收入时应计算暗佣并作冲减销售收入处理。例题材料见【例 6－13】。

（1）销售时，先按全额计入销售收入及应收款：

借：应收账款——韩国和式公司（US 10 000）　　78 500

　　贷：主营业务收入（出口）　　78 500

（2）计算出暗佣冲减收入：

借：主营业务收入（出口）　　3 925

　　贷：其他应付款——国外中间商（US 500）　　3 925

（3）收款时：

先收款：

借：银行存款（US 10 000）　　78 000

　　财务费用（汇兑损失）　　500

　　贷：应收账款——韩国和式公司（US 10 000）　　78 500

后付佣：

借：其他应付款——国外中间商（US 500）　　3 925

　　贷：银行存款（US 500）　　3 900

　　　　财务费用（汇兑收益）　　25

任务三 进口商品流通业务的核算

一、进口业务的主要环节

进口业务，是我国对外贸易业务的重要组成部分，进口业务的核算是对外贸易企业核算的重要内容之一。进口业务按贸易关系的不同，可分为协定贸易进口和非协定贸易进口；按进口用汇的来源不同，可分为国家调拨进口、代理进口、易货贸易进口和自营进口等。无论是哪种进口，其主要环节一般包括以下6个方面：

（一）制定进口目标

根据企业年度利润目标，结合公司财务状况和国内市场需求，并在国家宏观经济的指导下，制定企业年度进口目标。

（二）签订成交合同

根据已制定的进口目标，积极寻找客户和货源，对外成交并签订合同。如属代理进口业务，还应与国内用户签订代理合同或协议书。会计核算上应加强对进口每美元赔赚的监督和控制。

（三）履行进口合同

在进口合同的履行中，一般要通过以下程序：

1. 开立进口信用证

进口开证是履行合同的一个重要环节，是进口贸易中广泛使用的一种结算方式。信用证是银行（开证行）应买方的请求，开给卖方的一种保证承担支付货款责任的书面凭证。信用证不依附于贸易合同，但又必须与贸易合同相符，是一项独立文件。

2. 租船订舱

进口信用证开出后，应在规定的有效期、交货期内，催促出口商及时备货装运。按国际贸易价格术语的规定，凡以离岸价格（FOB）成交的合同，应由进口方办理租船订舱工作。目前，我方进口租船订舱工作一般是委托外运公司办理，在特殊情况下，也向境外公司租船或订舱，租船订舱工作办妥后，应及时通知出口商船名和船期，以便按时交货发运。

3. 办理进口保险

凡以离岸价格（FOB）和成本加运费价（CFR）条件成交的进口合同，均由进口企业负责办理海运保险手续。进口方在收到出口商的装船通知后，应立即将船名、船期、提单号、商品名称、数量、价格及装卸港等通知保险公司，办理保险手续。

4. 审单和付款赎单

这是进口业务中的关键环节。进口企业在收到通过银行转来的出口商开户行发来的全套进口单据后，应认真比照信用证的各项条款，核对单据的种类、份数和内容。只有在单证相符、单单相符的情况下，才能凭全套进口单证办理进口结汇和付款赎单手续。如在审单过程中发现问题，应立即通过开证银行向境外银行提出拒付或部分拒付的理由书，以防止在进口业务中发生的经营风险和损失。

（四）到货接运和海关报关

在进口商品到港后，进口企业需按时办理到货接运和海关报关手续。会计核算上主要是计算缴纳进口环节的各项税款和防止延误通关造成的港口压港、仓储等费用。

（五）商品检验和对外索赔

在进口商品到达目的港后，进口企业应及时请商检部门对进口商品按合同或信用证规定的品质条款进行检验，取得进口商品的商检报告，以供在国内销售之需。如果商检结果表明进口商品存在品质问题，应凭商检证明书在规定的有效期内向有关方面提出索赔，具体如下：

1. 向出口商索赔

因货物的规格、品质、原装数量与合同不符、因包装不良致使货物残损等问题，均属出口商的责任，应向出口商提出索赔。

2. 向运输公司索赔

因货物数量与提单所载数量不符或运输过程中造成的货物残损，应向运输公司提出索赔。

3. 向保险公司索赔

凡属保险条款范围内的自然灾害、意外事故等原因造成的货物损失，应向保险公司索赔。

（六）对内销售与结算

如属代理进口业务，企业在收到境外账单或货物到港口后，应按照与用户的合同或协议书向用户办理有关结算手续。如属自营进口，企业便开始国内销售业务。进口业务到此结束。

二、进口商品的价格构成

外贸企业的进口商品在购进环节所发生的各种支出构成商品进价，即进口商品的采购成本。进口商品的采购成本由以下内容构成：

（一）国外进价

进口商品的国外进价，一律以到岸价（CIF）为基础。因此，以离岸价（FOB）成交的进口商品，其支付的国外运费和保险费一律作为国外进价处理。企业收到的可以直接认定到进口商品的进口佣金，作为国外进价的减少。

（二）进口税金

构成进口商品采购成本的进口税金，主要包括由海关征收的进口关税、产品税、增值税和进口调节税等。进口商品在国内销售环节交纳的各种税，不在进口商品采购成本中核算。

三、进口商品会计核算举例

【例 6-14】2013 年 9 月，中通运外贸有限公司向香港进口甲商品 300 件，FOB 香港每件 HK＄320。

（1）9 月 1 日收到账单发票等，货款 HK＄9.6 万、国外运费 HK＄3 500、保险费 HK＄500，合计 HK＄10 万。当日付款作购进。当日汇率银行卖出价 1∶0.8，计￥8 万元。

借：商品采购　　80 000
　　贷：银行存款　　80 000

（2）2013 年 9 月 2 日，开支国内运杂费 2 000 元。

借：销售费用　　2 000
　　贷：银行存款　　2 000

该批商品是用调剂外汇购进的。调剂的价格是 1 港元花费 0.2 元人民币。

应分摊外汇价差 = HK＄10 万 ×0.2 = ￥2 万

借：商品采购　　20 000
　　贷：外汇价差　　20 000

应交进口关税 8 000 元、进口产品税 1 万元，共 1.8 万元。

借：商品采购　　18 000
　　贷：应交税金　　18 000

（3）9 月 2 日提货入库。购进总成本 11.8 万元。

借：库存商品　　11 800

　　贷：商品采购　　11 800

（4）9月5日，收到外商汇来佣金 HK＄5 000，按银行买进价折合￥4 000。

借：银行存款　　4 000

　　贷：商品采购　　4 000

同时，还要冲减存货价值，做如下分录：

借：商品采购　　4 000

　　贷：库存商品　　4 000

项目小结

- 外贸企业是指企业有从事对外贸易（进出口）的企业，在国家规定的注册企业的外贸企业相关领域内，这些企业对合法产品有进出口经营权。外贸企业的特点有：①面临两个市场和两种价格；②两种货币的使用；③“买中有买”、“卖中有卖”。
- 外贸会计核算的特点：①外汇收支核算占重要地位；②会出现“多借多贷”和“同借同贷”现象；③涉及大量相关理论知识和规定；④因贸易方式的不同而不同。
- 国际贸易海运以 FOB、C&F、CIF3 种价格术语为最常见，在我国进出口业务中也是如此。离岸价（FOB），即在装运港船上交货。以后的国外运费、保险费和风险，由买方负担。成本加运费价（C&F），也叫“运费在内价格”。在商品装船以后，国外运费由卖方负担，保险费和风险由买方负担。到岸价（CIF）即在目的港交货。国外运费、保险费由卖方负担，风险由买方负担。
- 出口商品采购的入账时间应以取得出口商品所有权或实际控制权为准，即取得商品入库单和增值税专用发票等有关结算凭证。
- 进口业务，是我国对外贸易业务的重要组成部分，进口业务的核算是对外贸易企业核算的重要内容之一。外贸企业的进口商品在购进环节所发生的各种支出构成商品进价，即进口商品的采购成本。进口商品的采购成本由以下内容构成：①国外进价，进口商品的国外进价，一律以到岸价（CIF）为基础。因此，以离岸价（FOB）成交的进口商品，其支付的国外运费和保险费一律作为国外进价处理。企业收到的可以直接认定到进口商品的进口佣金，作为国外进价的减少。②进口税金，构成进口商品采购成本的进口税金，主要包括由海关征收的进口关税、产品税、增值税和进口调节税等。进口商品在国内销售环节交纳的各种税，不在进口商品采购成本中核算。

拓展阅读

我国民营企业进出口500强的总体特征

我国民营企业进出口500强的企业在营业收入、资产规模、管理水平上处于民营企业的领先位置，并处于不断增长中；其进出口总额也出现大幅度增长，使得民营企业进出口500强企业的贸易衡量指标大幅度上升。

第一，我国民营企业进出口500强企业不断加强自身创新能力，扩大自主知识产权在研发中的比重。企业的自主产权的创造和保护意识正在不断加强。此外，在电子科技、通信等方面，企业通过不断研发创新，参与国际科技竞争，成为推动企业发展的重要力量。

第二，我国民营企业进出口500强在国际化进程中步伐进一步加快。随着我国经济与世界经济加速融合，我国民营企业调整出口贸易结构，提升我国对外贸易质量，在发展货物贸易的同时，服务贸易的进程加快，对外承包工程保持较快发展。同时，我国对外直接投资步伐加快，成为我国民营企业加快实施“走出去”战略的又一途径。

第三，我国民营企业进出口500强企业加快绿色环保、节能减排战略实施，为我国经济结构战略转型做出巨大贡献。伴随着我国贸易摩擦的技术壁垒和绿色贸易壁垒，我国出口产业迎来了新的挑战。我国民营企业500强积极探索节能减排、绿色低碳新技术，树立循环经济减少的理念，依靠创新提高能源利用率，降低成本，规避绿色贸易壁垒，从而促进我国对外贸易的发展。

第四，我国民营企业进出口500强发展势头强劲，具有较强的竞争力和创新能力，抵御风险能力强。我国民营企业进出口500强的整体规模和平均规模都处于同类企业的前端，并不断发展壮大。从进出口总额来说，我国民营企业进出口500强的进出口总额的规模不断攀升，进口额和出口额也逐年增加。

第五，我国民营企业进出口500强入围企业之间存在较大的差距。虽然我国民营企业进出口的总体规模在不断发展壮大，但是从进出口数据看来，企业之间仍然存在着较大的差距，如连续两年民营企业进出口500强进出口总额排名第一的华为技术有限公司，进出口额基数大，增长十分迅速，2011年进出口额占据我国民营企业进出口500强的4.67%；排名前10位的企业的进出口总额占据了民营企业500强企业进出口总额的18.47%。

此外，我国民营企业进出口500强在人力资源队伍的培养，科学企业管理水平等方面也处于发展前列，为企业发展创造了良好的内部环境，节省了企业成本，提高了经济效益，推动着企业朝着更高层次发展，使得我国民营企业500强成为民营企业的领头军。

练习与实训

一、单项选择题

1. 我国实行的增值税是（　　）。

A. 对我国生产环节的一切货物实行差额征税

B. 对我国流通环节的一切货物实行差额征税

C. 对我国生产环节、流通环节的一切货物实行差额征税

D. 对我国生产环节、流通环节的一切货物实行普遍征税

2. 进口物资采购成本是由（　　）。

A. 外商售价、进口税金、进口运费、保险费及入库前的国内费用所组成

B. 外商售价、进口运费、保险费、佣金及入库前的国内费用所组成

C. 外商售价、进口税金、进口运费、保险费、佣金、入库前的国内费用等组成

D. 外商售价、进口税金、进口运费、保险费所组成

3. 外贸企业向外地收购出口商品时，当由供货单位将商品委托运输部门发运到购货单位所在地的车站、码头交货，同时，向当地银行申请办理委托收款结算手续，向购货单位收取货款的方式称之为（　　）。

A. 送货制　　B. 提货制

C. 发货制　　D. 代理制

4. 出口商品收购是指外贸企业为了（　　）。

A. 出口、内销或加工后出口或内销而取得国产商品使用权的行为

B. 出口、内销或加工后出口或内销而取得国产商品加工权的行为

C. 出口、内销或加工后出口或内销而取得国产商品贸易权的行为

D. 出口、内销或加工后出口或内销而取得国产商品所有权的行为

5. 由于出口销售价格条款的特殊性，我国为了使销售收入的记账口径一致，不论出口成交是使用哪一种价格条款，出口商品销售收入的入账金额一律以（　　）。

A. CIF 价为基础　　B. CFR 价为基础

C. FCA 价为基础　　D. FOB 价为基础

6. 进口商品在进口后进行内销，当采用单到结算情况下（　　）。

A. 进口商品采购和销售核算是不同时进行的。这时进口商品采购成本已经归集完毕，因此能够同时结转成本

B. 进口商品采购和销售核算是不同时进行的。这时进口商品采购成本尚未归集完毕，因此不能同时结转成本

C. 进口商品采购和销售核算是同时进行的。这时进口商品采购成本已经归集完毕，因此能够同时结转成本

D. 进口商品采购和销售核算是同时进行的。这时进口商品采购成本尚未归集完毕，因此不能同时结转成本

7. 按照对外签订合同和应承担的任务，我国来料加工有两种经营形式，分别为（　　）。

A. 委托形式和服务形式　　B. 生产形式和销售形式

C. 进口形式和出口形式　　D. 代理形式和自营形式

8. 当进口贸易采用含佣价（包括明佣或暗佣）成交时，收取佣金的含佣价计算公式为（　　）。

A. 含佣价 = 总价 ×（1 - 佣金率）　　B. 含佣价 = 总价 ÷（1 - 佣金率）

C. 含佣价 = 净价 ×（1 - 佣金率）　　D. 含佣价 = 净价 ÷（1 - 佣金率）

二、多项选择题

1. 我国企业会计准则规定，企业在对记账本位币的选用上应考虑下列因素（　　）。

A. 所选的货币能够对企业商品和劳务销售价格起主要作用，即通常以该货币进行商品与劳务销售的计价与结算

B. 所选用的该货币能够影响商品与劳务所需人工、材料和其他费用，即通常以该货币进行商品与劳务费用的计价与结算

C. 融资活动获得的资金以及保存从经营活动中收取款项时所使用的货币，即根据融资活动获得的资金占销售比重大小，或企业通常留存的销售收入的货币情况来确定

D. 所选的货币能够对企业商品和劳务销售利润分配起主要作用

2. 外贸企业对外购的出口商品应按合同或协议的规定进行验收和入库。在验收的时候应区别以下情况进行不同处理（　　）。

A. 对一般的出口商品只点验其品种、数量，可不点验规格、花色、式样和包装等

B. 对一般的出口商品应点验其品种、数量、规格、花色、式样和包装等

C. 对规格特殊、技术复杂、企业又无条件进行鉴定验收的商品，应按合同或协议的规定，交接验收时，应取得供货部门的有关商品检验证明书，同时，应点验商品数量，检查商品包装

D. 对于应由商品检验部门检验的出口商品，直接送商品检验部门，由商品检验部门对商品的数量和包装进行点验和检查

3. 三种贸易术语的换算公式为（　　）。

A. FOB = CFR - F = CIF - F + I

B. FOB = CFR - F = CIF - F - I

C. CFR = FOB + F = CIF + I = CIF 价 ×［1 +（1 + 投保加成）× 保险费率］

D. CFR = FOB + F = CIF - I = CIF 价 ×［1 -（1 + 投保加成）× 保险费率］

4. 外贸企业在进行出口商品收购业务的会计核算时，其设置的“库存商品”账户核算的对象有（　　）。

A. 外贸企业购入后存放自库的商品

B. 外贸企业购入后寄存外库的商品

C. 外贸企业购入后委托其他单位代管代销的商品

D. 外贸企业购入的包装物

5. 在代理进口业务中，对受托方而言有以下几个特点（　　）。

A. 不垫付资金，只是用委托方资金进口商品物资，以原价转让给委托方

B. 代理进口所发生费用，一般由委托方负担境内外直接费用，包括海外运输费、保险费、银行手续费、代理手续费

C. 以所收取的手续费来作为代理开支及赢利

D. 不承担盈亏，外方付来的佣金、索赔款全部退给委托方

6. 加工贸易与一般贸易相比，有以下特点与区别（　　）。

A. 加工贸易货物主要来自国外，只是在我国进行加工或装配，是“两头在外，中间在内”的贸易模式，获得的收益来源实质上只是加工费部分

B. 一般贸易的企业从生产成本或收购成本与国际市场之间的差价中获得收益

C. 国家对加工贸易进口料件免征关税，免征（对来料加工）或退和缓（对进料加工）进口增值税

D. 一般贸易的进口要缴纳进口环节税

三、会计分录题

1. 2013 年 9 月，中通运外贸有限公司发生下列出口核算业务：

（1）9 月 20 日出口泰国甲商品 900 件，CIF 曼谷每件 US $50，共US $4.5 万。向银行交单作销售。当日汇率银行买进价 1∶5.8，共折合人民币 26.1 万元。

（2）9 月 20 日，预估国外运费 US $0.2 万，保险费 US $478，佣金按销售收入的 0.2% 为 US $522，合计 US $0.3 万。当日汇率银行卖出价 1∶5.9，共折合人民币 17 700 元。

（3）9 月 28 日，银行通知泰商货款已到，结汇。当日汇率银行买进价 1∶5.9。折合人民币 26.55 万元。

（4）9 月 28 日，将国外运费、保险费、佣金等汇出当日汇率，银行卖出价 1∶6，折合人民币 1.8 万元。

（5）9 月 30 日，向国内购进的部分用于出口时应退税。原按 8% 税率交税。查该批向某厂购进的 500 件甲商品已在本月全部出口泰国。因此，应退税额为：15 万 ×8% =1.2 万元。

2. 某服装生产进出口公司为一般纳税企业，以人民币为记账本位币，对外币交易采用交易日即期汇率折算。该公司 2014 年 4 月份发生以下业务：

（1）根据合同规定对香港 ESE 公司出口服装一批计 10 000 件，每件生产成本计人民币 25 元。现对上列出口服装开出外销发票，计每件外销价为 CIF 5 美元，今日交单出口并结转出口产品销售成本。当日即期汇率为 1 美元 =6.750 元人民币。

（2）上列出口服装合同规定应付国外中间商 3% 佣金，当日即期汇率为 1 美元 =6.760 元人民币。

（3）上列出口服装应付海运运费计 4 500 美元，当日即期汇率 1 美元 =6.760 元人民币。

（4）应付上列出口服装保险费 100 美元，当日即期汇率 1 美元 =6.760 元人民币。

（5）本期向华新公司外购生产服装用面料，所取得增值税发票列明不含税进价为 800 000 元，增值税税率 17%，该批面料已验收入库，上列款项尚未支付。

（6）本期内销给友谊商场服装 3 000 件，不含税销售价为 100 000 元，今开出增值税发票，增值税税率 17%，上列价款尚未收到；同日结转该批服装内销成本 75 000 元。

（7）该公司今填制了《免抵退税申报表》并收齐了有关单证、经信息核对无误后，在规定的申报期内经当地的税务征税机关审核后，向当地的税务退税部门申报出口退税，该公

司服装退税率为16%。

3. 广州鸿新进出口公司是一家商业外贸公司，为增值税一般纳税企业，以人民币为记账本位币，对外币交易采用期初即期汇率中间价折算，该公司有自属加工厂。2014 年 9 月份该公司根据与外商签订的一份来料加工合同进行来料加工业务，该公司在进行该项业务过程中已经向主管出口退税的税务机关办理了免税证明。该公司本月发生以下业务（当月月初即期汇率中间价为 1 美元 =6.40 元人民币）：

（1）收到外商提供不计价面料、辅料等材料折合人民币共计 410 000 元；

（2）将上列外商提供不计价面料、辅料等材料拨给自属加工厂加工成 B 产品；

（3）该公司收到下属加工厂加工完毕的 B 产品验收入库，并以银行存款支付加工费 220 000 元人民币；

（4）该公司将上列完工后的 B 产品报关出口，应向外商收取该批来料加工产品加工费 43 750 美元，同时结转该批来料加工产品加工成本；

（5）以外汇银行存款支付上列来料加工业务的境外运保费 1 875 美元；

（6）接银行通知，收到上列外商来料加工加工费 43 750 美元。

7 项目七 综合实训

项目概要

通过高度仿真的模拟训练，使学生迅速理解商品流通企业会计核算的一般过程，掌握商品流通企业会计核算的一般方法。

任务框架

实训一　批发企业会计核算模拟实训

实训二　零售企业会计核算模拟实训

技能目标

1. 掌握并能在实践中运用批发企业会计核算基本方法；
2. 掌握并能在实践中运用零售企业会计核算基本方法。

实训一 批发企业会计核算模拟实训

一、模拟企业基本情况

企业名称：山东红星食品有限责任公司

企业类型：批发企业

注册资本：300 万元人民币

开户银行：中国银行济南市天桥区支行

账　　号：0101020304

税务登记号：370102169354239

联系电话：0531－85924221

公司地址：山东省济南市

公司组织结构：企业设总经办、财务部、销售部、仓库四部门。

二、模拟企业会计政策及相关业务简介

1. 公司执行新企业会计准则。

2. 公司以人民币为记账本位币，采用记账凭证账务处理程序登记总分类账。

3. 库存商品核算采用数量进价金额核算法，按日结转已销商品成本，发出商品的实际成本采用先进先出法。

4. 商品采购过程中发生的运费一律计入该批商品成本。

5. 成本计算过程中各项比率、单价如除不尽则保留小数点后四位。

6. 公司年底对各项资产进行减值测试。假定本年度经过减值测试，确定按应收账款余额的0.3%计提坏账准备，其他资产不存在减值迹象。

7. 长期借款是为企业在建工程而借入的款项，借款时间为2013年11月30日，借款期限2年；短期借款为企业经营借款，借入时间为2013年11月30日，借款期限6年，均到期一次还本付息。

8. 所得税会计采用资产负债表债务法，公司采用的折旧政策、累计摊销政策与税法规定一致。假定公司在未来期间能够产生足够的应纳税所得额用于抵扣可抵扣暂时性差异。

9. 税费

（1）增值税：公司采购和销售商品的价格均为不含税价格，增值税税率为17%，运输费按专用发票上不含增值税的金额计算。

（2）城市维护建设税税率为7%，教育费附加税率为3%。

（3）公司代扣代缴个人所得税，在工资表中单独列示“代扣个人所得税”项目。

（4）所得税：所得税税率为25%。假定经过主管税务局批准，公司按年计算并缴纳所得税。

10. 利润分配

（1）盈余公积提取比例为10%。

（2）分配给投资者的利润按有关规定执行。

三、工作要求

1. 建立下列账簿：银行存款日记账，应收账款、库存商品明细账，应收账款、库存商品总账，并根据期初资料登记上述各账簿期初余额。

2. 根据业务资料填制部分原始凭证，此部分原始凭证无需签章。

3. 分析原始凭证，并据以编制通用记账凭证。

填制凭证说明：①记账凭证的制单人处须盖“制证人”章或签字；②编制记账凭证不必填写科目编号；③编制记账凭证时必须填制“应收账款”、“在途物资”、“库存商品”、“应交税费”、“利润分配”科目的明细科目；④填制记账凭证时资料中未给出的内容可以不填。

4. 根据记账凭证、原始凭证登记上述要求开立的账簿。

登记账簿说明：①登记银行存款日记账不需填写支票号码；②如需更正错账，请盖“制证人”章或签字。

5. 对建立的账簿月结账。

6. 编制资产负债表，只需登记期末余额。

7. 编制年度利润表，只需登记本期金额。

8. 根据编制的会计报表计算下列财务指标：流动比率、资产负债率、营业净利率（计算结果百分数保留小数点后两位）。

9. 整理、装订会计凭证和会计资料。

四、期初资料

表 7-1　　山东红星食品有限责任公司 2013 年 11 月 30 日期末账户余额

账户名称		借方（元）	贷方（元）
库存现金		3 500.00	
银行存款		1 305 748.00	
其他货币资金		105 300.00	
应收票据		138 900.00	
应收账款	共达公司	340 000.00	
	蓝天公司	160 000.00	
	合计	500 000.00	
坏账准备（应收账款）			1 500.00
预付账款		90 000.00	
其他应收款（押金）		4 500.00	
在途物资		11 820.00	
库存商品		576 940.00	
长期股权投资		405 000.00	
固定资产		4 842 000.00	
累计折旧			1 318 500.00
在建工程		408 004.00	
无形资产		1 010 000.00	
累计摊销			75 540.00
递延所得税资产		375.00	
短期借款			420 000.00
应付账款——大宇公司			241 800.00
应付职工薪酬			190 800.00
应交税费	未交增值税		78 842.73
	应交城建税		5 518.99
	应交教育费附加		2 365.28
	合计		86 727.00

续表

账户名称	借方（元）	贷方（元）
其他应付款		8 673.00
长期借款		915 000.00
实收资本		3 000 000.00
盈余公积		969 972.00
本年利润		1 432 500.00
利润分配——未分配利润		741 075.00
合计	9 402 087.00	9 402 087.00

表 7－2　　山东红星食品有限责任公司 2013 年 1～11 月份损益类账户发生额

科目名称	借方发生额（元）	贷方发生额（元）
主营业务收入		5 425 000.00
其他业务收入		35 750.00
主营业务成本	2 455 000.00	
其他业务成本	23 750.00	
营业税金及附加	200 000.00	
销售费用	406 500.00	
管理费用	381 500.00	
财务费用	63 000.00	
营业外支出（固定资产处置损失）	498 500.00	

表 7－3　　“库存商品”明细账户期初余额表

总账科目	明细科目	计量单位	数量	单价	金额（元）
库存商品	曲奇饼干	箱	3 617	100.00	361 700.00
	钙奶饼干	箱	3 160	50.00	158 000.00
	散称饼干	斤	5 724	10.00	57 240.00
	合计				270 300.00

五、业务资料

2013 年 12 月，公司发生如下经济业务：

1. 1 日，采购曲奇饼干，验收入库。

表 7－4

山东省增值税专用发票

发 票 联

山东省 国家税务总局监制

NO. 5432132

开票日期：2013 年 12 月 01 日

购货单位	名　　称：山东红星食品有限责任公司 纳税人识别号：370102169354239 地 址 、电 话：山东省济南市 0531－85924221 开户银行及账号：中国银行济南市天桥区支行 0101020304				密码区	略	
货物或应税劳务名称	规格型号	单位	数量	单价	金额	税率	税额
曲奇饼干		箱	2 000	90	180 000.00	17%	30 600.00
合计					180 000.00		30 600.00
价税合计（大写）	⊗贰拾壹万零陆佰元整				（小写）￥210 600.00		
销货单位	名　　称：东风股份有限公司 纳税人识别号：370102639548781 地 址 、电 话：山东省潍坊市 0536－4600077 开户行及账号：中国银行潍坊市幸福街支行 0102023256				备注	东风股份有限公司 370705639548781 发票专用章	

第三联 发票联

收款人：王 立　　复核：赵 军　　开票人：高 灵　　销货单位：（章）

表 7－5

收　货　单

发票号码：5432131　　收货单编号：963631

供应单位：东风股份有限公司　　2013 年 12 月 01 日　　收货部门：仓库

编号	名称	规格	单位	数量		实际成本				
				应收	实收	买价		运杂费	其他	合计
						单价	金额			
	曲奇饼干		箱	2 000	2 000	90.00	180 000.00	2 000.00		182 000.00
合计							180 000.00	2 000.00		182 000.00

②会计记账联

主管：王 芳　　检验员：郑 一　　保管员：张 君　　会计：刘 红

表 7－6

货物运输业增值税专用发票

发票联

3700133730 NO. 02630813

开票日期：2013 年 12 月 01 日

承运人及纳税人识别号	黄河万顺物流公司 67070563954878	密码区	
实际受票方及纳税人识别号	山东红星食品有限责任公司 370102169354239		
收货人及纳税人识别号	山东红星食品有限责任公司 370102169354239	发货人及纳税人识别号	东风股份有限公司 370102639548781
起运地、经由、到达地	潍坊—济南		
费用项目及金额	费用项目 金额 运费 2 000	费用项目 金额	运输货物信息

合计金额	¥2 000.00	税率	11%	税额	¥220.00	机器编号	499900700183
价税合计（大写）	⊗贰仟贰佰贰拾元整				（小写） ¥2 220.00		
车种车号	鲁 V 36676	车船吨位		备注	黄河万顺物流公司 670705639548782 发票专用章		
主管税务机关及代码	潍坊市国家税务局税源管理××科 13716214500						

收款人： 复核人： 开票人： 承运人：（章）

表 7－7

中国银行委托收款凭证（付款通知）

委托号码 231

委邮 委托日期 2013 年 12 月 01 日 付款日期 2013 年 12 月 01 日

付款人	全称	山东红星食品有限责任公司	收款人	全称	东风股份有限公司
	账号	0101020304		账号	0102023256
	开户银行	中国银行济南市天桥区支行		开户银行	中国银行潍坊市幸福街支行

			千	百	十	万	千	百	十	元	角	分
委托金额	人民币（大写）	贰拾壹万贰仟捌佰贰拾元整		¥	2	1	2	8	2	0	0	0

款项内容	货款	委托收款凭据名称	采购合同	附寄单证张数	1
备注：	付款人注意： 1. 应于见票当日通知开户银行划款 2. 如需拒付，应在规定期限内，将拒付理由书并附债务证明退交开户银行				

中行济南天桥区支行 2013.12.01 转讫

此联是付款人开户银行给付款人按期付款通知

单位主管 会计 复核 记账 付款人开户行银行盖章

2. 罚款 2 000 元。

表 7-8 罚款通知单

受罚单位	山东红星食品有限责任公司			
工作内容	车间安全生产			
处罚原因及金额	根据《山东省安全生产条例》规定，贵公司违反了第四十三条："未按规定对从业人员进行安全生产教育培训"，现责令自收到罚款通知单之日起十日内改正，并处以罚款 2 000 元。			
	罚款金额（大写）	人民币贰仟元整		¥2 000.00
	验证人	孙红	附件	
处罚单位	市安全生产监督管理局		批准	王一

表 7-9 山东省政府非税收入专用收据

收 据 联

NO. 0023

缴款单位：山东红星食品有限责任公司　　2013 年 12 月 03 日

代号	业务类型	业务名称	金额 万	千	百	十	元	角	分
051	安全生产	罚款		2	0	0	0	0	0
合计（大写）	人民币：贰仟元整								

此联为报销凭证

表 7-10 中国银行

转账支票存根（鲁）

10403720

01018078

附加信息

出票日期：2013 年 12 月 03 日

收款人：	济南市安全生产监督管理局
金　额：	¥2 000.00
用　途：	支付罚款

单位主管：　　　会计：

3. 5日，销售钙奶饼干。

表 7－11

山东省增值税专用发票

记 账 联

（印章：山东省 国家税务总局监制）

NO. 096872114

开票日期：2013 年 12 月 05 日

购货单位	名　　称：聊城华夏商厦有限责任公司 纳税人识别号：370205645332454 地 址 、电 话：山东省聊城市 0532－2600137 开户行及账户：中国银行聊城市和平路支行 0102023232				密码区	略	
货物或应税劳务名称	规格型号	单位	数量	单价	金额	税率	税额
钙奶饼干			1 000	70.00	70 000.00	17%	11 900.00
合计					70 000.00		11 900.00
价税合计（大写）	⊗捌万壹仟玖佰元整				（小写）￥81 900.00		
销货单位	名　　称：山东红星食品有限责任公司 纳税人识别号：370102169354239 地 址 、电 话：山东省济南市 0531－85924221 开户银行及账号：中国银行济南市天桥区支行 0101020304				备注	（印章：山东红星食品有限责任公司 370704169354239 发票专用章）	

第一联 记账联

收款人：李丽　　复核：王芳　　开票人：洪丽　　销货单位：

表 7－12

商 品 出 库 单

购货单位：聊城华夏商场有限责任公司　　2013 年 12 月 05 日　　编号：276818

商品名称及规格	单位	数量
钙奶饼干	箱	1 000

会计主管：王芳　　保管员：尹谨　　记账：吴燕　　制单：刘红

表 7－13

中国银行委托收款凭证（回单）

委邮　　委托日期 2013 年 12 月 05 日　　委托号码 567

付款人	全称	聊城华夏商场有限责任公司	收款人	全称	山东红星食品有限责任公司
	账号	0102023232		账号	0101020304
	开户银行	中国银行聊城市和平路支行		开户银行	中国银行济南市天桥区支行

委托金额	人民币（大写）	捌万壹仟玖佰元整	千	百	十	万	千	百	十	元	角	分
					￥	8	1	9	0	0	0	0

款项内容	货款	委托收款凭据名称	销售合同	附单证张数	
备注：	收款单位开户行盖章 2013 年 12 月 05 日				

（印章：中行济南天桥区支行 2013.12.05 受理）

此联是回单

4. 8 日，采购散称饼干。

表 7－14

山东省增值税专用发票

发票联

山东省 国家税务总局监制

NO. 3296231

开票日期：2013 年 12 月 08 日

购货单位	名　　称：山东红星食品有限责任公司 纳税人识别号：370102169354239 地 址 、电 话：山东省济南市 0531－85924221 开户银行及账号：中国银行济南市天桥区支行 0101020304				密码区	略	
货物或应税劳务名称	规格型号	单位	数量	单价	金额	税率	税额
散称饼干		斤	5 000	10.00	30 000.00	17%	5 100
合计					30 000.00		5 100.00
价税合计（大写）	⊗叁万伍仟壹佰元整				（小写）￥35 100.00		
销货单位	名　　称：潍坊大华有限责任公司 纳税人识别号：37070564532453 地 址 、电 话：山东省潍坊市 0536－2600137 开户行及账号：中国银行潍坊市四平路支行 0102023232				备注	潍坊大华有限责任公司 37070564532453 发票专用章	

第三联 发票联

收款人：夏　利　　复核：刘凯　　开票人：张健　　销货单位：（章）

表 7－15

中国银行委托收款凭证（付款通知）

委托号码 231

委邮

委托日期 2013 年 12 月 08 日　　付款日期 2013 年 12 月 08 日

付款人	全称	山东红星食品有限责任公司	收款人	全称	潍坊大华有限责任公司
	账号	0101020304		账号	0102023232
	开户银行	中国银行济南市天桥区支行		开户银行	中国银行潍坊市四平路支行

委托金额	人民币（大写）	千	百	十	万	千	百	十	元	角	分
	⊗叁万伍仟壹佰元整			￥	3	5	1	0	0	0	0

款项内容	货款	委托收款凭据名称	采购合同	附寄单证张数	1
备注：	付款人注意： 1. 应于见票当日通知开户银行划款 2. 如需拒付，应在规定期限内，将拒付理由书并附债务证明退交开户银行				

中行济南天桥区支行 2013.12.08 转 讫

此联是付款人开户银行给付款人按期付款通知

单位主管　　会计　　复核　　记账　　付款人开户行银行盖章

5. 9日，发放工资（假设本单位职工无人达到个税起征点，代扣款项将在规定日期代职工支付）。

表 7－16

工 资 结 算 单

制作单位：山东红星食品有限责任公司　　2013 年 12 月　　单位：元

部门＼项目	姓名	基本工资	岗位工资	各种补贴	奖金	应付工资	代扣款项	实发工资
销售部门	李某某	2 000	400	100	1 000	3 500	560	2 940
	……	……	……	……	……	……	……	……
	小计	103 000	16 600	8 100	9 660	137 360	15 320	122 040
管理部门	……	……	……	……	……	……	……	……
	小计	56 000	9 500	5 200	3 200	73 900	9540	64 360
工程部门	……	……	……	……	……	……	……	……
	小计	36 000	6 000	3 200	3 220	48 420	5610	42 810
合计		195 000	32 100	16 500	16 080	259 680	30 470	229 210

表 7－17

中国银行

转账支票存根（鲁）

10403720

01018078

附加信息

出票日期：2013 年 12 月 09 日

收款人：	山东红星食品有限责任公司员工工资账户
金　额：	¥229 210.00
用　途：	支付工资

单位主管：　　　　会计：

6. 10 日，交纳上月税费。

表 7－18

中华人民共和国

税收电子转账专用完税凭证

（2013）鲁国税 第 12 号

填发日期：2013 年 12 月 10 日

税务登记代码	370102169354239	征收机关	济南市国家税务局天桥区分局
纳税人全称	山东红星食品有限责任公司	收款银行（邮局）	济南市天桥区工商银行
税（费）种	税款所属时期	实缴金额	
增值税（7%）	2013.11.01 至 2013.11.30	¥78 842.73	
金额合计	（大写）柒万捌仟捌佰肆拾贰元柒角叁分		
税务机关（盖章）山东省国家税务局 征税专用章	备注	上列款项已收妥并划款 收款单位账户国库（银行）盖章	中行济南天桥区支行 2013.12.10 转讫

电脑打印 手写无效

表 7－19

中华人民共和国

税收电子转账专用完税凭证

（2013）济南市地税 第 11 号

填发日期：2013 年 12 月 10 日

税务登记代码	370704169354239	征收机关	济南市天桥区地方税务局
纳税人全称	山东红星食品有限责任公司	收款银行（邮局）	济南市天桥区农村信用合作联社
税（费）种	税款所属时期	实缴金额	
城市维护建设税工业（7%） 教育费附加工业（3%）	2013.11.01 至 2013.11.30 2013.11.01 至 2011.12.30	¥5 518.99 ¥2 365.28	
金额合计	（大写）柒仟捌佰捌拾肆元贰角柒分		
税务机关（盖章）济南市地税局 征税专用章	备注	缴款单位账户（银行）盖章	上列款项已收妥并划款 中行济南天桥区支行 2013.12.10 转讫

电脑打印 手写无效

7. 11 日，8 日采购的钙奶饼干入库。

表 7－20 收 货 单

发票号码：3296231 收货单编号：93634

供应单位：潍坊大华有限责任公司 2013 年 12 月 11 日 收货部门：仓库

编号	名称	规格	单位	数量		实际成本				
				应收	实收	买价		运杂费	其他	合计
						单价	金额			
	散称饼干		斤	3 000	2 980	10	30 000.00			30 000.00
合计							30 000.00			30 000.00

②会计记账联

审批：郑一 检验：张君 保管：温暖 制单：刘红

表 7－21 材料损耗报告单

2013 年 12 月 11 日 单位：元

供应单位	材料名称及规格	单位	损耗数量	单价	价款	税额	价税合计	损耗原因	处理意见
	散称饼干	斤	20	10	200.00	34.00	234.00	合理损耗	同意
合计									

审批：郑一 检验：张君 保管：温暖 制单：刘红

8. 13 日，收到前欠货款。

表 7－22 中国银行委托收款凭证（汇款依据或收款通知）4

委托日期 2013 年 12 月 13 日

付款人	全称	共达公司	收款人	全称	山东红星食品有限责任公司
	账号	8306613222		账号	0101020304
	开户银行	中行文化路支行		开户银行	中国银行济南市天桥区支行

托收金额	人民币（大写）叁拾肆万元整	千	百	十	万	千	百	十	元	角	分
			¥	3	4	0	0	0	0	0	0

款项内容	货款	托收凭证名称	销售合同	附寄单证张数	1张
商品发运情况	已发运	合同名称号码	04763		
备注： 复核 记账		上列款项已划回收入你方账户内。 中行济南天桥区支行 收款人开户银行签章 2013.12.13 2013 年 12 月 13 日 转讫			

9. 销售曲奇饼干。

表 7－23

山东省增值税专用发票

记　账　联

NO. 096872111

开票日期：2013 年 12 月 19 日

购货单位	名　　称：山东光明商场有限责任公司 纳税人识别号：370306092854421 地址、电话：山东省济南市 0531－8200056 开户行及账户：中国工商银行历下支行 0102367456				密码区	略	
货物或应税劳务名称	规格型号	单位	数量	单价	金额	税率	税额
曲奇饼干		箱	2 000 000	130.00	260 000.00	17%	44 200.00
合计					260 000.00		44 200.00
价税合计（大写）	⊗叁拾万零肆仟贰佰元整				（小写）￥304 200.00		
销货单位	名　　称：山东红星食品有限责任公司 纳税人识别号：370102169354239 地 址 、电 话：山东省济南市 0531－85924221 开户银行及账号：中国银行济南市天桥区支行 0101020304				备注	山东红星食品有限责任公司 370704169354239 发票专用章	

第一联　记账联

收款人：李丽　　复核：王芳　　开票人：李丽　　销货单位：

表 7－24

商 品 出 库 单

购货单位：山东光明商场有限责任公司　　2013 年 12 月 19 日　　编号：276812

商品名称及规格	单位	数量	单价	销售成本
曲奇饼干	箱	2 000		

会计主管：王芳　　保管员：尹谨　　记账：吴燕　　制单：刘红

10. 21 日，支付电费。

表 7－25

山东省增值税专用发票

发 票 联

NO. 096872132

开票日期：2013 年 12 月 21 日

购货单位	名称：山东红星食品有限责任公司 纳税人识别号：370102169354239 地址、电话：山东省济南市 0531－85924221 开户行及账户：中国银行济南市天桥区支行 0101020304					密码区	略
货物或应税劳务名称	规格型号	单位	数量	单价	金额	税率	税额
电费		度	2 700	1.00	2 700.00	17%	459.00
合计					¥2 700.00		¥459.00
价税合计（大写）	⊗叁仟壹佰伍拾玖元整				（小写）¥3 159.00		
销货单位	名称：济南市供电公司 纳税人识别号：37010169343232 地址、电话：山东省济南市 0536－88697342 开户银行及账号：中国交通银行南京路支行 62254562578					备注	济南市供电公司 370702296543256 发票专用章

第三联 发票联

收款人：　　复核：　　开票人：刘岚　　销货单位（盖章）：

表 7－26

中国银行委托收款凭证（付款通知）

委托号码 231

委邮

委托日期 2013 年 12 月 21 日　　付款日期 2013 年 12 月 21 日

付款人	全称	山东红星食品有限责任公司	收款人	全称	济南市供电公司
	账号	0101020304		账号	62254562578
	开户银行	中国银行济南市天桥区支行		开户银行	中国交通银行南京路支行

委托金额	人民币（大写）	叁仟壹佰伍拾玖元整	千	百	十	万	千	百	十	元	角	分
						¥	3	1	5	9	0	0

款项内容	电费	委托收款凭据名称	增值税发票	附寄单证张数	1
备注：	付款人注意： 1. 应于见票当日通知开户银行划款 2. 如需拒付，应在规定期限内，将拒付理由书并附债务证明退交开户银行				

中行济南天桥区支行 2013.12.21 转讫

此联是付款人开户银行给付款人按期付款通知

单位主管　　会计　　复核　　记账　　付款人开户行银行盖章

表 7－27

电费分割单

2013 年 12 月 21 日

使用部门	实用电量	单价	电费（元）
销售部门	1 900	1.00	1 900.00
管理部门	800	1.00	800.00
合计	2 700		2 700.00

会计主管：王 芳　　　审核：郑 一　　　制单：刘 红

11. 29 日，销售曲奇饼干。

表 7－28

山东省增值税专用发票

记 账 联

NO. 096872111

开票日期：2013 年 12 月 29 日

购货单位	名称：山东新华商场有限责任公司 纳税人识别号：370306092854378 地址、电话：山东省济南市 0531－87560076 开户行及账户：中国工商银行市中支行 0102361234					密码区	略
货物或应税劳务名称	规格型号	单位	数量	单价	金额	税率	税额
曲奇饼干		箱	2 000 000	130.00	260 000.00	17%	44 200.00
合计					260 000.00		44 200.00
价税合计（大写）	⊗叁拾万零肆仟贰佰元整				（小写）￥304 200.00		
销货单位	名称：山东红星食品有限责任公司 纳税人识别号：370102169354239 地址、电话：山东省济南市 0531－85924221 开户银行及账号：中国银行济南市天桥区支行 0101020304					备注	山东红星食品有限责任公司 370704169354239 发票专用章

第一联　记账联

收款人：李 丽　　　复核：王 芳　　　开票人：李 丽　　　销货单位：

表 7－29

商品出库单

购货单位：山东新华商场有限责任公司　　　2013 年 12 月 29 日　　　编号：276812

商品名称及规格	单位	数量	单价	销售成本
曲奇饼干	箱	2 000		

会计主管：王 芳　　　保管员：严 谨　　　记账：吴 燕　　　制单：刘 红

12. 31 日，分配本月工资费用。

表 7－30　工资费用分配汇总表

2013 年 12 月 31 日

部门	分配额
管理部门	
销售部门	
在建工程	
合计	

会计主管：王芳　复核：郑一　制单：刘红

13. 计提固定资产折旧。

表 7－31　固定资产折旧计算表

2013 年 12 月 31 日　单位：元

使用部门	固定资产项目	上月折旧额	上月增加固定资产		上月减少固定资产		本月折旧额
			原价	折旧额	原价	折旧额	
管理部门	房屋建筑物	10 000.00					10 000.00
	运输工具	5 000.00					5 000.00
	小计	15 000.00					15 000.00
销售部门	房屋建筑物	10 000.00					10 000.00
	运输工具	5 000.00					5 000.00
	小计	15 000.00					15 000.00
合计		30 000.00					30 000.00

会计主管：王芳　审核：郑一　制表：刘红

14. 31 日，自用无形资产摊销。

表 7－32　无形资产摊销表

2013 年 12 月 31 日　单位：元

项目	计算基数	摊销期	月摊销额
商标权	略	略	6 000.00

制表：刘红

15. 31 日，计提本月借款利息。

表 7－33　本月应付利息计算表

付息单位：山东红星食品有限责任公司　截至日期：2013 年 12 月 31 日

序号	起讫期	借款种类	计息基数	年利率	应计利息（元）
1		短期借款	420 000.00	5.6%	1 960.00
2		长期借款	915 000.00	6.8%	5 185.00
合计			—	—	7 145.00

制单：王君

16. 31日，提取坏账准备。

表 7-34

坏账准备计提表

2013 年 12 月 31 日

单位：元

应收账款余额	计提比例	坏账准备计提前余额	坏账准备实际计提额
	0.3%		

会计主管：王芳　　审核：郑一　　制表：刘红

17. 31日，结转本月未交增值税。

表 7-35

未交增值税结转表

2013 年 12 月 31 日

单位：元

项　目	栏次	金额
本期销项税额	1	
本期进项税额	2	
本期进项税额转出	3	
本期抵扣税额	4 = 2 - 3	
本期应纳税额	5 = 1 - 4	
	6	
本期留底税额	7	
转出未交增值税	8	

18. 31日计算本月应交城建税和教育费附加。

表 7-36

本月应交城建税及教育费附加计算表

2013 年 12 月 31 日

单位：元

税　种	计税依据				税率	应纳税金额
	增值税	营业税	消费税	合计		
城市维护建设税		—	—		7%	
教育费附加		—	—		3%	
合　计						

审核：张真　　制表：王君

19. 31日，结转本月损益类账户。

表7-37 损益类账户结转表

2013年12月31日 单位：元

科目名称	借方发生额	贷方发生额
主营业务收入		
主营业务成本		
营业税及附加		
销售费用		
管理费用		
财务费用		
资产减值损失		
营业外支出		
合　计		

会计主管：王芳　审核：郑一　制表：刘红

20. 31日，计算并结转本年度所得税费用。

表7-38 年度应纳所得税额计算表

2013年12月31日 单位：元

项　目	金　额（小数点后两位）
一、会计利润总额	
加：调增项目	
1.	
2.	
小　计	
减：调减项目	
1.	
2.	
小　计	0
二、应纳税所得额	
适用税率	25%
三、应纳所得税额	

会计主管：王芳　审核：郑一　制表：刘红

表 7－39　　**年度所得税费用计算表**

2013 年 12 月 31 日　　单位：元

项　目		金　额
应纳所得税税额		
加：递延所得税负债	期末余额	
	期初余额	
	本期发生额	
减：递延所得税资产	期末余额	
	期初余额	
	本期发生额	
所得税费用		

会计主管：王芳　　审核：郑一　　制表：刘红

21. 31 日，结转本年利润。

表 7－40　　**内部转账单**

2013 年 12 月 31 日

应借科目	应贷科目	金　额	备　注
本年利润			
	利润分配——未分配利润		

22. 31 日，进行利润分配并结转未分配利润。

表 7－41　　**本年提取盈余公积金计算表**

企业名称：山东红星食品有限责任公司　　2013 年度　　单位：元

项　目	金额（小数点后两位）
本年净利润	
减：弥补企业以前年度亏损	0
计提盈余公积基数	
本年应计提法定盈余公积	

会计主管：王芳　　审核：郑一　　制表：刘红

表 7－42　　**山东红星食品有限责任公司**

董事会会议决议

经全体董事会成员同意，决定对 2013 年度可供分配利润按 20% 进行分配。
董事会成员签字：李靖　　王思　　张江峰
2013. 12. 31

表 7-43

应付利润计算表

企业名称：山东红星食品有限责任公司　　2013 年度　　单位：元

上年未分配利润	本年可供分配利润	可供投资者分配利润	分配比例	应付利润总额
			30%	

会计主管：王芳　　审核：郑一　　制表：刘红

表 7-44

内部转账单

2013 年 12 月 31 日　　单位：元

应借科目	应贷科目	金　额	备　注
利润分配—未分配利润			
	利润分配—提取法定盈余公积金		
	利润分配—应付现金股利或利润		

表 7-45

资产负债表

会企 01 表

编制单位：　　年　月　日　　单位：元

资　产	期末余额	年初余额	负债和所有者权益（或股东权益）	期末余额	年初余额
流动资产：			流动负债：		
货币资金			短期借款		
交易性金融资产			交易性金融负债		
应收票据			应付票据		
应收账款			应付账款		
预付款项			预收款项		
应收利息			应付职工薪酬		
应收股利			应交税费		
其他应收款			应付利息		
存货			应付股利		
一年内到期的非流动资产			其他应付款		
其他流动资产			一年内到期的非流动负债		
流动资产合计			其他流动负债		
非流动资产：			流动负债合计		
可供出售金融资产			非流动负债：		
持有至到期投资			长期借款		
长期应收款			应付债券		
长期股权投资			长期应付款		
投资性房地产			专项应付款		
固定资产			预计负债		

续表

资　产	期末余额	年初余额	负债和所有者权益（或股东权益）	期末余额	年初余额
在建工程			递延所得税负债		
工程物资			其他非流动负债		
固定资产清理			非流动负债合计		
生产性生物资产			负债合计		
油气资产			所有者权益（或股东权益）：		
无形资产			实收资本（或股本）		
开发支出			资本公积		
商誉			减：库存股		
长期待摊费用			盈余公积		
递延所得税资产			未分配利润		
其他非流动资产			所有者权益（或股东权益）合计		
非流动资产合计					
资产总计			负债和所有者权益（或股东权益）总计		

表 7－46　　　　**利　润　表**　　　　会企 02 表

编制单位：　　　　年　月　　　　单位：元

项　目	本期金额	上期金额
一、营业收入		
减：营业成本		
营业税金及附加		
销售费用		
管理费用		
财务费用		
资产减值损失		
加：公允价值变动收益（损失以“－”号填列）		
投资收益（损失以“－”号填列）		
其中：对联营企业和合营企业的投资收益		
二、营业利润（亏损以“－”号填列）		
加：营业外收入		
减：营业外支出		
其中：非流动资产处置损失		
三、利润总额（亏损总额以“－”号填列）		
减：所得税费用		

续表

项　目	本期金额	上期金额
四、净利润（净亏损以“－”号填列）		
五、每股收益		
（一）基本每股收益		
（二）稀释每股收益		
六、综合收益		
（一）其他综合收益		
（二）综合收益总额		

23. 计算下列比率。

（1）流动比率

（2）资产负债率

（3）营业净利率

实训二
零售企业会计核算模拟实训

一、模拟企业基本情况

企业名称：山东东方超市有限公司（简称东方公司），企业设办公室、财务部、仓库及零售商场，零售商场分设服装柜组、食品柜组、日用百货三个柜组。

企业类型：零售企业

公司地址：山东省渤海市

税务登记号：370704169354239

开户银行：中国银行渤海市和平支行

账　　号：0101020304

二、模拟企业会计政策及相关业务简介

1. 山东东方超市有限公司为一般纳税人，执行新企业会计准则。

2. 公司以人民币为记账本位币，采用记账凭证账务处理程序登记总分类账。

3. 库存商品采用售价金额核算，商品销售成本采用分柜组差价率法，销售收入的价税处理在月末进行。

4. 商品采购过程中发生的运费一律计入期间费用。

5. 成本计算过程中各项比率、单价如除不尽则保留小数点后四位。

6. 长期借款为日常经营用，借款日期 2013 年 7 月 1 日，借款期限 2 年，年利率 5%，按季付息，到期一次归还最后一次利息和本金。

7. 税费：

增值税：公司采购和销售商品的价格均为不含税价格，增值税税率为 17%，运输费按专用发票上不含增值税的金额计算。

所得税税率为 25%。按月预缴，年终汇算清缴。

城市维护建设税税率为 7%，教育费附加征收率为 3%。

8. 假定公司折旧政策、累计摊销政策与税法规定一致。

9. 公司报表需上报月报、季报、年报。

三、工作要求

1. 开设账簿：银行存款日记账、库存商品总账及按柜组设置的明细账、应交税费——应交增值税明细账，并登记期初余额。

2. 填制部分原始凭证，此部分原始凭证无需签章。

3. 分析原始凭证，并据以编制通用记账凭证。

①记账凭证的制单人处须盖“制证人”章或签字；②编制记账凭证不必填写科目编号；③编制记账凭证时必须填制“应收账款”、“物资采购”、“库存商品”、“商品进销差价”、“应交税费”、“利润分配”科目的明细科目；④填制记账凭证时资料中未给出的内容可以不填。

4. 根据记账凭证登记上述开设账簿的发生额，并进行结账。①登记银行存款日记账不需填写支票号码；②如需更正错账，请盖“制证人”章或签字。

5. 编制 2013 年 11 月份的资产负债表。

6. 编制 2013 年 11 月份的利润表。

7. 计算公司 2013 年 11 月份的下列指标：①期末流动比率；②期末资产负债率；③营业利润率。（计算结果百分数保留小数点后两位）

8. 整理、装订会计凭证。

四、期初资料

表 7-47　　2013 年 11 月初会计账簿有关总账和明细账户的余额

账户名称	年初余额		10 月末余额		备 注
	借方	贷方	借方	贷方	
库存现金	4 595		4 270		
银行存款	42 570		450 564		
其他货币资金	50 000		380 000		
一银行汇票	50 000		330 000		
一存出投资款			50 000		
应收票据	300 000		117 180		

续表

账户名称	年初余额		10月末余额		备 注
	借方	贷方	借方	贷方	
预付账款	286 864		10 000		
—长丰公司	286 864		10 000		
应收账款	164 918		278 491		
其他应收款	30 000		30 000		
—押金	30 000		30 000		
物资采购	28 760		37 500		
—大华公司	28 760		37 500		
库存商品	2 044 087		1 678 160		
—服装柜组	504 979		500 000		
—食品柜组	599 108		405 569		
—日用百货组	940 000		772 591		
商品进销差价		667 682		549 080	
—服装柜组					
—食品柜组					
—日用百货组					
固定资产	2 208 000		2 720 000		
累计折旧		411 813		447 813	
短期借款					
应付票据		180 000		79 000	
应付账款		144 921		165 012	
应交税费		133 318	100 000	40 700	
—未交增值税		120 600		37 000	
—应交城市维护建设税		8 442		2 590	
—应交教育费附加		3 618		1 110	
—应交企业所得税		658	100 000		
应付职工薪酬		206 618		206 618	
—工资		206 618		206 618	
—五险一金					
应付利息				2 500	
长期借款		450 000		600 000	
实收资本		3 000 000		3 000 000	
盈余公积		60 888		60 888	
本年利润				550 000	
利润分配		104 554		104 554	
合计	5 159 794	5 159 794	5 806 165	5 806 165	

五、业务资料

2013年11月，公司发生如下经济业务：

1. 2日，支付到期的商业汇票。

表7-48 中国银行委托收款凭证（付款通知） 委托号码231

委邮 委托日期2013年11月02日 付款日期2013年11月02日

付款人	全称	山东东方超市有限公司		收款人	全称	青岛昌盛贸易有限公司									
	账号	0101020304			账号	1146532880									
	开户银行	中国银行渤海市和平路支行			开户银行	中国工商银行四方支行									
委托金额	人民币（大写）	叁万元整				千	百	十	万	千	百	十	元	角	分
								¥	3	0	0	0	0	0	0
款项内容	货款	委托收款凭据名称	商业承兑汇票	附寄单证张数	1										
备注：		付款人注意： 1. 应于见票当日通知开户银行划款 2. 如需拒付，应在规定期限内，将拒付理由书并附债务证明退交开户银行													

此联是付款人开户银行给付款人按期付款通知

中行渤海和平路支行 2013.11.02 转讫

单位主管 会计 复核 记账 付款人开户行银行盖章

2. 5日，购买日用品一批。

表7-49 山东省增值税专用发票

发票联

国家税务总局监制

No. 096832140

开票日期：2013年11月05日

购货单位	名称：山东东方超市有限公司 纳税人识别号：370704169354239 地址、电话：山东省渤海市 0500-2900027 开户行及账户：中国银行渤海和平路支行 0101020304				密码区	略	
名称	规格	单位	数量	单价	金额	税率	税额
日用品A		箱	100	300.00	30 000.00	17%	5 100.00
日用品B		箱	200	500.00	100 000.00		17 000.00
……		……	……	……	……		……
合计					¥280 000.00		¥47 600.00
价税合计（大写）	⊗人民币叁拾贰万柒仟陆佰元整				（小写）¥327 600.00		
销货单位	名称：全兴机械制造有限公司 纳税人识别号：332256894578159 地址、电话：山东省渤海市庆元路201号 0500-3358526 开户银行及账号：建行庆元支行 2548796230				备注	全兴机械制造有限公司 332256894578159 发票专用章	

第二联 发票联

收款人：王晓 复核：朱兰 开票人：郝凡 销货单位（章）

表 7-50

货物运输业增值税专用发票

发 票 联

NO. 02630821

3700133730

开票日期：2013 年 11 月 05 日

承运人及纳税人识别号	黄河万顺物流公司 67070563954878				密码区				
实际受票方及纳税人识别号	山东东方超市有限公司 370704169354239				密码区				
收货人及纳税人识别号	山东东方超市有限公司 370704169354239				发货人及纳税人识别号	全兴机械制造有限公司 332256894578159			
起运地、经由、到达地	潍坊—济南								
费用项目及金额	费用项目 运费	金额 1 527.03	费用项目	金额		运输货物信息			
合计金额	￥1 695.00	税率	11%	税额	￥167.97	机器编号	499900700183		
价税合计（大写）	⊗壹仟陆百玖拾伍元整					（小写）￥1 695.00			
车种车号	鲁 V 36676	车船吨位		备注	黄河万顺物流公司 670705639548782 发票专用章				
主管税务机关及代码	渤海市国家税务局税源管理××科 13716214500			备注					

收款人： 复核人： 开票人： 承运人：（章）

表 7-51

中国银行 银行汇票（多余款收账通知）4

汇票号码：第 0701

出票日期（大写）	贰零壹贰年壹拾月贰拾伍日					代理付款行：中国银行渤海和平路支行 行号：5875				
收款人：全兴机械制造有限公司 账号或住址：建行庆元支行 2548796230										
出票金额 人民币（大写）叁拾叁万元整										
实际结算金额	千	百	十	万	千	百	十	元	角	分
人民币（大写）叁拾贰万玖仟贰佰玖拾伍元整		￥	3	2	9	2	9	5	0	0

申请人：山东东方超市有限公司 账号或地址：0101020304 山东省渤海市

出票行：中国银行渤海和平路支行 支行行号：5875

汇票用途：购货

出票行盖章 业务章

中行渤海和平路支行 2013.01.05 转讫

密押									科 目（付）
多余金额									对方科目（收）
百	十	万	千	百	十	元	角	分	兑付日期 年 月 日
			￥	7	0	5	0	0	复核 记账

表 7－52　　　　**收　货　单**

收货部门：日用百货组　　　　2013 年 11 月 5 日　　　　供货单位：全兴机械制造有限公司

商品名称	商品编号	购进价格				零售价格				进销差价
		单位	数量	单价	金额	单位	数量	单价	金额	
日用品 A	3303	10 件/箱	100	300	30 000	件	1 000	50	50 000	3 000
日用品 B	3304	10 件/箱	200	500	100 000	件	2 000	75	150 000	2 850
……	……	……	……	……	……	……	……	……	……	……
合计					280 000				392 000	112 000

主管：辛　美　　验收员：郑　一　　制单：安　静　　会计：王　君

3. 7 日，购入食品一批，原已预付 10 000 元。

表 7－53　　　　山东省增值税专用发票

发　票　联

（全国统一发票监制章　山东省　国家税务总局监制）

No. 096872102

开票日期：2013 年 11 月 07 日

购货单位	名　　称：山东东方超市有限公司 纳税人识别号：370704169354239 地 址 、电 话：山东省渤海市 0500－2900027 开户行及账号：中国银行滨海和平路支行 0101020304	密码区	

货物或应税劳务名称	规格型号	单位	数量	单价	金额	税率	税额
食品 A		千克	1 000	10.00	10 000.00	17%	1 700.00
食品 B		千克	500	20.00	10 000.00	17%	1 700.00
合　计					¥20 000.00		¥3400.00
价税合计（大写）	⊗贰万叁仟肆佰元整				（小写）¥23 400.00		

销货单位	名　　称：长丰有限责任公司 纳税人识别号：370705061126304 地 址 、电 话：山东滨海市 0501－8582255 开户行及账号：工行永安路 7010503225	备注	（长丰有限责任公司 370705061126304 发票专用章）

第二联　发票联

收款人：刘佳　　复核：张天　　开票人：刘一波　　销货单位（章）

表 7－54　　　　中国银行电汇凭证（付款通知）　　　　第 **231** 号

委邮　　　　委托日期 **2013** 年 **11** 月 **07** 日

付款人	全　　称	山东东方超市有限公司	收款人	全　　称	长丰有限责任公司
	账　　号	0101020304		账　　号	7010503225
	开户银行	中国银行渤海市和平路支行		开户银行	工行永安路

付款金额	人民币（大写）壹万叁仟肆佰元整	千	百	十	万	千	百	十	元	角	分
				¥	1	3	4	0	0	0	0

单位主管　会计　复核　记账	付款人开户行银行盖章
（山东东方超市有限公司 财务专用章）（侯晓印）	（中行渤海和平路支行 2013.11.07 转讫） 日期

此联是付汇行给付款人按期付款通知

4. 8 日，上月已付款的食品验收入库。

表 7－55　　　　收　货　单

收货部门：食品组　　　　2013 年 11 月 8 日　　　　供货单位：大华有限责任公司

商品名称	商品编号	购进价格				零售价格				进销差价
		单位	数量	单价	金额	单位	数量	单价	金额	
食品 C	3305	千克	1 000	37.50	37 500	千克	1 000	50	50 000	12 500
合计					37 500				50 000	12 500

主管：王章　　验收员：李华　　制单：乔兴行　　会计：王君

5. 10 日，根据各柜组上旬销货日报表（略）编制销货汇总表，并且将收到的所有现金、支票送存银行，同时取得银行银联卡汇计单（银联签购单存根略）。

表 7－56　　　　各营业柜组商品销售及货款收入汇总表

2013 年 11 月 10 日

柜别	销售金额	现金收入	信用卡签购单	转账支票	现金溢缺
服装柜	123 800	7 770	96 030	20 000	
食品柜	103 400	31 500	71 900		
日用百货柜	205 000	5 000	50 000	150 000	
合计	432 200	44 270	217 930	170 000	

表 7－57　　　　中国银行 进 账 单（收账通知）　　　　№. 30021235

2013 年 11 月 10 日

签发人	全　称	美洋洋有限责任公司	收款人	全　称	山东东方超市有限公司
	账　号	1685088097		账　号	0101020304
	开户银行	渤海市中行南支行		开户银行	中国银行渤海和平路支行

人民币（大写）	千	百	十	万	千	百	十	元	角	分
壹拾伍万元整		¥	1	5	0	0	0	0	0	0

票据种类	转账支票	票据张数	1	中行渤海和平路支行 2013.11.12 转讫 收款单位开户行盖章

此联是收款人开户银行给收款人的收账通知

表 7－58

中国银行 进 账 单（收账通知）

№. 30021236

2013 年 11 月 10 日

签发人	全　称	美洋洋有限责任公司	收款人	全　称：山东东方超市有限公司
	账　号	1685088097		账　号：0101020304
	开户银行	渤海市中行南支行		开户银行：中国银行渤海和平路支行
人民币（大写）	贰万元整			千 百 十 万 千 百 十 元 角 分：¥ 2 0 0 0 0 0 0
票据种类	转账支票	票据张数	1	中行渤海和平路支行 2013.11.12 转 讫 收款单位开户行盖章

此联是收款人开户银行给收款人的收账通知

表 7－59

中国银行现金送款单（回单）

№. 30021236

2013 年 11 月 10 日

款项来源	销货款	收款人	全　称：山东东方超市有限公司
			账　号：0101020304
解款部门	财务部		开户银行：中国银行渤海和平路支行
人民币（大写）	肆万肆仟贰佰柒拾元整		千 百 十 万 千 百 十 元 角 分：¥ 4 4 2 7 0 0 0

票面	张数	票面	张数	
100 元	300	1 元	10	中行渤海和平路支行 2013.11.12 转 讫
50 元	200	5 角		
20 元	150	2 角		
10 元	120	1 角		收款单位开户行盖章
5 元	10			
2 元	5			

此联是收款人开户银行给收款人的收账通知

表 7－60

中国银行银联卡

汇计单

编号：08325

日期：2013 年 11 月 10 日

特约单位名称：山东东方超市有限公司

签购单总份数：160

总计金额：217 930. 00

特约单位编号：

手续费 9‰：1 961. 37

净计金额：215 968. 63

中行渤海和平路支行 2013.11.12 转 讫

6. 11 日，交纳上月税费。

表 7－61

中华人民共和国
税收电子转账专用完税凭证

（2013）鲁国税（第 11 号）

填发日期：2013 年 11 月 11 日

税务登记代码	370704169354239	征收机关	渤海市国家税务局东城区分局
纳税人全称	山东东方超市有限公司	收款银行（邮局）	渤海市东城区农村信用合作联社
税（费）种	税款所属时期	实缴金额	
增值税商业（17%）	2013.10.01 至 2013.10.31	¥37 000.00	
金额合计	（大写）叁万柒仟元整		
税务机关（盖章） 山东省国家税务局 征税专用章	缴款单位（盖章） 备注 中行渤海和平路支行 2013.11.11 转讫	上列款项已收妥并划款 收款单位账户国库（银行）盖章	

此凭证仅作纳税人完税凭证

电脑打印　　手写无效

表 7－62

中华人民共和国
税收电子转账专用完税凭证

（2013）渤海市地税 第 11 号

填发日期：2013 年 11 月 11 日

税务登记代码	370704169354239	征收机关	渤海市东城区国家税务局
纳税人全称	山东东方超市有限公司	收款银行（邮局）	渤海市东城区农业银行
税（费）种	税款所属时期	实缴金额	
城市维护建设税工业（7%） 教育费附加工业（3%） 企业所得税	2013.10.01 至 2013.10.31	¥2 590.00 ¥1 110.00 ¥12 500.00	
金额合计	（大写）壹万陆仟贰佰元整		
税务机关（盖章） 渤海市地税局 征税专用章	备注	上列款项已收妥并划款 缴款单位账户（银行）盖章 中行渤海和平路支行 2013.11.11 转讫	

此凭证仅作纳税人完税凭证

电脑打印　　手写无效

7. 13 日，上月销售的日用品发生销售折让。

表 7－63

国家税务总局山东省支局

企业进货退出及索取折让证明单

NO. 122334321

销货单位	全称	山东东方超市有限公司			
	纳税人登记号	370704169354239			
索取折让	货物名称	货款	税额	要求	
				折让金额	折让税额
	日用品A	600 000.00	102 000.00	20 000.00	3 400.00
索取折让理由	质量不合格 经办人： 单位签章 2013 年 11 月 13 日 （宏达有限责任公司 财务专用章）		税务征收机关签章	同意 经办人： 2013 年 11 月 13 日 （渤海市国家税务局 征税专用章）	
购货单位	全称	宏达有限责任公司			
	纳税人登记号	570781001116789			

表 7－64

山东省增值税专用发票

发　票　联

（全国统一发票监制章 山东省 国家税务总局监制）

NO. 196872204

开票日期：2013 年 11 月 13 日

购货单位	名　　称：宏达有限责任公司 纳税人识别号：570781001116789 地 址 、电 话：济南市纬一路 126 号 开户行及账号：中行东支 1685088096	密码区	略

货物或应税劳务名称	规格型号	单位	数量	单价	金额	税率	税额
日用品A		件			－20 000.00	17%	－3 400.00
合 计：					－20 000.00		－3 400.00
价税合计（大写）	（负数）贰万叁仟肆佰元整				（小写）￥－23 400.00		

销货单位	名　　称：山东东方超市有限公司 纳税人识别号：370704169354239 地 址 、电 话：山东省渤海市 0500－2900027 开户行及账号：中行渤海和平路支行 0101020304	备注	（山东东方有限责任公司 370704169354239 发票专用章）

第二联　发票联

收款人：　　　复核：　　　开票人：刘岚　　　销货单位（盖章）：

8. 15 日，填写支票，支付上月职工工资。

表 7－65 **职工薪酬发放表**

2013 年 11 月 15 日 单位：元

职工名称	基本工资	岗位津贴	应付职工薪酬	代扣代交个人负担社保金	实付职工薪酬	备注
张一	1 800.00	1 000.00	2 800.00	50.00	2 750.00	（假设本单位职工薪酬都低于个税起征点）
李二	2 000.00	1 100.00	3 100.00	50.00	3 050.00	
王三	2 000.00	1 500.00	3 500.00	50.00	3 450.00	
……	……	……	……	……	……	
……	……	……	……	……	……	
……	……	……	……	……	……	
合 计	297 618.00	89 000.00	206 618.00	17 101.00	189 517.00	

制表人：光 华

表 7－66

中国银行 现金支票存根（鲁） 10403710 53410301 附加信息＿＿＿＿＿＿ 出票日期： 年 月 日 收款人：＿＿＿＿＿＿ 金 额：＿＿＿＿＿＿ 用 途：＿＿＿＿＿＿ 单位主管： 会计：	**中国银行现金支票（鲁）** 10403710 签发日期（大写） 年 月 日 付款行名称：中行渤海和平路支行 收款人： 出票人账号：0101020304 人民币（大写） 千 百 十 万 千 百 十 元 角 分 用途＿＿＿＿＿＿ 上列款项请从我账户内支付 出票人签： 复核：侯晓（印） 记账：

山东东方有限责任公司 财务专用章

山东东方有限责任公司 财务专用章

9. 15 日，购买 10 000 股中国银行股票，划为交易性金融资产核算。

表 7－67　　**成交过户交割单**

证券机构名称	齐鲁证券四平路营业部	成交过户交割凭单	证券买入
股东代码：	W1234567	证券代码：	601988
股东姓名：	山东东方超市有限公司	证券名称：	中国银行
资金账号	41011	成交数量：	10 000
委托代码：	201015	成交价格：	2.40
申报时间：	110503	成交金额：	24 000.00
成交时间：	20131115	佣金：	48.00
		印花税：	
		过户费：	24.00
		委托费：	5.00
上次股票余额：	0	实付金额：	24 077.00
		本次股票余额：	10 000
		当日资金余额：	25 923.00

10. 20 日，支付电费。

表 7－68　　**山东省增值税专用发票**

发　票　联

（山东省　国家税务总局监制）

NO. 096872132

开票日期：2013 年 11 月 20 日

购货单位	名　称：山东东方超市有限公司 纳税人识别号：370704169354239 地 址、电 话：山东省渤海市 0500－2900027 开户行及账号：中行渤海市和平路支行 101020304						密码区	略
货物或应税劳务名称	规格型号	单位	数量	单价	金额	税率	税额	
电费		度	27 000	1.00	27 000.00	17%	4 590.00	
		度	5 000	0.60	3 000.00	17%	510.00	
合　计：					¥30 000.00		¥5 100.00	
价税合计（大写）	人民币叁万伍仟壹佰元整				（小写）¥35 100.00			
销货单位	名　称：渤海市供电公司 纳税人识别号：370702296543256 地 址、电 话：山东省渤海市 0500－2600012 开户行及账号：中国农业银行仓南路支行 1146532880						备注	渤海市供电公司 370702296543256 发票专用章

第三联：发票联

收款人：　　复核：　　开票人：刘岚　　销货单位（盖章）：

表 7-69　　中国银行委托收款凭证（付款通知）　　委托号码 231

委邮　　委托日期 2013 年 11 月 20 日　　付款日期 2013 年 11 月 20 日

<table>
<tr><td rowspan="3">付款人</td><td>全　称</td><td>山东东方超市有限公司</td><td rowspan="3">收款人</td><td>全　称</td><td colspan="10">渤海市供电公司</td></tr>
<tr><td>账　号</td><td>0101020304</td><td>账　号</td><td colspan="10">1146532880</td></tr>
<tr><td>开户银行</td><td>中国银行渤海市和平路支行</td><td>开户银行</td><td colspan="10">中国农业银行仓南路支行</td></tr>
<tr><td rowspan="2">委托金额</td><td rowspan="2">人民币（大写）</td><td colspan="3" rowspan="2">叁万伍仟壹佰元整</td><td>千</td><td>百</td><td>十</td><td>万</td><td>千</td><td>百</td><td>十</td><td>元</td><td>角</td><td>分</td></tr>
<tr><td></td><td></td><td>¥</td><td>3</td><td>5</td><td>1</td><td>0</td><td>0</td><td>0</td><td>0</td></tr>
<tr><td>款项内容</td><td>电费</td><td>委托收款凭据名称</td><td>增值税发票</td><td>附寄单证张数</td><td colspan="10">1</td></tr>
<tr><td colspan="2">备注：</td><td colspan="13">付款人注意：
1. 应于见票当日通知开户银行划款
2. 如需拒付，应在规定期限内，将拒付理由书并附债务证明退交开户银行</td></tr>
</table>

中行渤海和平路支行 2013.11.20 转 讫

此联是付款人开户银行给付款人按期付款通知

单位主管　　会计　　复核　　记账　　付款人开户行银行盖章

表 7-70　　电费分割单

2013 年 11 月 20 日

使用部门	实用电量	单价	电费（元）
销售部门	27 000	1.00	27 000
管理部门	5 000	0.6	3 000
合计	32 000		30 000.00

会计主管：李美　　审核：张真　　制单：王君

11. 20 日，根据各柜组中旬销货日报表（略）编制销货汇总表，并且将收到的所有现金、支票送存银行，同时取得银行银联卡汇计单（银联签购单存根略）。

表 7-71　　各营业柜组商品销售及货款收入汇总表

2013 年 11 月 20 日

柜别	销售金额	现金收入	信用卡签购单	转账支票	现金溢缺
服装柜	123 800	13 930	109 870		
食品柜	99 870	33 300	66 570		
日用百货柜	316 000	55 800	150 000	110 200	
合计	539 670	103 030	326 440	110 200	

表 7－72　　**中国银行 进 账 单（收账通知）**　　No. 30021235

2013 年 11 月 20 日

<table>
<tr><td rowspan="3">签发人</td><td>全　　称</td><td>美洋洋有限责任公司</td><td rowspan="3">收款人</td><td>全　　称</td><td colspan="10">山东东方超市有限公司</td><td rowspan="6">此联是收款人开户银行给收款人的收账通知</td></tr>
<tr><td>账　　号</td><td>1685088097</td><td>账　　号</td><td colspan="10">0101020304</td></tr>
<tr><td>开户银行</td><td>渤海市中行南支行</td><td>开户银行</td><td colspan="10">中国银行渤海和平路支行</td></tr>
<tr><td colspan="2" rowspan="2">人民币（大写）</td><td colspan="3" rowspan="2">壹拾壹万零贰佰元整</td><td>千</td><td>百</td><td>十</td><td>万</td><td>千</td><td>百</td><td>十</td><td>元</td><td>角</td><td>分</td></tr>
<tr><td></td><td>¥</td><td>1</td><td>1</td><td>0</td><td>2</td><td>0</td><td>0</td><td>0</td><td>0</td></tr>
<tr><td colspan="2">票据种类</td><td>转账支票</td><td>票据张数</td><td>1</td><td colspan="10">中行渤海和平路支行
2013.11.12
转 讫
收款单位井户行盖章</td></tr>
</table>

表 7－73　　**中国银行现金送款单（回单）**　　No. 30021236

2013 年 11 月 20 日

<table>
<tr><td>款项来源</td><td colspan="3">销货款</td><td rowspan="3">收款人</td><td>全　　称</td><td colspan="10">山东东方超市有限公司</td><td rowspan="12">此联是收款人开户银行给收款人的收账通知</td></tr>
<tr><td rowspan="2">解款部门</td><td colspan="3" rowspan="2">财务部</td><td>账　　号</td><td colspan="10">0101020304</td></tr>
<tr><td>开户银行</td><td colspan="10">中国银行渤海和平路支行</td></tr>
<tr><td rowspan="2">人民币（大写）</td><td colspan="5" rowspan="2">壹拾万叁仟零叁拾元整</td><td>千</td><td>百</td><td>十</td><td>万</td><td>千</td><td>百</td><td>十</td><td>元</td><td>角</td><td>分</td></tr>
<tr><td></td><td>¥</td><td>1</td><td>0</td><td>3</td><td>0</td><td>3</td><td>0</td><td>0</td><td>0</td></tr>
<tr><td>票面</td><td>张数</td><td>票面</td><td>张数</td><td colspan="12" rowspan="7">中行渤海和平路支行
2013.11.12
现金转讫
收款单位开户行盖章</td></tr>
<tr><td>100 元</td><td>1 030</td><td>1 元</td><td></td></tr>
<tr><td>50 元</td><td></td><td>5 角</td><td></td></tr>
<tr><td>20 元</td><td></td><td>2 角</td><td></td></tr>
<tr><td>10 元</td><td>3</td><td>1 角</td><td></td></tr>
<tr><td>5 元</td><td></td><td></td><td></td></tr>
<tr><td>2 元</td><td></td><td></td><td></td></tr>
</table>

表 7－74　　**中国银行银联卡**　　编号：08325

汇计单　　日期：2013 年 11 月 20 日

特约单位名称：　　签购单总份数：233

山东东方超市有限公司　　总计金额：326 440. 00

特约单位编号：　　手续费 9‰：2 937. 96

净计金额：323 502. 04

中行渤海和平路支行
2013.01.05
转 讫

12. 21 日，收到宏达有限责任公司前欠账款。

表 7－75　中国银行 进 账 单（收账通知）

2013 年 11 月 21 日　　No . 30021237

出票人	全　称	宏达有限责任公司	收款人	全　称	山东东方超市有限公司								
	账　号	1685088096		账　号	0101020304								
	开户银行	济南市中行东支行		开户银行	中国银行渤海和平路支行								
人民币（大写）	壹拾贰万肆仟玖佰壹拾捌元整			千	百	十	万	千	百	十	元	角	分
					¥	1	2	4	9	1	8	0	0
票据种类	转账支票	票据张数	1	中行渤海和平路支行 2013.11.25 转讫 收专单位开户行盖章									
票据号码													
复核　　记账													

此联是收款人开户银行给收款人的收账通知

13. 23 日，购入服装一批，验收入库。付款条件是“2/5，1/20，N/30”。

表 7－76　江苏省增值税专用发票

3200098220　　发　票　联　　开票日期：2013 年 11 月 23 日

购货单位	名　　称：山东东方超市有限公司 纳税人识别号：32050000214311 地 址 、电 话：山东省渤海市 0500－2900027 开户行及账号：中行渤海市和平路支行 101020304				密码区	略	
货物或应税劳务名称	规格型号	单位	数量	单价	金额	税率	税额
男装					80 000.00	17%	13 600.00
女装					100 000.00		17 000.00
童装					50 000.00		8 500.00
合　计					¥230 000.00		¥39 100.00
价税合计（大写）	⊗贰拾陆万玖仟壹佰元整				（小写）¥269 100.00		
销货单位	名　　称：杭州市星辉服装有限公司 纳税人识别号：32050000214311 地 址 、电 话：杭州市中山路 32 号 0571－76909821 开户行及账号：工行杭州中山支行 298675209871				备注	杭州市星辉服装有限公司 32050000214311 发票专用章	

收款人：　　复核：　　开票人：杨立平　　销货单位（盖章）：

第三联发票联　购货方记账凭证

表 7－77 收 货 单

收货部门：服装组　　2013 年 11 月 23 日　　供货单位：杭州市星辉服装有限公司

商品名称	商品编号	购进价格				零售价格				进销差价
		单位	数量	单价	金额	单位	数量	单价	金额	
男装	589X2	件	100	300	30 000	件	100	500	50 000	20 000
……	……	……	……	……	……	……	……	……	……	……
女装	4789Y	件	200	200	40 000	件	200	400	80 000	40 000
……	……	……	……	……	……	……	……	……	……	……
童装	TZ77	件	100	50	5 000	件	100	90	9 000	4 000
……	……	……	……	……	……	……	……	……	……	……
合计					250 000				403 000	173 000

主管：李美　　验收员：郑一　　制单：安静　　会计：王君

14. 28 日，缴纳社会保险金。

表 7－78 中国银行委托收款凭证（付款通知）　　委托号码 231

委邮　　委托日期 2013 年 11 月 28 日　　付款日期 2013 年 11 月 28 日

付款人			收款人		
付款人	全　称	山东东方超市有限公司	收款人	全　称	渤海市劳动社会保障中心
	账　号	6622010203		账　号	119119112110
	开户银行	中国银行渤海市和平路支行		开户银行	中国工商银行和平路支行

委托金额	人民币（大写）	壹拾万肆仟玖佰零壹元整	千	百	十	万	千	百	十	元	角	分
				¥	1	0	4	9	0	1	0	0

款项内容	社会保险费	委托收款凭据名称	保险收据	附寄单证张数	1

备注：	付款人注意： 1. 应于见票当日通知开户银行划款。 2. 如需拒付，应在规定期限内，将拒付理由书并附债务证明退交开户银行。

中行渤海东城路支行 2013.11.20 转讫

此联是付款人开户银行给付款人按期付款通知

单位主管　　会计　　复核　　记账　　付款人开户行银行盖章

表 7－79 山东省社会保障费专用收款收据

发票联　山东省　国家税务总局监制

NO. 2420709

缴费单位：山东东方超市有限公司

收费项目	起始年月	终止年月	人数	单位缴纳	个人缴纳	滞纳金	利息	合计
基本保险	2011/11/01	2011/11/30	80	87 806.00	17 101.00			104 907.00
人民币合计（大写）	人民币壹拾万肆仟捌佰零柒元整　　（小写）¥104 907.00							

收款单位：　　财物复核人：张真　　业务复核人：王君　　操作员：　　开票日期：2013－11－28

15. 28 日，支付购服装货款。

表 7－80　　中国银行电汇凭证（付款通知）　　第 231 号

委邮　　委托日期 2013 年 11 月 28 日

付款人	全　称	山东东方超市有限公司	收款人	全　称	杭州市星辉服装有限公司
	账　号	0101020304		账　号	298675209871
	开户银行	中国银行渤海市和平路支行		开户银行	工行杭州中山支行
付款金额	人民币（大写）贰拾陆万肆仟伍佰元整			千 百 十 万 千 百 十 元 角 分	¥ 2 6 4 5 0 0 0 0
单位主管　会计　复核　记账			付款人开户行银行盖章　日期		

山东东方超市有限公司 财务专用章　印 侯晓　中行渤海和平路支行 2013.11.07 转 讫

此联是付汇行给付款人按期付款通知

16. 30 日，计提本月折旧。

表 7－81　　固定资产折旧计算表

2013 年 11 月 30 日

使用部门	固定资产项目	上月折旧额	上月增加固定资产		上月减少固定资产		本月折旧额
			原价	折旧额	原价	折旧额	
管理部门	房屋建筑物	10 000					
	运输工具	1 000					11 000
	小计	11 000					
销售部门	房屋建筑物	12 800					
	运输工具	3 200		840			16 840
	小计	16 000					
合计		27 000.00		840			27 840.00

审核：张真　　制单：王君

17. 30 日，计提本月借款利息。

表 7－82　　本月应付利息计算表

付息单位：山东东方超市有限公司　　截至日期：2013 年 11 月 30 日

序号	起讫期	借款种类	计息基数	年利率	利息金额（元）
1		长期借款			
2					
合　计					

制单：王君

18. 30 日，期末中国银行每股股价 2.42 元。

表 7－83　　交易性金融资产公允价值变动计算表

2013 年 11 月 30 日

项　目	股数	每股变动额	公允价值变动额
合　计			

制单：王君

19. 计提本月应付职工工资。

表 7－84　　职工薪酬结算汇总表

2013 年 11 月 30 日

单位：元

分配对象	应付职工工资	社会保险合计	应付职工薪酬合计
管理人员	30 000.00	1 750.00	31 750.00
销售人员	15 600.00	1 750.00	17 350.00
合　计	206 618.00	87 806.00	294 424.00

制表人：光华

20. 30 日，根据各柜组上旬销货日报表（略）编制销货汇总表，并且将收到的所有现金、支票送存银行，同时取得银行银联卡汇计单（银联签购单存根略）。

表 7－85　　各营业柜组商品销售及货款收入汇总表

2013 年 11 月 30 日

柜别	销售金额	现金收入	信用卡签购单	转账支票	现金溢缺
服装柜	302 030	46 000	256 030		
食品柜	105 900	31 400	74 500		
日用百货柜	315 000	37 700	109 300	168 000	
合计	722 930	115 100	439 830	168 000	

表 7－86 **中国银行 进 账 单（收账通知）** №. 30021999

2013 年 11 月 30 日

签发人	全称	美洋洋有限责任公司	收款人	全称	山东东方超市有限公司
	账号	1685088097		账号	0101020304
	开户银行	渤海市中行南支行		开户银行	中国银行渤海和平路支行

人民币（大写）	千	百	十	万	千	百	十	元	角	分
壹拾陆万捌仟元整		¥	1	6	8	0	0	0	0	0

票据种类	转账支票	票据张数	1	中行渤海和平路支行 2013.11.12 转讫 收款单位开户行盖章

此联是收款人开户银行给收款人的收账通知

表 7－87 **中国银行现金送款单（回单）** №. 30021789

2013 年 11 月 30 日

款项来源	销货款	收款人	全称	山东东方超市有限公司
			账号	0101020304
解款部门	财务部		开户银行	中国银行渤海和平路支行

人民币（大写）	千	百	十	万	千	百	十	元	角	分
壹拾壹万伍仟壹佰元整		¥	1	1	5	1	0	0	0	0

票面	张数	票面	张数	
100 元	300	1 元	10	中行渤海和平路支行 2013.11.12 现金转讫
50 元	200	5 角		
20 元	150	2 角		
10 元	120	1 角		
5 元	10			收款单位开户行盖章
2 元	5			

此联是收款人开户银行给收款人的收账通知

表 7－88 **中国银行银联卡** 编号：08379

汇计单　　日期：2013 年 11 月 30 日

特约单位名称：　　签购单总份数：430

山东东方超市有限公司　　总计金额：439 830.00

特约单位编号：　　手续费 9‰：3 958.47

净计金额：435 871.53

中行渤海和平路支行 2013.11.12 转讫

21. 分摊本月商品进销差价。

表 7 - 89

商品进销差价分摊计算表

2013 年 11 月 30 日

营业柜组	分摊前商品进销差价 (1)	库存商品 (2)	主营业务收入 (3)	本期存销商品合计 (4) = (2) + (3)	差价率 (5) = (1) ÷ (4)	已销商品进销差价 (6) = (3) × (5)	期末商品进销差价 (7) = (1) - (6)
服装柜							
食品柜							
日用百货柜							
合计							

22. 调整本月商品销售收入。

表 7 - 90

商品销售收入调节表

营业柜组	调整前主营业务收入	调整率	调整后主营业务收入	销项税额
服装柜				
食品柜				
日用百货柜				
合计				

23. 结转本月未交增值税并计算本月应交城建税和教育费附加。

表 7 - 91

应交增值税计算表

2013 年 11 月 30 日

单位：元

项目	销项税额合计	进项税额合计	应交税金	备注
本期应交增值税				

审核：张 真　　　　制单：王 君

表 7 - 92

本月应交城建税及教育费附加计算表

2013 年 11 月 30 日

税　种	计税依据				税率	应纳税金额
	增值税	营业税	消费税	合计		
城市维护建设税		-	-		7%	
教育费附加		-	-		3%	
合　计						

审核：张 真　　　　制表：王 君

24. 结转本月损益。

表 7－93

本月损益类账户结转表

2013 年 11 月 30 日

科目名称	借方发生额	贷方发生额
主营业务收入		
本年利润		
本年利润		
主营业务成本		
营业税金及附加		
公允价值变动损益		
销售费用		
管理费用		
财务费用		
合计		

制单：王 君

表 7－94

资 产 负 债 表

会企 01 表

编制单位： 年 月 日 单位：元

资 产	期末余额	年初余额	负债和所有者权益（或股东权益）	期末余额	年初余额
流动资产：			流动负债：		
货币资金			短期借款		
交易性金融资产			交易性金融负债		
应收票据			应付票据		
应收账款			应付账款		
预付款项			预收款项		
应收利息			应付职工薪酬		
应收股利			应交税费		
其他应收款			应付利息		
存货			应付股利		
一年内到期的非流动资产			其他应付款		
其他流动资产			一年内到期的非流动负债		
流动资产合计			其他流动负债		
非流动资产：			流动负债合计		
可供出售金融资产			非流动负债：		
持有至到期投资			长期借款		
长期应收款			应付债券		

续表

资　产	期末余额	年初余额	负债和所有者权益（或股东权益）	期末余额	年初余额
长期股权投资			长期应付款		
投资性房地产			专项应付款		
固定资产			预计负债		
在建工程			递延所得税负债		
工程物资			其他非流动负债		
固定资产清理			非流动负债合计		
生产性生物资产			负债合计		
油气资产			所有者权益（或股东权益）：		
无形资产			实收资本（或股本）		
开发支出			资本公积		
商誉			减：库存股		
长期待摊费用			盈余公积		
递延所得税资产			未分配利润		
其他非流动资产			所有者权益（或股东权益）合计		
非流动资产合计					
资产总计			负债和所有者权益（或股东权益）总计		

表 7－95　　利　润　表　　会企 02 表

编制单位：　　年　　月　　单位：元

项　　目	本期金额	上期金额
一、营业收入		
减：营业成本		
营业税金及附加		
销售费用		
管理费用		
财务费用		
资产减值损失		
加：公允价值变动收益（损失以“－”号填列）		
投资收益（损失以“－”号填列）		
其中：对联营企业和合营企业的投资收益		
二、营业利润（亏损以“－”号填列）		
加：营业外收入		
减：营业外支出		

续表

项　目	本期金额	上期金额
其中：非流动资产处置损失		
三、利润总额（亏损总额以“-”号填列）		
减：所得税费用		
四、净利润（净亏损以“-”号填列）		
五、每股收益		
（一）基本每股收益		
（二）稀释每股收益		
六、综合收益		
（一）其他综合收益		
（二）综合收益总额		

25. 计算下列比率。

（1）流动比率

（2）资产负债率

（3）营业净利率